Mythen, Spuk und gute Geister

Franz Severin Berger / Christiane Holler

Mythen, Spuk
und gute Geister

Ein Reiseführer in die Anderswelt

Orac WIEN • MÜNCHEN • ZÜRICH

ISBN 3-7015-0385-0
Copyright © 1998 by Verlag Orac im Verlag Kremayr & Scheriau, Wien
Alle Rechte vorbehalten
Umschlaggestaltung: Zembsch' Werkstatt, München
unter Verwendung einer Illustration von Robert Ingpen aus
„Encyclopaedia of things that never were", Dragon's World Books
Lektorat: Elisabeth Tschachler-Roth
Satz: Zehetner Ges. m. b. H., A-2105 Oberrohrbach
Druck und Bindung: Wiener Verlag, Himberg bei Wien

INHALT

Vorwort

„Ja, glauben Sie denn wirklich, daß es so etwas gibt?" Die freundliche Frauenstimme am Telefon des Fremdenverkehrsamts wirkt etwas irritiert. Nicht nur in dieser Form wurde uns Suchenden und Forschenden die Frage oft gestellt. Wir wurden zum Beispiel auch gefragt, ob es so etwas wirklich *noch* gibt. Oder *überhaupt* gibt. Geister, Gespenster, Elfen, Zwerge, Nixen, Wassermänner und derlei Übersinnliches mehr.

Dabei ist die Frage an die freundliche Frau keineswegs absurd gewesen. Die fußte ja auf meist regionaler Fremdenverkehrswerbung. Da gibt es doch heutzutage eine Fülle von Sagen- und Märchenmotiven, Seminaren und anderen Brauchtumsveranstaltungen, die sich zumindest nominell auf derlei Geistwesen berufen. Und sie in bunten Prospekten mit malerischen Bildern zitieren. Wenn aber dann „ein Fremder", noch dazu per Telefon, sich erkundigt, wo man denn wirklich die diversen Gnomen, Kasermandeln, Saligen Fräuleins aufspüren könne oder jemanden zu finden vermag, der sie vielleicht noch vor kurzem gesehen hätte, dann ist eine Reaktion von Belustigung bis sittlicher Entrüstung angesagt. Letztere war am stärksten zu spüren, als sich die Rechercheure auf der Suche nach einer Geschichte über eine afrikanische Ritualmaske an ein afro-asiatisches Institut wendeten. Die Institutssekretärin, der nur knapp erklärt wurde, warum man diesen oder jenen Wissenschaftler über diese oder jene Hintergrundgeschichte befragen wolle, platzte förmlich vor pädagogischer Entrüstung. Typisch, ereiferte sie sich, typisch, daß alle solche Geschichten in Afrika suchen. „Aber ich sage Ihnen, daß Afrika keineswegs ein schwarzer, geheimnisvoller Kontinent voller unzivilisierter Wilder ist. Auch in Afrika gibt es Computer . . ."

Ungeachtet der Tatsache, daß niemand bezweifelt, daß der Kontinent Afrika von hochmodernen und zivilisierten Menschen bewohnt ist, klingt der Hinweis auf den Computer – den es auch in Afrika gibt – doch verdächtig nach Mythologie. Zwar mag es in Afrika Menschen geben, die den Computer rational und intellektuell begreifen und handhaben. In Europa ist das jedoch noch nicht der Fall. Es ist von Soziologen gründlich untersucht worden und wird von vielen Psychologen bestätigt, daß die meisten Europäer vor dem PC auf ihrem Arbeitstisch mehr irrationale und unterbewußte Angst haben, als sie ihn technologisch verstehen. Die wenigen Oberpriester und Magier der EDV, die vielleicht wirklich ergründet haben, was sich hinter dem Bildschirm und in den Laufwerken so alles abspielt, erscheinen ihrer Umgebung wiederum so entrückt und wesensfremd, daß sie kaum eine beruhigende Wirkung ausüben. Sie können sich ja auch meist nur in unzusammenhängenden Satzfragmenten und Abkürzungen ausdrücken. Kein Zweifel, daß Millionen von sogenannten Usern ihre hochwertige Arbeitszeit an Desktops oder mit Notebooks verbringen. Und – meist ohne sich das selbst einzugestehen – davor eine geradezu religiöse Heidenangst haben. Moderne Menschen der hochtechnischen Nordhalbkugel reagieren auf diese Angst mit grimmigem Spott. So ist eine alltägliche Beschimpfung des Computers als *Blechtrottel* ja schon die einfachste Form des Abwehrzaubers. Es wurden aber auch schon PCs mit kleinen Rosenkränzen behängt gesehen. Zugegeben, in einem christlichen Verlag. Aber was ändert das am Prinzip? Es bestätigt dieses geradezu.

Dieser Exkurs in die Mikroelektronik provoziert die erste Generalaussage: Spuk, Geister, Geistwesen, Holde und Unholde gibt es nicht *noch,* es gibt sie *überhaupt* und es gibt sie *überall.* Und es gibt sie besonders dort, wo man sie am wenigsten wahrhaben möchte. In Gesellschaften, die am liebsten ihr Nachtgebet im Namen der Elektrifizierung, der Ratio und der Statistik sprechen. Viele der folgenden Geschichten, Fallstudien, modernen Märchen und Legenden werden diese Behauptung teils untermauern, teils verstärken helfen.

„Gibt's Hexen?" So meckert manch einer vor sich hin, wenn auf Mausklick der vorhin erwähnte Blechtrottel etwas anderes tut, als der Klicker wünscht, oder wenn das Auto partout nicht anspringen will, oder wenn das Schriftstück, das man doch gerade eben noch vor sich auf dem Schreibtisch hatte, „wie von Geisterhand" verschwunden ist. Eine Floskel. Genauso, wie eben dieses oder jenes „verhext" zugeht. Lächerlich. Der Mensch hat doch den Hexenglauben schon mit der Aufklärung im 17. Jahrhundert abgelegt.

Irrtum. Zumindest weißmagisch sind Hexen und Hexer in unserer Gesellschaft nicht nur weit verbreitet, sondern auch hoch bezahlt und gefragt. Mögen sie Wender, Abbeter, Gurus, Dons, NLP-Trainer oder Sonstwie-Psychotherapeuten heißen oder Ex-TV-Moderatorinnen sein. Zweifelsohne gibt es auch heute noch kleine Grüppchen von praktizierenden Schwarzmagiern, die einigen leicht zu Erschreckenden, aber vor allem sich selbst vormachen, sie könnten nach Lust und Laune Böses und Übles anrichten. Der Kenner der Szene wird sie nicht mit den modischen Grufties und Zombies aus den Diskotheken verwechseln, die sich zum Ulk auf nächtlichen Friedhöfen treffen. Die wahren Satanisten wird er nicht leichtfertig, aber doch ironisch belächeln. Um Böses und Übles anzurichten, um zu morden, zu brennen und zu schänden bedarf es – wie jede Tageszeitung genauestens beschreibt – keiner schwarzen Hexen und keines bösen Zauberers.

Apropos schwarz: Unter den klassischen Gespenstern, die heute noch Dienst tun, gibt es zwei Namensgruppen: die Schwarzen und die Weißen Frauen. Schwarze Frauen – Erscheinungen in Trauerkleidern oder in schwarzer Nonnentracht – gelten als Warnerinnen, auch als Ankünderinnen nahenden Todes bzw. anderen Unheils. Aber, und das ist auffällig, diese Frauen sind vom Sagengut und von der lebenden Tradition her Gespenster des Volkes. Sie erscheinen einfachen Menschen im bäuerlichen oder kleinstädtischen Leben. Höherrangig dürften die Weißen Frauen sein. Weiße Frauen gibt es auf fast jedem besseren Schloß, auf jeder Burg, vor allem, wenn sie touristisch wichtig sind und vielleicht auch noch einen angeschlossenen Hotelbetrieb haben. Weiße Frauen sind schon vom Erzählgut her meist selbst Adelige gewesen und – obwohl auch sie war-

nende Elemente in ihrem Erscheinen an sich haben – lösen
zwar mancherlei Schrecken, aber weniger panisches Entsetzen
unter den Beobachtern aus. Verblüffend ist, und eine der Geschichten wird es zeigen, daß moderne Gespenster, die mit
Schlössern und Burgen in keinerlei Zusammenhang stehen,
auch meist als Schwarze oder Weiße Frauen bezeichnet werden. So tief ist diese Tradition auch im neuen Erzählgut veran-
kert.

Was die Hierarchie von Gespenstern betrifft, dürfte sie den
hierarchischen Stufen der damit verbundenen ehemaligen Lebenden gleich sein. Selbstverständlich ist ein ab und zu umgehender ehemaliger Kaiser höher geschätzt als eine spukende
Edelfrau. Selbst wenn ihr Schicksal dramatischer und blutiger
gewesen ist. Bürgerliche Gespenster – männlich oder weiblich
– gibt es nur im Zusammenhang mit bürgerlichen Biotopen, sie
gehen also vielleicht als sogenannte Stadtgespenster in gewissen Gegenden um. Im dörflichen Leben gibt es wiederum
männliche Gespenster, die nicht nur um Mitternacht, sondern
auch zur hellsten Mittagszeit auftauchen und für Verwirrung
sorgen. Solche Mittagsgespenster tragen oft Mönchskutten.
Das ist vor allem in jenen Regionen auffällig, die bis heute
protestantisch geblieben sind. Die Kutten der Gegenreforma-
toren, die dort offensichtlich wenig ausrichten konnten, sind
anscheinend bis in die jüngste Vergangenheit noch die passende Tracht für umgehende Geister gewesen.

Die in den jeweiligen Ländern und Regionen so vielfältigen
Natur- und Flurgeister sind sehr schwer hierarchisch zu gliedern. Vielleicht ist es noch am ehesten über die Medien, mit
denen sie verbunden sind, möglich. Da gibt es die ziemlich
feststofflichen Erd- und Berggeister, zu denen nach Aussage
einer kundigen Frau und Seherin auch die Zwerge gehören
sollen. Schon recht feinstofflich sind die mit der Vegetation
verbundenen Alben, die auch unter dem Namen Elfen bekannt
sind. Da kommen je nach Gewächs unterschiedliche Größen
vor – von den zentimeterkleinen Blumenelfen bis zu den Be-
schützern der mächtigen alten Bäume in der Größe menschlicher Halbwüchsiger. Die großen Elfen, die oft nur „die Gro-

ßen" genannt werden, finden sich heute nur mehr im Hochgebirge. Sie haben einmal im Tal gelebt und waren früher die Schutzwesen ganzer Landschaften. Da sie vom Menschen und seiner aggressiven Zivilisation verdrängt wurden, haben sie sich ins Hochgebirge zurückgezogen.

Auch die Wassergeister haben nach Ansicht der „Feensichtigen" immer die passende Größe zum entsprechenden Gewässer. In Bächlein gibt es die kleinen munteren Wassermädchen. Deren Glucksen und Kichern soll ganz entzückend sein. In Seen – auch Stauseen! – können die Wasserwesen einige Meter lang werden. Und die feinstofflichsten und leichtesten aller Naturgeister sind selbstverständlich die Luftelfen. So spiegelt sich also in der Welt der Naturgeister das alte aristotelische Weltbild mit den Elementen Erde, Feuer, Wasser und Luft wider. Eine geradezu klassische Hierarchie und Ordnung.

Die möglicherweise vielfältigste, bizarrste und auch verwirrendste Geisterwelt dürfte die der jeweiligen Wohnstätten sein. Bei Hausgeistern fallen natürlich jedermann die berühmten Heinzelmännchen ein. Aber tatsächlich muß es in unserer technologischen Welt viel komplexer geworden sein. Nehmen wir ein Beispiel heraus:

Sie denkt fast einen ganzen Tag lang über einen bestimmten Song eines bestimmten Interpreten der gehobenen Popkultur nach. So etwas kennt fast jeder: Stunden- oder gar tagelang wird man von einem Melodiefetzen, einem Textzitat oder einem erinnerten Bild gedanklich verfolgt, kriegt es nicht aus dem Kopf, kann es nicht richtig zuordnen. Im erwähnten Fall ist es ein Lied, in dem ein deutscher Sänger auch einige Zeilen in griechischer Sprache singt. Er – von alledem nichts ahnend – hat das kleine Transistorradio, das üblicherweise im Badezimmer steht, abends ins Schlafzimmer mitgenommen. Es steht – ohne Zweifel ausgeschaltet – in der Nacht auf einem Beistelltisch. Um drei Uhr früh ist im Zimmer plötzlich laut und deutlich das erwähnte Musikstück zu hören. Sie erwacht und freut sich, daß offenkundig jemand im Autoradio auf der Straße vor dem Haus dieses Lied anhört. Er erwacht ebenfalls, murmelt „Blödsinn" und schaltet das Transistorradio auf dem Bei-

11

stelltisch ab. Denn der Song war von dort gekommen. Erst jetzt setzt die Diskussion über den Spuk ein. Tatsächlich war das Lied genau um diese Zeit in der Laufbandmusik des Nachtradios gesendet worden. Zweifelsohne war das kleine Transistorradio ausgeschaltet gewesen. Für dieses Lied hatte es sich aber – von selbst? – eingeschaltet. Wahrscheinlich, um ihr eine Freude zu machen! Die in den nächsten Tagen folgende technische und systematische Untersuchung des Vorgangs schließt alle rationalen Hintergründe und Ursachen aus. Wer hat also nächtens das Radio angestellt? Daß es eben einen sehr freundlichen Hausgeist gibt, der ein Radio aufdrehen kann, ist somit erwiesen.

„Ich habe einen Aufzug, der ist ein ganz, ganz netter Kerl. Also natürlich ist er kein menschliches Wesen, das ist mir schon klar", sagt die renommierte Dramatikerin und Schriftstellerin, die in der Wiener Hofburg eine Wohnung hat. „Immer wenn ich unten oder oben zum Aufzug gehe, kommt er mir schon von allein entgegen und öffnet die Tür. Ich brauche nie auf die Ruftaste zu drücken. Er ist ein ganz, ganz reizender Lift."

Hausgeister haben besonders viele Facetten und Eigenheiten. Die Palette ihres Wirkens reicht vom einfachen Schabernack bis zu störenden, lästigen, manchmal auch erschreckenden Zwischenfällen und Effekten. Zwar kennt die Fachliteratur den durch diverse Horrorfilme bekannt gewordenen Begriff des Poltergeistes. Aber die meisten Phänomene sind weder so gruselig oder gar aggressiv, wie sie in Filmen gezeigt werden, noch sind es Poltergeister im Sinne des Wortes. Da kann es schon vorkommen, daß einem betroffenen Hausbewohner förmlich aus dem Nichts heraus ein Strahl Wasser über den Kopf gegossen wird, da gibt es oft genug geisterhafte Schritte zu hören, das Zufallen von Türen und Fenstern und das eine oder andere bedrohlich klingende Geräusch – aber viel mehr passiert nicht. Spuk, in welcher Form auch immer, richtet sich selten unmittelbar gegen Leib und Leben betroffener Menschen. Die hauptsächliche Gefahr dabei ist, darüber so zu erschrecken oder sich zu ärgern, daß eine psychische Belastung entsteht. Wenn diese zu Ängsten oder zur großen Angst führt, hat das

12

natürlich negative Folgen, die in den Reaktionen der Menschen stehen. Wer jedoch gelernt hat, mit den Phänomenen zurecht- oder auszukommen, der beginnt, geradezu in Harmonie mit „seinen Geistern" zu leben. Und manchmal sind es auch glückhafte Begegnungen. Wer zum Beispiel ein spätmittelalterliches Haus, das schon zur Ruine verfallen war, mit großer Liebe renoviert, restauriert und auch revitalisiert hat und in diesem Haus – im Traum – immer wieder den Besuch dreier Frauen in mittelalterlichen Gewändern erlebt, der hat dieses Phänomen als Lebensbestandteil für sich integriert. Wer immer die Frauen, es handelt sich offensichtlich um eine Mutter mit zwei erwachsenen Töchtern, sein mögen, er weiß, daß diese zum Haus gehören, er erlebt, daß sie ihn nächtens freundlich und kichernd mit großer Neugierde durchs Fenster betrachten, er beginnt sie als „seine Frauen" zu verstehen. Die er nicht missen möchte und auf deren zeitweiliges Auftauchen im Schlaf er sich eigentlich immer wieder freut. Wenn eine junge Geschäftsfrau in einem neu angemieteten Geschäftslokal bei Buchhaltungsarbeiten das wohlwollende Auftauchen des ihr zuerst unbekannten, aber später vertrauten Geistes des allerersten Ladenbesitzers aus dem vorigen Jahrhundert erlebt hat, dann lernte sie es als positive Motivation für die schwierigen Jahre nach der Unternehmensgründung zu verstehen. Und der alte Meister hat ihr, so weiß sie heute, auch manchmal bei der manuellen Arbeit entscheidend geholfen. Von Furcht und Entsetzen war bei ihr nie die Rede.

Wer im Souk von Marrakesch schönen alten Berberschmuck kauft, dem kann es schon passieren, daß in der heimatlichen Wohnung sieben Nächte lang drei Vertreter der Familie erscheinen. Wer anders sollten die nächtlichen Gäste denn sein als delegierte Prüfer aus dem Haus der ehemaligen Schmuckbesitzerin? Und da die verhüllte und schweigende Kommission nach sieben Nächten nicht mehr auftauchte, weiß die jetzige Besitzerin des alten Schmucks, daß er ihr nun wirklich gehört. Denn offensichtlich haben die nächtlichen Prüfer ihr zum materiellen Besitz auch die emotionale Verantwortung zugebilligt. Es gibt immer zwei Möglichkeiten, solche Begebenheiten zu

13

erleben, zu sehen oder zu erzählen. Die zweite, die konsensbereite und sanfte, die offene und akzeptierende Art und Weise, die positive Einstellung gegenüber der meist unerklärlichen Irritation ist in fast allen Fällen die bessere. Wer lernt, mit dem Übernatürlichen oder Unerklärlichen nicht leichtfertig, aber leicht umzugehen, der mag am ehesten den so oft zitierten Satz aus Shakespeares *Hamlet* zum eigenen Lebensmotto bestimmen:

„Es gibt mehr Dinge im Himmel und auf Erden, als eure Schulweisheit sich träumt!"

ZAPPAS GEIST

Das Waldviertel erfüllt alle Bedingungen, um als mystisch zu gelten. Da braucht es die auf einigen Hauptverkehrsstraßen aufgestellten Wegweiser nicht, die mit weißer Schrift auf grünem Grund „mystisches Waldviertel" ankündigen, indem sie in eine nicht bestimmbare Richtung zeigen.

Die Landschaft des Waldviertels ist trotz der immer heftigeren Eingriffe durch die menschliche Kulturtechnik noch heute vom Wald bestimmt. Und der „dunkle Wald voll Jagdlust" hatte nicht nur die österreichischen Paradedichter, sondern schon die frühmittelalterlichen Märchenerzähler immer wieder inspiriert. Dazu kommt, daß das Waldviertel einige geologische Sonderheiten anzubieten hat, die schon lange oder vom Fremdenverkehr erst neulich gut erfunden, geheimnisvolle Stätten und Plätze beherbergen. Vornehmlich ist da die Blockheide bei Gmünd zu nennen, wo dem Spaziergänger urtümlichste Granitblöcke zugänglich sind, die die phantasievollsten Namen aufweisen. Selbstverständlich sind diese Granitriesen keineswegs vom Teufel oder anderen grausigen Wesen erschaffen, sondern von den Naturgewalten über Jahrmillionen hinweg. Auch die besondere Gesteinsverwitterung ist schon seit Urväterzeiten Anlaß für mystische Deutung: die sogenannte Wollsackverwitterung. Der Waldviertler Granit bekommt nämlich unter dem Einfluß von Regen, Wind, Sonne eine Erosionsform, die aus Felsen Steingebilde macht, die so aussehen, als hätte jemand monumentale, mit Wolle gefüllte Säcke übereinander geschichtet und hoch aufgetürmt. So ist bei den Menschen seit Jahrtausenden der Eindruck entstanden, es handle sich nicht um natürliche Felsformationen, sondern um von geheimnisvollen Mächten und Kräften aufgeschichtete Monumente bzw. Reste von einst gewaltigen Bauwerken.

Darüber hinaus ist das Waldviertel bis in die jüngste Vergangenheit ein strukturell und wirtschaftlich unterentwickeltes

Gebiet. Das Kleinbauerntum, das Kleinhäuslerwesen, die Abwanderung von Arbeitskräften haben das Leben der Menschen auf einem sehr bescheidenen Niveau gehalten, die in früheren Zeiten verkehrstechnisch schlechte Erschließung des Landes brachte nur zögernd die Segnungen der modernen Industrie- und Informationsgesellschaft. Dazu kommt das relativ rauhe Klima des Landes mit seinen langen Wintern, das die Waldviertler über viele Jahrhunderte weg in kleinen Gruppen „um die Öfen zusammenrücken" ließ. Der Nährboden für ohne Unterbrechung tradierte Legenden, Gespenstergeschichten, Volksmärchen und vor allem den von der Kirche verurteilten „Aberglauben" ist damit gelegt gewesen.

Das Waldviertel hat seit der letzten Eiszeit viele Besiedlungswellen erlebt. Vor den christianisierenden Bayern des Mittelalters gab es hier keltische, slawische, awarische, hunnische Völker, was in vielen Stadt- und Flurnamen noch nachklingt. Bestimmt hat jede Besiedlungswelle ihre eigenen Götter, Dämonen, Geister zu den bereits reich vorhandenen noch mitgebracht und so das Land kulturell und mystisch aufgebessert. Die letzte nachweisliche Besiedelungswelle des Waldviertels begann Ende der fünfziger Jahre des 20. Jahrhunderts und erlebte in den folgenden späten Siebzigern einen ersten Boom. Seit dieser Zeit trägt die Gegend auch den ironischen Namen der „Toskana der Nicht-ganz-so-Begüterten". Aus den Bruchbuden und sauren Wiesen Sommersitze für Städter zu machen, denen ein Herrensitz in der Toskana schlicht zu teuer ist, war um so leichter, als die Waldviertler Bevölkerung zu allen Bau-, Hilfs- und Sanierungsarbeiten bei äußerst geringem Lohnniveau herangezogen werden konnte. Und tatsächlich gab und gibt es großstädtische Menschen, die aus wirklicher Zuneigung und Liebe zu diesem in vielerlei Hinsicht strengen und in noch mehr Aspekten schönen Stück Land in die einstigen Einöden gezogen sind und sich dort niedergelassen haben.

Zappa lebt seit 1977 auf einem Bauernhof bei Heidenreichstein, das mit seiner Wasserburg zu den schönsten Städtchen des Waldviertels gehört.

Zappa ist aber kein Zugezogener, er ist aus der Gegend gebür-
tig.

Zappa ist der Chef und Frontman der Blues-Rock-Gruppe
Bluespumpm – die mundartliche Form für Blues-Pumpe.

Zappa ist auch Bauer und heißt mit richtigem Namen Johann
Cermak.

Er bestellt alle Felder des Hofs selber, deren Erträge die Tiere
durchfüttern helfen. Weil Zappa in der Gegend auch als Trak-
torfahrer zum Alltagsbild gehört, wird er von den Menschen
der Gegend akzeptiert. Als Musiker allein wäre ihm das hier
nicht so leicht gelungen. Von seinem Hausgeist erzählt Zappa
nur Besuchern, die er als Freunde betrachtet.

An einem späten Sonntagvormittag im Frühsommer sitzen die
Besucher in Zappas guter Stube, bei türkischem Cay und Ziga-
retten. Zappa und Erika, die Technikerin und „gute Fee" der
Band, haben bereits ihre Tiere versorgt, Schafe, Ziegen, Hüh-
ner, Kaninchen. Vom kleinen Stubenfenster aus kann man dem
Pfau zusehen, der draußen auf der Wiese ein Rad schlägt. Die
Pfauin hat der Fuchs geholt, die Jungen auch. Zappa hat sich ja
schon seit seiner Kindheit gewünscht, Pfauenvögel zu besitzen.
Jetzt hat er halt nur diesen einen. Aus dem CD-Player tönt
Bluespumpm-Musik, „klarer, rauher Blues aus dem Norden
Österreichs – deftig, saftig, lehmig wie das Land und innig,
bluesig und voll Kraft wie die Männer, die ihn spielen", so
beschrieb ein Musikjournalist den Stil der Band. Zappas unver-
gleichliche Waldviertler Röhrenstimme dröhnt aus der Box,
Zappa dreht die Musik leiser.

„Wo fang' ich an? Also, wir haben uns 1977 hier am Hof einge-
mietet. Die ganze Band. Hier wollten wir arbeiten, leben, Musik machen. Das Bauernhaus mit seinen Stallungen ist etwa
hundert Jahre alt, stand längere Zeit leer, war total heruntergekommen. Das erste halbe Jahr haben wir hier quasi auf einer
Baustelle gelebt. Monatelang nur Bauarbeiten, keine Zeit, eine
Gitarre in die Hand zu nehmen. Im November war der Probenraum fertig, und wir konnten endlich Musik machen. Im Jänner
kam dann die Krise, es gab Streitereien, die Band hat sich
geteilt, nur zwei sind hiergeblieben. In diesem Jänner 1978 ist

17

dann zum ersten Mal etwas Merkwürdiges passiert. Mitten in der Nacht hat es zu poltern begonnen. Der Musiker, der zu dieser Zeit allein im Haus war, war ein Stadtmensch. Die Winter hier sind hart, das Alleinsein war er auch nicht gewohnt. Diese seltsamen Geräusche im Haus haben ihn sehr erschreckt. Er hat seinen Koffer gepackt und wollte um halb zwei Uhr nachts zurück nach Wien. Bei der ersten Schneewächte hat er begriffen, daß das sinnlos war, er hat umgedreht. Am nächsten Tag hat er uns davon erzählt, aber niemand hat das ernst genommen. Einige Zeit ist vergangen, andere Musiker sind eingezogen. Wolfgang und Dieter waren die nächsten, die in der Nacht Geräusche gehört haben, danach die Beate. Dann war ich selbst dabei: Wir hatten damals noch keine Wasserleitung im Haus. Auf einmal höre ich in der Nacht aus dem Probenraum Geräusche von plätscherndem Wasser. Ich öffne die Tür und sehe, wie ein dicker Wasserstrahl von der Decke zum Fußboden herunterrinnt. So heftig, als würde jemand auf dem Dachboden stehen und durch ein Loch einen Krug Wasser gießen. Meine erste Reaktion? Ich habe Bongos Textständer zur Seite geschoben, damit die Blätter nicht naß werden. Und da war der Wasserstrahl plötzlich versiegt. Jetzt erst ist uns die Merkwürdigkeit der Situation klargeworden. Wir haben hin und her überlegt, nach einer logischen Erklärung gesucht. Es war Jänner, tiefster Winter, wir hatten zwischen fünfzehn und zwanzig Grad unter Null, wäre das Wasser am Dachboden gewesen, es wäre zu beinhartem Eis gefroren. Es gab einfach keine Erklärung dafür.

Ich erzähle nur das Wichtigste", sagt Zappa. Daß man Schritte im Haus gehört hat, war ohnehin selbstverständlich. Auch das Geräusch von Fenstern und Türen, die geschlossen wurden, ohne daß es jemand wirklich getan hat. Aber das waren Kleinigkeiten. Zum Vergessen.

„Das nächste Erlebnis hatte Dieter. Er hat im Probenraum Schlagzeug gespielt und dabei oben am Dachboden Schritte gehört. Zu dieser Zeit hatten sich Silvia und Bongo unterm Dach ein Zimmer eingerichtet. Dieter war der festen Meinung, Silvia sei zu Hause. Nach einer Weile ist er hinaufgegangen, um mit ihr zu plaudern. Und erst da hat er bemerkt, daß er die ganze Zeit allein im Haus gewesen ist. Wer immer da oben auf dem Dachboden auf und ab gegangen ist, Silvia war es nicht. Und die Schritte müssen heftig gewesen sein, sonst hätte Dieter sie bei der Trommelei nicht gehört. Als ihm das klargeworden ist, hat er sich aufs Moped geschwungen und ist nach Heidenreichstein gefahren, nur weg, um nicht hier im Haus allein zu sein.

Im Jänner 1981 hat Wolfgang im Probenraum E-Baß geübt. Wir saßen hier heraußen im Nebenraum, auf einmal hören wir einen Schrei. Wir stürzen hinein, drinnen steht Wolfgang, von der Decke rinnt Wasser, ihm genau auf den Kopf. Naja, eine Menge Merkwürdigkeiten sind hier passiert. Elisabeth hat eines Nachts gehört, wie die Falltür zum Dachboden geöffnet wurde, dann waren Trampelgeräusche zu hören und sehr lautes Poltern. Oben auf dem Dachboden haben Silvia und Bongo gesehen, wie sich die schwere Holztruhe von allein bewegt hat. Also, genau: einer der beiden hat es gesehen, gehört haben es beide.

Für mich war seit dem Phänomen mit dem Wasserstrahl klar: Wer immer der Verursacher all dieser unerklärlichen Dinge ist – wenn ich die Möglichkeit habe, nehme ich mit ihm Kontakt auf. Es kann ja nichts Negatives sein, denn sonst wäre längst ein Unglück geschehen.

1981 ist Erika hier eingezogen. Wir hatten in all diesen Jahren gute Kontakte zu den Hausbesitzerinnen, zwei älteren Damen, Schwestern, die vor vielen Jahren von hier nach Vorarlberg übersiedelt sind. Eines Tages hatten wir ein Konzert in Rankweil, und wir haben die beiden besucht. Wir haben von unseren Plänen mit dem Haus erzählt, daß wir ein Bad einrichten wollen. Und auch von dem Spuk. Das Merkwürdige war ja, daß all diese Phänomene nur in den Monaten Jänner oder Juni aufgetreten sind. Und als wir ihnen das Datum genannt haben, an dem Elisabeth durch das Öffnen der Falltür so erschreckt worden war, sagte eine der Schwestern: ‚Das ist der Sterbetag vom Vater.‘ Wir haben den Altbauern nicht gekannt, aber von den Nachbarn wissen wir, daß er kein freundlicher Mensch war, geizig und nicht beliebt. Seine Frau ist lang vor ihm gestorben, ‚wegen ihm‘, sagt ein Nachbar, und daß er angeblich auch seine Töchter von hier vertrieben hätte. Er soll halt kein Feiner gewesen sein. Vielleicht hat ihm nicht gefallen, wie wir das Haus verändert haben. Oder er hat unsere Musik nicht gemocht. Jedenfalls hat er sich Jahr für Jahr gemeldet.

Für den Winterspuk hatten wir jetzt also eine mögliche Erklärung. Aber warum auch im Juni immer wieder etwas zu hören war, wußten wir nicht. Und im Juni ist es weiß Gott auch heftig zugegangen. Im Jahr 1982 zum Beispiel, in der Nacht vom 10. zum 11. Juni, haben zwei Freunde von der Erika bei uns geschlafen. Sie sind aus Oberösterreich mit dem Fahrrad gekommen, waren hundemüde. Sie hatten keine Ahnung davon, daß in diesem Haus manchmal recht merkwürdige Dinge geschehen. Am nächsten Tag kommt einer der beiden, der Heinz, und sagt: ‚Na, ihr zwei seid mir Spaßvögel. Kommt mitten in der Nacht in unser Zimmer, stellt euch vor das Bett und geht dann wieder wortlos zur Tür hinaus.‘

Nur mühsam konnten wir ihn davon überzeugen, daß weder Erika noch ich bei ihnen im Zimmer gewesen waren. Wer immer dort war, wir wissen es nicht. Aber Heinz hat deutlich zwei Gestalten gesehen.

Ja, und dann kam das heftigste Erlebnis. Als Musiker sind wir Nachtvögel, bei uns wird es abends oft sehr spät, und wir schlafen morgens gerne länger. Es war also am Morgen, so um halb acht. Das war im Jahr 1984, Mitte Jänner. Wir haben beide fest geschlafen. Plötzlich werden wir von einer Sirene geweckt. Und zwar eine wie die von amerikanischen Polizeiautos, die man aus den Krimis kennt. Zuerst haben wir uns beide fragend angeschaut, dann ist Erika zum Fenster gelaufen, hat hinausgeschaut, ob vielleicht ein Einsatzfahrzeug auf der Straße steht. Nichts zu sehen. Die Sirene hat weiter durch das Haus gegellt. Wir hatten dann das Gefühl, sie ist mitten im Haus. Ich bin aufgestanden, vorsichtig aus dem Zimmer hinaus. Wenn ich mir nicht blöd vorgekommen wäre, hätte ich jetzt gefragt: ‚Wer bist du? Was willst du?‘ Langsam bin ich Richtung Vorhaus gegangen, da hat unser Holzfußboden durch meine Tritte zu krachen und zu knacksen begonnen, und als dieses Geräusch zu hören war, war das Sirenengeheul schlagartig aus. Erika und ich waren nicht verängstigt, aber ziemlich verwirrt und ratlos. Zuerst haben wir einmal Frühstück gemacht. Dann erst haben wir bemerkt, wie es im Haus ausgeschaut hat. In allen Zimmern war irgend etwas verrückt worden. Das Telefon lag auf dem Fußboden, der Hörer daneben. Bücher waren vom Tisch heruntergefallen. Eine Decke, die über ein Bett gebreitet war, hatte alle vier Zipfel zur Mitte geschlagen, wie eine Kolatsche. Blumenstöcke lagen auf dem Boden. Im Schlafzimmer lag unser Teddybär mit völlig verdrehten Gliedern. Und da hat es mir gereicht.

Ich habe meinen Freund Peter Ratzenbeck, den Gitarristen, angerufen. Er hat sich die Geschichte angehört und gesagt, jetzt werden wir schauen, was los ist. Wenn der Peter etwas wissen will, läßt er nicht locker. Er läßt sich von nichts und niemandem aufhalten. Er hat uns geraten, einen Fachmann für Rutengehen und Pendeln anzurufen. Der hatte Geburtstag gefeiert, ausgiebig, also mußte ihn die Erika mit dem Auto abholen, denn er wollte nicht selbst fahren. Schlußendlich waren alle im Haus: Peter, Erika, der Pendler und ich. Der Rutengänger hat mir das Pendel in die Hand gedrückt: ‚Du stellst jetzt die Fragen!' Es hat eine Weile gedauert, bis ich begriffen habe, wie es funktioniert. Und dann sind wir stundenlang durchs Haus gegangen und haben gependelt. Fragen gestellt und durch das Pendel Antworten bekommen. Der Peter mit seiner Penetranz war hier eine große Hilfe, er hätte um nichts in der Welt aufgegeben. Naja, und schließlich hatten wir ein Ergebnis, eine Antwort. Das war mehr, als ich mir jemals gedacht hätte."

Zappa gießt sich eine weitere Tasse vom Cay ein und bleibt eine Weile stumm. Dann wirft er den Kopf zurück und streicht eine Strähne der wilden, nun schon grau gewordenen Frank-Zappa-Frisur, die ihm schon im Alter von sechzehn den Spitznamen eingebracht hat, aus dem Gesicht. „Eigentlich ist es egal", sagt er. „Jetzt kann ich gleich alles sagen. Ich erzähl' das nicht oft. In diesem Haus gibt es mehrere Geister, die sich zu Wort melden. Aber einer von ihnen ist sozusagen der oberste, der am weitesten entwickelte Hausgeist. Alle anderen sind ihr unterstellt. Ja, ihr. Und sie war es auch, die immer darauf geachtet hat, daß uns hier nichts geschieht. Ihre Macht ist größer als die der anderen. Die Sirene, das war ihr Werk. Es war eine Nachricht für mich.

Hier, an dem Platz, wo heute der Hof steht, lebte vor fast einem halben Jahrtausend eine Frau. Sie war Alchemistin. Eine kluge, eine gebildete Frau mit Kenntnissen der Magie. Sie war verheiratet, aber sie hatte ein Verhältnis mit ihrem Adepten. Das ging einige Zeit, doch dann hat sie der Adept verlassen. Die Alchemistin ist hiergeblieben, hatte hier ihren Herd und ihren Arbeitsplatz. Schließlich ist ihr Ehemann gestorben, da kam dieser Adept wieder zu ihr zurück. Gemeinsam haben sie hier alchemistisch gearbeitet. Bei einem der Experimente ist es eines Tages zu einem Unfall gekommen. Es dürfte eine Explosion gegeben haben, die Alchemistin wurde tödlich verwundet, der Mann war schwer verletzt, hatte Brandwunden an den Beinen, überlebte aber. Und dieser Adept, das kam beim Pendeln heraus, der war ich. Ich weiß, es klingt merkwürdig, aber offenbar habe ich hier, an diesem Platz, schon einmal gelebt, in einem früheren Leben. Übrigens hatte ich die Tage, bevor die Sirene durchs Haus gegellt hat, ziemlich arge Schmerzen in meinem linken Bein. Schmerzen wie von schlimmen Hautverletzungen. Sie waren so stark, daß ich nachts aufwachte und durchs Haus ging. Ich war sogar beim Arzt, aber er hat keine Erkrankung feststellen können und konnte mir auch nicht helfen. Am Abend nach dem Pendeln war alles wie weggeblasen, und es ist nie wieder gekommen. Aber zurück zu unserer Alchemistin. Wir haben sie gefragt, was wir für sie tun können. Und sie hatte eine Botschaft für mich: ‚Denke manchmal an mich, an meinem Sterbetag.' Und: Es gibt hier einen heiligen Ort, bloß zwanzig Meter entfernt, da ist sie begraben. Ich habe den Platz gekannt, er befindet sich auf dem Nachbargrundstück, ein Stein mit einer scharfen Kante. Und immer war ich schon der Meinung gewesen, dieser Stein müßte eigentlich auf unserem Grundstück liegen.

An diesem Abend waren wir in zutiefst besinnlicher Stimmung. Es war einfach unglaublich gewesen, das alles. Unglaublich und wunderbar. Am nächsten Tag sind der Peter und ich über den Weidezaun geklettert und zum Stein gegangen. Peter hat die Lebensdaten unserer Alchemistin in den Stein gemeißelt: 6. 5. 1505 – 11. 6. 1577. Ein paar Tage später entdeckte unser Nachbar, auf dessen Grundstück der Stein liegt, das Datum. Er ist ein freundlicher alter Mann, wir haben ein gutes nachbarschaftliches Verhältnis, er unterstützt uns mit Ratschlägen bei der Bewirtschaftung von Wiesen und Feldern. Er war sehr verwundert und wollte wissen, warum wir da das Datum in den Stein gemeißelt hätten. Also, was jetzt dem erzählen? Wir haben schnell eine Geschichte erfunden, daß der Propst von Eisgarn, ein geschichtlich sehr versierter geistlicher Herr, erzählt hätte, an dieser Stelle sei einmal ein Unfall passiert. Und jetzt würden wir eben die Daten des Opfers zum Gedenken einmeißeln. Aha, soso, der Propst, na dann. Eine Viertelstunde später ist der Nachbar schon mit seiner Frau gekommen und hat ihr die Stelle auf seinem Grundstück gezeigt. Es war ja auch nur ein bißchen gelogen, denn das mit dem Unfall stimmt schließlich. Ich glaube, hätten wir die Wahrheit erzählt, hätte er uns vielleicht für verrückt gehalten.

Dieser Tag, an dem wir gependelt haben, hat mich verändert. Seitdem bin ich hier wie ein Felsen. Festgewachsen. Hier bringt mich niemand mehr weg."

Und was ist mit den Hausgeistern? Spukt es noch?

„Seit damals ist es vorbei. Seit wir ihre Daten in den Stein gemeißelt haben, hat sich nie wieder jemand im Haus gemeldet."

Lebt ihr also jetzt ruhiger hier?

Zappa schaut Erika an, die schüttelt den Kopf. „Ehrlich gesagt, uns geht schon etwas ab. Wir hatten uns schon sehr daran gewöhnt."

Feurige Reiter, brennende Wagen und der Spitalhannes

Gleich am ersten Vormittag des Besuchs haben die Forschenden, mit Literatur ausgerüstet, die historischen Ecken und Gäßchen des alten Merzig im saarländischen Dreiländereck Deutschland–Luxemburg–Frankreich gesucht, in denen eine ungeheure Fülle von Spukgestalten und Stadtgespenstern erlebt worden ist, die allesamt in die Chroniken einflossen. Erstaunlich, wie auch reifere Semester sich noch an das einstige Topgespenst Merzigs erinnern konnten.

„Ja, der Spitalhannes", kicherte die Merziger Seniorin auf der Parkbank und wendete sich an ihre wohl gleichaltrige Gesprächspartnerin. „Den kennst du doch auch noch, Mariechen, nicht? Der mit der Kuhhaut und den Ketten um den Leib, nicht wahr? Mein Gott, da haben wir uns als Kinder schon sehr geängstigt vor . . ."

Die Geschichte vom Spitalhannes klingt schon zu Anfang geradezu modern. Obwohl sie, wie fast alle Merziger Gespenstergeschichten, möglicherweise auf die Zeit des Dreißigjährigen Krieges zurückgeht. Der Spitalhannes sei zu Lebzeiten ein rechter Sonderling gewesen, heißt es. Sein Haus war das zweite neben dem Spital. Übrigens ist dieses alte Spital, genannt das Spitälchen, das eine Mischung aus Krankenhaus, Hospiz und Herberge darstellte, 1962 abgerissen worden, und heute steht dort ein großer, moderner Wohnkomplex. „Das ist eine echte Sauerei", hatte eine stämmige Kneipenwirtin den Besuchern zu diesem Thema gesagt. „Die ganzen schönen, alten Gebäude hamse weggerissen. Da sind die nicht zu bremsen, diese . . ."

Zurück zur Geschichte. Das Haus zwischen dem Spitälchen und dem des Spitalhannes war im Besitz zweier ältlicher Schwestern. Es war ihr Erbe, und sie dachten nicht im Traum daran, es zu verkaufen. Eines Tages beschloß nun der besagte

24

Spitalhannes, seinen Besitz zu mehren, und es gelüstete ihn, das Haus der beiden Schwestern in Besitz zu bekommen. Diese lehnten jedes Kaufangebot kategorisch ab. Nun verfiel der Hannes auf eine interessante Taktik. Er wußte, daß die Hintertür zum Haus der Schwestern nachts unversperrt blieb. Also besorgte er sich ein Kuhfell und eine schwere, lange Eisenkette. Mit der Kette im Kuhfell schlich er sich nachts ins Haus ein und machte auf den Treppen und in den Korridoren damit solch gräßlichen Lärm, daß die Schwestern nicht nur aus dem Schlaf hochfuhren, sondern sich auch entsetzlich fürchteten. Dieses schaurige Kettenrasseln vor ihrem Schlafzimmer konnte doch nur ein Gespenst sein. Und so bekam der Hannes die beiden weich. Die Frauen waren nämlich zunehmend entsetzt und glaubten, daß der Teufel ihr Haus heimsuche. Nachzuschauen hatten sie ja nie gewagt.

Der Hannes bekam also zu einem sehr günstigen Preis das Haus, die Schwestern zogen aus der Stadt fort.

Die Vorgangsweise des Spitalhannes erinnert an die Methoden heutiger Althausbesitzer, die ihre Mieter loswerden wollen. Natürlich gehen die nicht mit Kuhfellen und Eisenketten durch die Stiegenhäuser, die terrorisieren ihre Mieter anders. Aber vom Prinzip her ist es, genauso wie seinerzeit beim Spitalhannes, schlicht und einfach Mobbing.

Der Unterschied von heute zu damals ist jedoch die Fortsetzung der Geschichte. Weil der Spitalhannes so ruchlos die hilflosen Schwestern getäuscht und betrogen hatte, traf ihn nach dem Ableben der entsprechende Fluch. Nun mußte er zur Strafe nächtens als Gespenst gehen. Mit der Eisenkette um den Leib, mit der Kuhhaut als Umhang. So erschreckte er Passanten, die davon erzählten, daß nebst seinen glühenden Augen auch die funkelnden Knöpfe seines Wamses geheimnisvoll leuchteten. Der Spitalhannes wurde zum bedeutendsten Stadtgespenst von Merzig.

Das Interessante am Spitalhannes ist jedoch seine zweite Seite. Neben der Tatsache, daß er des Nachts als umgehender Geist gefürchtet wurde, war er nämlich gleichzeitig ein oft angerufener Schutzgeist. Und zwar für Mütter, die wegen wichtiger

Besorgungen oder ihrer Arbeit aus dem Haus mußten und keine Aufsicht für ihre Kleinkinder hatten. Von diesen wurde – auch tagsüber – der Spitalhannes als Babysitter angerufen. Und, so wird erzählt, es soll ausgezeichnet funktioniert haben. Es wird von Beobachtungen berichtet, daß Kinderwiegen von geheimnisvoller Hand sanft geschaukelt wurden, während die Mutter außer Haus war. Und daß Babys tief und ruhig unter der Obhut des Spitalhannes, der dabei allerdings unsichtbar blieb, schliefen.

Möglich, daß diese widersprüchliche, aber so positive Verhaltensweise des spukenden Spitalhannes etwas mit seiner Buße für die ehemaligen Bosheiten zu tun hat. Möglich auch, daß er mit der Zeit genügend Kinder be- und gehütet hat, so daß ihm in der Zwischenzeit das nächtliche Umgehen erspart worden ist. Es muß jedoch eine ziemlich lange Zeit gedauert haben, denn in den Jahren nach 1900 war er in Merzig immer noch präsent.

Merzig hat aber noch eine Menge anderer pittoresker Stadtgeister, von denen in den alten Chroniken die Rede ist. Da gibt es schwarze Katzen, die nächtliche Wanderer mit glühenden Augen erschrecken, ein gespenstisches Ferkel, das durch die winkeligen Gassen saust, und einen dreibeinigen Hasen, der immer an einer bestimmten Brücke gesehen wurde. Diese Geister klingen weniger erschreckend, als sie es für Menschen früherer Zeiten tatsächlich waren. Es gibt auch Erzählungen, daß der dreibeinige Hase von beherzten Abenteurern belauert und gestellt wurde. Doch fangen konnten sie ihn nicht, und am Ende einer Verfolgungsjagd wird dann in den Erzählungen aus dem dreibeinigen Gespenstertier eine Schwarze Frau, die am Friedhof steht. Hier schauderte nun dem Jäger, es stockte ihm der Atem und er zog sich mit gesträubtem Haar zurück. Die Merziger Erzählungen beschreiben nicht nur diesen diversen Nachtspuk, sondern auch sehr genau die Orte, wo er zu erleben war. Es müssen also diese Spukgestalten für die Merziger Bürger recht plastisch und eindrucksvoll gewesen sein.

Eine solche Gestalt scheint in und um Merzig recht weitschweifig um die Wege gewesen zu sein – der gespenstische

26

Balken. Über diesen eigenartigen Spuk wird folgendes erzählt: Wenn ein später Wanderer oder Heimkehrer durch Merzigs Gassen ging, so konnte es geschehen, daß er hinter sich plötzlich Schritte hörte. Blieb er nun stehen, um den im Dunkeln unsichtbaren Weggefährten näher kommen zu lassen – denn zu zweit ging es sich ja sicherer –, dann tauchte kein Mensch auf, sondern ein übermannshoher, massiver Holzbalken. Es wird nicht beschrieben, ob dieser Balken so etwas wie menschliche Beine hatte, mit denen er fürbaß wandelte, aber es wird vom großen Schrecken dieser nächtlichen Spukfigur erzählt. Irgendwie verständlich, denn ein frei beweglicher Balken, der aus dem Dunkeln auftaucht, macht ja nicht einmal dem professionellen Zimmermann Freude. Also begann, so die Geschichte, der nächtliche Wanderer davonzulaufen. Völlig nutzlos, denn der Balken blieb ihm dicht auf den Fersen. Wann immer er sich umwendete, war der Balken ein Stück näher gekommen. Der Verfolgte geriet in immer größere Hektik und Verzweiflung. Wahrscheinlich fürchtete er, vom Balken nicht nur eingeholt, sondern auch erschlagen zu werden. Jedenfalls endete die Geschichte immer so, daß der Verfolgte bewußtlos zusammenbrach. In einigen Fällen auch knapp vor der rettenden Haustür. Beim Erwachen im dämmernden Morgen war der Balken aber immer verschwunden.

Es ist natürlich herausfordernd, zu fragen, was an einem wandernden Balken für Schreckvorstellungen hängen, so daß dieser zu einem Gespenst werden kann. Anders als beim Spitalhannes liegt ja keine Ursachengeschichte für das beschriebene Phänomen vor. Und da es eine alte Geschichte ist, kann es auch kein Balken des 1962 abgerissenen Spitälchens sein, das sich vielleicht in dieser Art und Weise für den städtebaulichen Frevel rächt. Oder handelt es sich vielleicht sogar im Hintergrund um ein biblisches Motiv? Heißt es da nicht, daß man nicht den Splitter im Auge des Nächsten kritisieren solle, wenn man einen Balken im eigenen habe? Von diesem neutestamentlichen Zitat ausgehend ließen sich sicher einige Hypothesen aufstellen, warum nächtliche Merziger früher von massiven Holzteilen verfolgt wurden.

Über Art und Weise des Nutzens, vor allem aber über die auffällige Langlebigkeit der Merziger Stadtgespenster gab den Besuchenden, Fragenden und Forschenden am Nachmittag dann der Heimatforscher Franz Büdinger Rat und Auskunft. Herr Büdinger ist zwar offiziell Pensionist, aber tatsächlich ein rund um die Uhr Beschäftigter. Seit über fünfzehn Jahren betreut er das Archiv einer bekannten Keramikfirma. Quasi nebenbei ist der Chronist der Stadt und hat mehrere Bücher zur Geschichte Merzigs veröffentlicht. Er ist Jahrgang 1922 und so agil und dynamisch, daß er manchen Fünfzigjährigen beschämen würde.

„Ja, die sechziger Jahre, die waren eine Katastrophe für Merzig", sagt Büdinger. Glas, Beton und Stahl hieß die Devise, und unter diesem Motto wurden viele alte Gebäude abgerissen, unter anderem auch das Spitälchen. Das war eine der größten Sünden in Merzig, die heute von allen Politikern zutiefst bedauert wird. Merzig war ja bekannt für seine Alleen, aber sie mußten alle weg, damit die Autos nicht an die Bäume fahren. Danach sind die Autos eben an die Häuser gefahren, was viel schlimmere Folgen hatte. Die Geschichte vom Spitalhannes hat sich trotzdem lange gehalten, wie alle Gespenstergeschichten der Stadt. Aber das hängt mit unserer Mentalität zusammen. Wir Saarländer, vor allem wir hier an der unteren Saar, haben eine leichtere Lebensart, eine leichtere Lebensauffassung als die anderen Deutschen. Hier schlägt schon ein wenig die französische Lebensart durch. Wir sind fröhlich, kontaktfreudig, gesellig und stets zu Späßen aufgelegt. Und daher leben Geschichten auch länger, weil man sich ein bißchen amüsiert und nicht nur fürchtet.

In meiner Kindheit wurden all diese Dinge sehr lebhaft erzählt, wohl auch, um uns angst zu machen und zu erreichen, daß wir folgsam wurden. Ich habe mich als Kind vor diesen Geschichten gefürchtet. Da war es schon gut, abends zu Hause zu sein, um nicht von einem Schreckgespenst verfolgt zu werden. Noch in den zwanziger Jahren war es nicht üblich, nachts auf die Straße zu gehen. Und die Bewohner waren's ganz zufrieden. Ich habe einen Zeitungsausschnitt vom Ende des neunzehnten

Jahrhunderts, wo über eine Stadtratssitzung in Merzig berichtet wird. Ein Stadtverordneter hat gebeten, daß in der Stadt mehr Lampen installiert werden. Der Nachtwächter hätte Zeit genug, zusätzliche Lampen anzumachen. Das Ansuchen ist abgelehnt worden. Es sollte lieber dunkel bleiben, hieß es. Und außerdem würden die Gasthäuser ohnehin so viel Licht verbreiten, daß die Aufstellung von neuen Lampen nicht notwendig sei.

Erst in den dreißiger Jahren hat sich das komplett geändert. Als Hitler 1933 an die Macht kam, gab es die Hitlerjugend und das Jungvolk, dorthin sind die Jugendlichen gegangen. Und da gab es eben jeden zweiten Abend eine Veranstaltung, da wurde was geboten. Plötzlich gab es auch in Merzig so etwas wie ein Nachtleben. Damit Sie mich nicht falsch verstehen – ich juble den Hitler nicht hoch, der Teufel soll ihn gesehen haben. Er wäre besser von einem Gespenst geholt worden. Aber es gab in dieser Zeit eben gravierende Veränderungen. Die Furcht vor den Gespenstern der zwanziger Jahre ist also dann durch die paramilitärische Organisation verdrängt worden. Aber die Geschichten sind natürlich damit nicht endgültig erloschen. Sie haben in den schlimmen Nachkriegsjahren wieder aufgelebt. Endgültig verändert hat sich die Erzähltradition dann in den sechziger Jahren. Ich erinnere mich noch, als wir dieses Haus hier mit unseren eigenen Händen bauten, sind wir und die Nachbarn fast jeden Abend bei Skat und anderen Kartenspielen beisammengesessen. Am Weihnachtstag 1959 wurde ein Fernseher angeschafft. Und bald hat jeder so einen Kasten besessen, und damit war es langsam aber stetig vorbei mit dem Geschichtenerzählen. Die heutige Jugend weiß nicht mehr viel über die alten Legenden, die sehen genügend Spuk im TV.“

Feurige Reiter, glühende Kutschen

Im Umland von Merzig, im sogenannten Dreiländereck, waren aber noch Anfang des zwanzigsten Jahrhunderts weitaus eindrucksvollere Spukphänomene bekannt. Um 1890 sollen diese so massiert aufgetreten sein, daß sie geradezu selbstverständlich wurden: nächtliche Feuererscheinungen.

Berichtet wurde unter anderem von einer feurigen Kutsche, die zur mitternächtlichen Stunde über die Nenniger Flur fuhr. Viele Bewohner im Umland wollen sie gesehen haben, einer sogar mehr als zwanzigmal. Sie kommt scheinbar aus dem Boden heraus, fährt über Stock und Stein und verschwindet anschließend im Bübinger Schloß. Ein grinsender Kutscher sitzt auf dem Bock, schwenkt seine glühende Peitsche, voran galoppieren feurige Rosse. Andere Berichte wiederum erzählen von einem feurigen Mann, der im Gebiet der Mosel nächtlich in den Wiesen zu sehen war. Von Irrlichtern ist die Rede, von glühenden Rädern, die über Wiesen rollen, und immer wieder von der Wilden Jagd und dem Jäger Maldix, der mit Roß und Hundemeute bei heftigen Frühlingsgewittern durch das Saartal mehr fliegt als reitet, und dessen wildes Geschrei die Menschen erschreckt. Ewige Jäger und Bockreiter – das sind gehörnte Geister, die auf einem bärtigen, häßlichen Tier sitzen – sollen im Dreiländereck nächtens allgegenwärtig gewesen sein. Und in einem Grenzhaus an der Dreiländerecke war eine verrufene Hexe heimisch. Viele Menschen, die in dieser Gegend nachts unterwegs waren, verschwanden auf unerklärliche Weise. Und an jener Stelle, an der eine Fähre über die Mosel nach Remich fuhr, als es dort noch keine Brücke gab, wurde zur mitternächtlichen Stunde oft eine feurige Kutsche gesehen, aus der ein geheimnisvoller Herr stieg. Der Mann verschwand nach kurzer Zeit im nächtlichen Dunkel, die Kutsche entschwand in den Wolken. Der Spuk aber zog sich über zwei Nächte, denn in der Nacht darauf kam die Kutsche zurück, der Fahrgast stieg ein und in heißer Fahrt verglühten sie hinter dem Sinzer Berge.

Franz Büdinger, in dessen umfangreichem Privatarchiv alle diese Aufzeichnungen und Berichte gesammelt sind, schmunzelt. „Eine natürliche Erklärung all dieser Feuergestalten würde ich nicht wagen. Freilich ist die ganze Gegend hier bekannt für ihre feuchten Wiesen. Das Heu im Saarland war ja zu allen Zeiten äußerst schlecht. Nicht zufällig hat sich hier die Keramikindustrie im vorigen Jahrhundert mit der Produktion von Entwässerungsröhren erfolgreich niedergelassen. Aber saure Wiesen sind keine Moore, obwohl auch auf ihnen, wenn sie versumpft sind, natürliche Irrlichtphänomene auftreten. Manche Wiesen waren ja so sumpfig, daß ganze Pferde versunken sind. Jahre später hat man dann deren Gerippe gefunden.

Diese Feuerkutschen, die geheimnisvollen Männer, die glühenden Pferde, das läßt mich doch in eine andere Richtung denken. Wir sind hier ein klassisches Schmuggelgebiet gewesen. Wir gehörten mal dahin, mal dorthin, und immer ist geschmuggelt worden. Schmuggeln war ein ertragreiches Geschäft, und für den Schmuggel sind eben dunkle Straßen von Nutzen. Ich weiß zum Beispiel, daß die Bauern aus Lothringen ihre Ferkel betrunken gemacht haben, damit sie nicht mehr quieken. Dann wurden sie in einen Sack gestopft und so über die Grenze gebracht. Und es erscheint durchaus logisch, daß all diese feurigen Wagen und rollenden Räder sehr praktisch waren, um die Menschen in der Nacht von den Straßen zu bekommen. Ich weiß von Fällen, wo den Schmugglern die Furcht vor den Gespenstern sehr gelegen gekommen ist. An der Eiche im Blumenkreuz hat man zum Beispiel Gespenster erscheinen lassen, daraufhin haben die Schmuggler alles liegen- und stehenlassen, und die sogenannten Gespenster konnten ernten. Das muß so um 1930 gewesen sein. Und wie erzählt wird, dachten zuletzt auch Schmuggler, daß sie auf diese Art und Weise anderen Schmugglern die Ware abprellen konnten. In jedem Fall eine höchst spannende historische Gespenstergeschichte."

Als die Besuchenden und Berichtenden Merzig und das landschaftlich liebliche Dreiländereck mit seinen fröhlichen und freundlichen Menschen verließen, war es auch bereits dunkel geworden. Und mit der einbrechenden Nacht kamen sie wieder, die glühenden Kutschen, die feurigen Wagen. Ein Ungetüm fauchte ohrenbetäubend auf Merzig zu, drei glühende Augen an seiner Stirn. Wagen mit leuchtenden Feuerfingern, die sich durchs Dunkel tasteten, rasten teils in die eine, teils in die entgegengesetzte Richtung. Darunter gab es auch mächtige, die neben ihrer feurigen Zier durch urtümlich dumpfes Stöhnen und Röhren Eindruck machten. War wieder die wilde nächtliche Jagd des Jägers Maldix und seiner Bockreiter angebrochen?

Nichts davon. Am Ende des zwanzigsten Jahrhunderts haben die Wilde Jagd der Autobahn und die Monstren der Deutschen Bundesbahn die guten alten Feuerkutschen und die ehrbaren Dunkelmänner der alten Zeit verdrängt. Wie würden heute jene staunen und zittern, die sich vor achtzig Jahren vor den Stadtgespenstern und den Feuerrädern des Gebietes an der unteren Saar in Stuben und Wirtshäusern schutzsuchend zusammengesetzt haben?

Von Elfen, Feen und anderen feinstofflichen Freunden

„Es gibt sie nicht überall. Aber es müssen sehr viele sein, denn sie haben weltweit offensichtlich viel zu tun. Sie sorgen, sie hüten, sie pflegen, sie versuchen zu erhalten, sie versuchen zu heilen. Mit ihren guten Schwingungen, ihrer Lebenslust, Güte und Hingabe. Aber meist sind sie unterlegen. Sie müssen weichen, fliehen, und wenn es ganz schlimm wird, dann sinken sie hin. Das ist sehr traurig", sagt die Sehende. „Wir geben ihnen oft genug mit unserer grobstofflichen Brutalität – Grobheit im wahrsten Sinne des Wortes – mit unseren für sie oft unerträglichen Schwingungen so gut wie keine Chance."

Von einem der nächsten Höfe hört man das in kurzer Folge immer wieder aufkreischende Singen einer Kreissäge. Da macht ein Bauer Holz für den Winter. „Das hören sie überhaupt nicht gerne. Dieses Geräusch finden sie unerträglich", sagt die Sehende. „Wenn einige von ihnen da drüben im Waldstück gewesen wären, sind sie jetzt auf jeden Fall auf und davon."

Die Sehende, eine schlanke, dunkelhaarige Frau, sitzt im Garten des renovierten Weinviertler Bauernhauses, trinkt Fruchtsaft und freut sich an den Sonnenstrahlen. Das Gespräch dreht sich um Elfen. Auch um Feen, Wassermädchen, Nymphen, Erdgeister, Zwerge und viele andere Naturgeister, „Wesenheiten", die die Sehende wahrnehmen kann und mit denen sie auch in der Lage ist, Konversation zu machen. Sie hat auffallend helle Augen. Und die Fragenden überlegen still bei sich, ob dies mit ihrer außergewöhnlichen Fähigkeit im Zusammenhang steht.

Die Fähigkeit zu sehen, was die Fragenden leider nicht sehen können, hat die Frau mit den hellen Augen im Zuge einer vor vielen Jahren unternommenen Schamanenausbildung gewonnen. Zwar dauert – so der Einwand der Fragenden – die Lehrzeit eines Schamanen, wie es sie in bestimmten Kulturen Asiens, Afrikas und Mittelamerikas tatsächlich gibt, einerseits ein halbes Leben lang, andererseits ist sie nicht dazu angelegt, um Feen und Elfen zu sehen, sondern um in bestimmten Ritualen die Reise ins unterirdische Toten- und Geisterreich anzutreten. Aber letztlich ist es doch nicht wichtig, welche Ausbildung wozu dienen sollte, sondern nur, was dabei entstanden ist. Sie hat, so erzählt die Sichtige, recht bald gelernt, Feinstoffliches, Auren, Schwingungen und anderes mehr nicht nur zu fühlen, sondern auch zu sehen. Darüber hinaus auch Fragen zu stellen und Antworten zu verstehen. Die Welt, die sich ihr dabei auftut, ist vielschichtig, offenbar auch stark hierarchisch gegliedert und in vielen Dingen von teils überraschender, teils völlig unverständlicher Einfachheit.

Der Begriff der Feinstofflichkeit ist ein alter Mythos. Er wird immer dort verwendet, wo Geister – von Naturwesen bis zu göttlichen Boten, den Engeln – oder andere spiritistische und esoterische Phänomene sichtbar oder begreifbar gemacht werden sollen. Physikalisch, nach den Gesetzen der modernen Wissenschaft, findet man kaum eine Antwort auf diesen Begriff. Seit Einstein ist klar, daß Materie nur eine andere Form von Energie ist, und daher jederzeit Materie zur Energiegewinnung verwendet werden kann – vom Lagerfeuer bis zum Atomkraftwerk ist im Prinzip hier kein Unterschied. Eine eigene Feinstoff-Behauptung der ohnehin extrem breitbandigen physikalischen Wissenschaft entgegenzustellen erscheint höchst erklärungsbedürftig, wenn nicht überflüssig. Denn, wenn Engel zum Beispiel feinstofflich sein sollen, ist dies aus theologischer Sicht gar nicht nötig. Bei der anzunehmenden Allmacht eines Weltenschöpfers brauchen Michael, Gabriel und Raphael für ihre Aufgaben und für ihr Sein doch keinen unerklärbaren Aggregatzustand. Es genügte, daß sie die Gabe hätten, sich als reine Energiewesen jederzeit in Materiewesen wandeln zu können. Aber so ist es nun einmal: die Idee von einem zweiten, feinstofflichen Astralleib, der in jedem materiellen Wesen, in jedem lebenden Geschöpf, drinnen steckt, und die aus der frühen Antike schon nachweisbar ist, die ist eben noch immer höchst lebendig.

DIE ANDERSWELT

Baumelfen sind, je nach Alter der Bäume bzw. ganzer Waldabschnitte, freundliche Jünglinge oder hübsche junge Frauen, allerdings gibt es auch den einen oder anderen würdigen Greis mit weißem Haar und Bart. Die sanft fließenden oder manchmal taillierten Bekleidungen sind meist in forstgerechten Grünschattierungen gehalten. Wie gesagt, es gibt im Elfenreich überall sowohl Männer wie auch Frauen und in besonders guten Gegenden und Situationen sogar Kindergruppen. Deren Entstehen hat aber nichts mit grobstofflichem Sex zu tun, die Feinstofflichen haben hier offensichtlich sanftere Methoden. „Im Prinzip", sagt die Sichtige, „hat jede Pflanze ein feinstoffliches Elfenwesen zu ihrem Schutz." Von den kleinen Blütenelfen der Wiesenblumen bis zu den großen Devas, den Elfen der alten Bäume, spannt sich hier der Bogen. Deva bedeutet hell und strahlend. Die Sichtige hat die Bezeichnung aus dem Sanskrit, der alten heiligen Sprache der Inder, entliehen, ohne damit zu behaupten, daß die heimischen Naturwesen tropischen Ursprungs wären. Auf die neugierige Frage, wie denn das auf den von den Menschen bestellten Feldern sei – auf den großflächigen Monokulturen müßten sich ja dann die Flurwesen wohl in qualvoller Enge drängeln –, wird die Sehende ernst. „Ursprünglich", erzählt sie, „gab es auch für die Feldfrüchte des Menschen feinstoffliche Schutzwesen." Aber, so hat ihr ein befragter Großelf erklärt, irgendwann sei das Saatgut der Menschen für sie unerträglich geworden. Es würde brennen und sie verletzen. „Denken Sie doch", sagt die helläugige Seherin, „wie heute jede Saat vorbehandelt und gebeizt wird. Diese Chemie halten die Feinstofflichen nicht aus. Ich habe einige von ihnen gesehen, deren Körper aufgrund von Düngemitteln und anderer landwirtschaftlicher Chemie ganz löchrig waren, zerfranst und wie von Säure verätzt. Krank, traurig und leidend waren diese Elfen. Und viele von ihnen sind hingesunken. Also auf den Feldern und Kulturen der heutigen Landwirtschaft wird man sie wohl nur mehr ganz selten treffen. Auf jede Form der Umweltzerstörung reagieren sie empfindlich. Ich habe Wasserwesen, kleine Wassermädchen, die sonst so lustig sind, gesehen, die krank waren, obwohl der Bach optisch einwandfrei ausgesehen hat. Aber irgend etwas im Wasser hat offensichtlich nicht mehr gestimmt."

Die großen Naturwesen, die tatsächlich um die zwei Meter Körpergröße haben, die besonders edel von Aussehen und Kleidung sind, die die Sehende Fürsten nennt, die haben sich schon längst aus den Tälern ins Hochgebirge zurückgezogen. Früher waren sie für große Landschaftsabschnitte als Oberaufseher der niedereren und kleinwüchsigeren Elfen zuständig. Aber seit die Menschheit die Täler so besiedelt, beackert und verbaut hat, wie es eben seit geraumer Zeit der Fall ist, leben die Großen im Gebirge, so um die 2.500 Meter Seehöhe. Um mit ihnen Kontakt aufzunehmen, sind also ganz schöne Bergwanderungen nötig. Und langsam wird auch das ein Problem, und man fragt sich, wie die armen feinstofflichen Fürsten den Kolonnenbergsteigertourismus wohl aushalten können. „Die meisten Elfen der Berge", so erzählt die Feensichtige, „haben helle Hautfarbe und blondes Haar, aber vereinzelt sind auch ausgesprochen südliche Typen darunter. Wer sie sieht, wird von unendlicher Freude erfüllt, sie verbreiten kristalline Schwingungen, die sich auf Menschen übertragen und das Beste in uns lebendig werden lassen." Ja, und, wie fühlen sich die Bergwesen nun, wenn Menschen kommen? Die Sehende erzählt, wie sie einmal nach einer Begegnung mit Bergelfen glücklich, heiter und erfüllt von Bergwesenschwingung einer kleinen Gruppe Wanderer begegnet ist. Freundlichen Wanderern, wie sie betont. Allein der flüchtige Kontakt, das Kreuzen der Wege dieser Menschen, traf sie wie ein Energieschlag, der fremd und störend in die feine Elfenschwingung einbrach. Ein unangenehmes, schmerzhaftes Gefühl, das sie verwirrte und verstörte. „Damals", so sagt sie, „konnte ich erleben, wie ein Elf fühlt, in dessen Lebensraum Menschen eindringen. Nur die Menschenkinder sind anders, den Elfen ähnlich, feiner, leichter, freundlicher. Noch nicht so grobstofflich und grobklotzig wie ihre Eltern." Seit damals fragt sie sich immer wieder: Wie halten die uns nur aus?

Eine starke Beziehung hat die Sichtige vor allem zu den Wasserwesen. Immer wieder kann sie an klaren Bächen Wassermädchen sehen, erwachsene Frauen zwar, aber höchstens siebzig Zentimeter groß, zart, mit runden Kindergesichtern, blauen Augen und blondem Haar, gelockt, aber auch glatt. Heiter, fröhlich und arglos kichern und lachen sie im fließenden Wasser. Und natürlich das Wichtigste, das interessiert ja Nicht-Sehende am meisten: Wassermädchen haben keine Fischschwänze, sie haben Beine, mit denen sie graziös von Stein zu Stein hüpfen können. Mit den Wassermädchen hat die Sehende oft und ausführlich Kontakt aufgenommen. Von ihnen weiß sie, daß es auch männliche Wasserwesen gibt, die allerdings sind für unterirdische Wasserläufe zuständig. Die Wasserwesen sind das Leben des Wassers, weiß die Sehende, sie sind da, damit das Wasser fließt, sie sind das Wasser. Der Lebensraum der Wassermädchen wird immer enger, in vielen Flüssen ist für sie kein Platz. Wenn Flüsse und Seen verschmutzt sind, dann ist das der Tod der Wasserwesen. Obgleich – Tod ist nicht Tod. „Sie sinken hin", sagt die Sehende traurig. „Sie lösen sich auf und vergehen glitzernd im Wasser."

Aber auch große Wasserelfen aus den Meeren haben kein leichtes Leben. Tatsächlich haben viele von ihnen die so oft gemalten Fischschwänze, sehen also wie die Bilderbuchnixen aus. Andere, die sich weit draußen auf offener See bewegen, in menschenähnlicher Gestalt und mit grünen oder blauen Fließgewändern umgürtet, haben im wahrsten Sinne des Wortes alle Hände voll zu tun, um sich gegen die nicht nur von der Industrie herrührende Verdreckung der Küstengewässer zu wehren. Wir haben mit unseren Schwingungen immer wieder versucht, zu helfen, wo es nur geht. Aber viel können wir nicht tun, hat eine der Meerelfen ihr gesagt.

Was überhaupt die Frage aufwirft, wieso diese hoch- und starkentwickelte Anderswelt der Naturgeister dies alles über sich ergehen lassen muß. Letztlich, so sagen die Mythen, die Märchen und Legenden, aber auch die Wissenden, seien die Feinstofflichen doch älter als die Menschen. In vielen Dingen klüger. Wieso sind sie nicht mächtiger und räumen mit dem Spuk – also mit uns, den grobstofflichen Menschen – einfach auf? „Nein", sagt die Sehende, „das wäre ganz gegen ihre Natur. Sie haben kein individuelles Durchsetzungsbewußtsein, keine Aggressivität, keinen menschlichen Kampfgeist. Alle diese Wesenszüge sind ihnen fremd."

Also, wollen die Fragenden wissen, gibt es unter den feinstofflichen Elfen und Feen offenbar nur Gute und Edle, Sanfte und Milde? Keine dunklen Mächte, keine bösen Geister? Keine miesen Typen?

„Damit habe ich wenig Erfahrungen", sagt die Sichtige. „Und eigentlich will ich gar keine machen. Aber natürlich gibt es auch solche. Einmal, bei einer Bergwanderung, habe ich in der Nähe eines sehr mächtigen Felsens plötzlich eine ganz starke, aggressive Schwingung gespürt. Mein mich begleitender Mann auch. Wir sind sofort ausgewichen und haben um den Felsen einen weiten Bogen gemacht. Es war deutlich zu fühlen, daß eines dieser mächtigen Wesen uns da nicht haben wollte. Nur kann ich nicht sagen, ob das ein böses Wesen war. Vielleicht war es nur einem der Großen zuviel an menschlicher Nähe geworden und er wollte seine Ruhe und hat uns quasi eine ‚Energieohrfeige' verabreicht."

Die Fragenden denken an die schon erwähnten Touristenkolonnen, an zunehmend verschmutzte Gletscherregionen, an den Helikoptertransport zum Sommerschilauf auf ewigem Eis und meinen still bei sich, solche Abwehrwesen würden die Alpen wohl mehr vertragen und brauchen. „Aber das war kein Berggeist", sagt die Sehende. „Das war ein Großelf, der sein Revier verteidigt hat. Die Berggeister, auch die Zwerge, die sind etwas dichter im Feinstofflichen. Die kann man da oben natürlich auch sehen. Manchmal schaut nur ein Kopf aus einer Wiese, manchmal kommen sie auch in kleinen Gruppen ganz heraus."

„Zwerge", sagt sie, „sind feinstofflich, wenn auch, wie gesagt, dichter. Weil sie ja Erdgeister sind. Zwerge sind nur ein Teil der erdigen Wesen, da gibt es noch viele andere. Ich erlebe sie wesentlich dichter als einen Baumelf oder die Wassermädchen, aber ich könnte sie nie mit einem Menschen verwechseln. Es gibt allerhand Geschöpfe, die im Wald oder im Gebirge auftauchen. Irgendwo schaut immer ein Kopf neugierig hervor. Ich persönlich habe keinen besonders engen Kontakt zu den erdigen Wesen, für Zwerge ist mein Mann zuständig. Übrigens sehen die wirklich genau so aus, wie sie in den Kinderbüchern gezeichnet und gemalt sind. Sie sind etwa so groß wie Kinder, haben bunte Wämser und spitze Mützen. Die Mützen könnten aber auch eine Energieform sein, die wie eine Kopfbedeckung ausschaut. Zwerge sind immer in bunten Farben gekleidet. Im ganzen Reich der Naturwesen läuft niemand so knallig herum wie die Zwerge. Ich muß sagen, die Zwerge werden in den Märchenbüchern wirklich ausgezeichnet beschrieben. Da muß sich jemand ausgekannt haben."

Und daran entzündet sich die nächste Diskussion. Wenn die feinstofflichen Elfen, Wassergeister, Nymphen, Fürsten, Zwerge usw. den Sehenden so erscheinen, wie sie von Zeichnern und Malern seit vielen Hunderten Jahren immer wieder dargestellt wurden und werden, gibt es doch zwei klärende Möglichkeiten: Einerseits könnten die tradierten Darstellungen darauf beruhen, daß Menschen in diese Welt der Naturgeister eben immer wieder Einblick hatten. Oder könnte es umgekehrt sein, daß sich alle Feinstofflichen den Menschen, die sehen können, eben so zeigen, wie die menschliche Phantasie ausgebildet ist?

„Ich denke, daß es da immer wieder Verwechslungen gegeben hat", meint die Sichtige. „Denken Sie an die äußerst glaubhaften Marienerscheinungen, die die Kirche anerkannt hat. Ich bin überzeugt, daß es selbstverständlich Elfen waren, die sich den Menschen gezeigt haben. Aber hätte früher jemand sagen dürfen, er hat eine Quellnymphe gesehen oder eine Baumdeva? Schon aus Sicherheitsgründen wurden die Erscheinungen in ein christliches Bild umgelegt. Und wahrscheinlich haben auch einige das wirklich so geglaubt. Ich selbst habe in Spanien in einer Grotte, in der Nähe einer Quelle, einmal eine wunderschöne Frauengestalt mit einer ganz feinen Schwingung erlebt. Eine Elfenfrau, ohne Zweifel. Und sie sah genauso aus wie die Marienstatuen, die in den Grotten zu sehen sind. Aber wenn ich auf eine religiöse Begegnung gewartet hätte, wäre ich damals vielleicht auch der Meinung gewesen, einen Engel oder eben eine Marienerscheinung zu sehen. Vielleicht macht es den Feinstofflichen auch Spaß, uns manchmal zu täuschen. Und so läßt sich doch vieles Übernatürliche ganz einfach erklären, meinen Sie nicht?"

Wo immer die Sehende hinkommt, sucht sie den Kontakt zu den Naturwesen. Ob auf Urlauben in Spanien, in Ägypten, in den Bergen oder am Meer. Sie übt sich in Gelassenheit und Meditation und wartet darauf, daß sie kontaktiert wird. Die Sprache der Wesen hört sie in ihrem Inneren, und, in welchem Land sie sich auch aufhält, in ihrer eigenen Sprache. Die Sehende ist überzeugt, daß auch andere Menschen lernen können, die Naturwesen zu kontaktieren. „Kann sein, daß ich eine besondere Begabung habe, aber es ist nicht schwer, den Kontakt zu den Naturwesen aufzunehmen. Meist spürt man zuerst die Energie, dann hört man sie und schließlich kann man sie sehen. Diese Wesen warten darauf, daß sie endlich wieder jemand sieht und ihnen zuhört. Jeder Mensch besitzt ‚feine' Sinne, sie sind nur verkümmert, weil wir sie seit Generationen nicht benutzt haben, aber man kann sie zum Leben erwecken."

Daher hat sie sich schon vor geraumer Zeit entschlossen, andere, Nicht-Sehende, bei der Erweckung ihrer feinen Sinne zu unterstützen. In Seminaren gibt die Sehende ihr Wissen weiter. Sie führt die Suchenden an Plätze, wo Naturgeister zu sehen und zu spüren sind. Am liebsten an klare Gebirgsbäche, wo sich ihre Lieblinge, die Wassermädchen, tummeln. Die Eleven werden über weite Strecken verteilt, damit nicht zu viel grobe Menschenschwingung die Feinstofflichen erschreckt und vertreibt. „Die Wassermädchen", so erzählt sie, „sind ganz lieb. Sie machen sich energetisch stark, damit sie besser zu sehen sind.

Manche von ihnen stellen sich direkt vor die Suchenden hin, damit sie entdeckt werden können. Das erste, was die Anfänger meist hören, ist das perlende, glucksende Lachen der Wasserwesen. Manche der Suchenden können sie dann auch tatsächlich sehen. Obwohl, erzwingen läßt sich nichts. Es ist jedesmal ein Geschenk."

Irgendwann hat die Feensichtige mit den hellen Augen und den langen, offenen Haaren dann beschlossen, ein Buch zu schreiben. Über ihre Erlebnisse mit den Feinstofflichen, über die Vielfalt der wunderbaren Naturwesen, von deren Existenz nur wenige wissen. Vor allem aber wollte sie die Botschaft, die sie von Wassermädchen, Waldelfen und Baumdevas erhalten hatte, an möglichst viele Menschen weitergeben. Sie begann, an dem Manuskript zu arbeiten. Von diesem Moment an kam es zu einem regen Kommen und Gehen in ihrem Garten. Verschiedenste Naturgeister zeigten sich, kleine, grüne, schüchterne Kerle, sanfte Waldfrauen, Blumenelfen, die aussahen wie Bauernmädchen, die einem Biedermeierbild entstiegen waren. Alle wollten gehört werden. Ein Oberelf, also ein Fürst, trat als Kontaktvermittler auf. Er wollte seinen Namen nicht aufgeschrieben wissen, so hat ihn die Feensichtige Anédor genannt. Ihnen allen war wichtig, daß die Menschen erfahren, welche Aufgabe die Naturwesen haben. Daß sie für das Leben von Pflanzen, Bäumen, Feldern und Wasser verantwortlich sind, ja, sie sind all diese Pflanzen und Bäume, sie sind das Wasser.

Das Buch von Margot Ruis, der Sehenden, liest sich wie eine Mischung aus Märchenbuch und Ökobericht. Aber trotzdem, oder vielleicht gerade deshalb ist es ein freundliches und tröstliches Buch. Außerdem gilt ja ohnehin, daß alle jene, die's nicht glauben möchten, es auch nie glauben werden. Geschweige denn sehen könnten. Offen bleiben für Skeptiker natürlich noch einige Fragen: Gibt es in den Wüsten und Steppen dieser Erde, die ja in ihrer Art auch „gesunde Biotope" sind, solange der Mensch nicht störend eingreift, nicht auch gute Naturwesen? Gibt es vielleicht für die Geschöpfe der Sand-, Gesteins- oder arktischen Eiswüsten nicht auch feinstoffliche Schutzwesen? Doch dazu weiß Margot Ruis leider nichts zu sagen, weil sie diese Landschaften noch nie besucht hat. Aber sie verspricht, das bei Gelegenheit nachzuholen.

Näher liegen doch auch und für alle Stadtbewohner leicht erreichbar große alte Parkanlagen mit mächtigen Bäumen. Zwei der noch ältesten lebenden Bäume, nämlich Eiben, die um Christi Geburt gepflanzt wurden, stehen in Wien. Könnte hier nicht einem vielleicht sogar original keltischen Baumwesen zu begegnen sein? Im Pötzleinsdorfer Schloßpark, ebenfalls in Wien, steht wiederum eine zwar botanisch junge, aber bereits sehr mächtige Sequoie, ein hundertvierzig Jahre alter und fast vierzig Meter hoher Mammutbaum aus Kanada. Was für Baumwesen müßte dieser Riese wohl haben? Vielleicht einen indianischen, der aus der usprünglichen Heimat mitgekommen ist? Noch interessanter müßte eine diesbezügliche Nachschau in den großen Palmenhäusern sein: Haben exotische Pflanzen auch exotische Devas? Die Überlegung, daß es in den Erholungsräumen der Großstädte keine Elfen geben könne, weil die Metropolen an sich zu laut und zu wesensfeindlich für Naturgeister seien, kann mit einem äußerst interessanten Bericht aufgehoben werden. Die Feensichtige Dora van Gelder hat sich einmal im Auftrag einer Zeitung in den Central Park von New York begeben, um nach Naturwesen Ausschau zu halten. Und sie ist tatsächlich fündig geworden. Die Elfen, so berichtet sie, waren keineswegs scheu. Zwar wichen sie zurück, wenn ihnen ein Mensch begegnete, aber sie fürchteten sich nicht. Zwei Arten von Elfen waren Dora van Gelder aufgefallen: kleine grüne Wesen, die in den Bäumen auf und ab kletterten, und eine braungoldene Elfe, deren Gesicht dem eines Teddybärs glich und die eifrig mit den Sträuchern beschäftigt war.

Es stellt sich heraus, daß Margot Ruis da bei uns noch viel Arbeit vor sich hätte. Auch in Bergwerken nachzufragen oder besser gesagt nachzufühlen, wo doch die vielen Kobolde, Gnomen, Berggeister etc. geblieben sind, von denen die Märchen- und Sagenbücher voll sind, die Bergleute aber heutzutage nichts wissen wollen. Die Fragenden finden hier noch sehr viel

Nachholbedarf für weitere Berichte und Erzählungen aus diesen Reichen.

Sowohl kulturgeschichtlich als auch literarisch und etymologisch lassen sich die Naturgeister schon von der Frühzeit der menschlichen Geschichte her nachweisen. So stecken ihre alten Namen bis heute in bekannten Flurbezeichnungen wie Alpen, Elbe, Neckar (vom Neck, dem Wassergeist) bis zu Begriffen wie Alptraum, necken etc. Zu den alten Naturgeistern zählt auch der antike römische Faun, eine Elbengestalt, und seine Schwester, die Fauna – beide waren zuständig für Ackerbau und Viehzucht. Der heute verwendete Begriff Fauna für die gesamte Tierwelt ist tatsächlich von diesen beiden abgeleitet. Übrigens, bis ins neunzehnte Jahrhundert trugen in den germanischen Sprachen alle Naturgeister Namen, die vom Stammwort „Elb" herrührten. Die Schreibform Elfe oder Elfen stammt von einer Fehlübersetzung aus dem Englischen. Im Englischen wurden sie nämlich in der Einzahl „elf", in der Mehrzahl „elves" geschrieben. Die Sprachforscher Jacob und Wilhelm Grimm beklagten 1862 durch diese direkte Übertragung ins Deutsche den Verlust des alten Begriffs. Tatsächlich wurden erst in unserem Jahrhundert durch die deutsche Übersetzung der Tolkien-Romane (*Der Herr der Ringe*) aus diesen geheimnisvollen Völkern wieder Elben.

Die bekanntesten Elbenfiguren aus der Literatur, die Shakespeareschen Figuren aus dem *Sommernachtstraum,* die Gestalten des Oberon, der Titania, des Puck und viele andere mehr, wurden wiederum in den Originalmanuskripten „fairies" genannt. Diese Fairies sind nun keineswegs die germanischen oder romanischen Feen, die als weise Frauen beziehungsweise als Schicksalsweberinnen bekannt sind. Die englischen Fairies sind gleich den Elben Fruchtbarkeits- und Naturgeister. Dem Volksglauben zufolge gehören sie zu den ältesten Geschöpfen diese Erde. Sie begleiteten die gesamte Entwicklung der Erde und der menschlichen Kultur. Dabei spezialisierten sie sich zu den vielseitigsten Formen von Naturgeistern: Waldfrauen, Nebelweibern, Wassernymphen, Quellhüterinnen und vielen anderen. Alle Elben lieben Musik und Tanz, nachts tanzen sie auf Wiesen ihre Reigen, morgens kann man dann ihre Spuren im Tau sehen. „Älledans" nennen die Dänen diese Elfenspuren, „älfdans" die Schweden, „fairy rings" die Engländer. Das erzählt Jacob Grimm in seiner umfassenden *Deutschen Mythologie*, einem Standardwerk, das bis heute für alle Volkskundler, Okkultisten, Esoteriker, aber auch Sprachwissenschaftler eine unverzichtbare Grundlage darstellt. Dem Vernehmen nach sind sie im Laufe des neunzehnten Jahrhunderts verschwunden. Die Bauern der Bretagne bezeichneten nämlich dieses Jahrhundert als das unsichtbare, dafür aber das kommende zwanzigste Jahrhundert als das sichtbare, da würden sie wieder auftauchen . . .

Die bekannteste von der romanischen Kultur überlieferte Feengestalt ist die „Fata Morgana". Die „Fate" gehören tatsächlich zur uralten, mächtigen Aristokratie der Elben, sind also vom Prinzip her den vorhin Genannten wesensgleich. Die Fata Morgana hatte ihr in den Lüften schimmerndes Schloß über der Straße von Messina. Seeleute, die diesen Palast sahen, konnten ihn nie erreichen und mußten bei dem Versuch ihr Leben lassen, erzählt die Sage. Heute wird der Name dieser Elbenfürstin für das Phänomen der Luftspiegelungen und optischen Täuschungen in Wüstengebieten gebraucht.

Auch in unseren Breiten war das Wissen um die Elben, der Respekt und die Vorsicht im Umgang mit ihnen noch bis in die jüngste Vergangenheit verbreitet und üblich. Bauern haben bis weit in dieses Jahrhundert hinein vor freistehenden Holundersträuchern den Hut gezogen oder sich dreimal verneigt, weil darin zum Beispiel die berühmte wohltätige Holundermutter sitzen mochte. Und in den Stumpf gefällter Bäume wurden und werden drei Kreuze eingeschnitten, damit die Saligen Fräulein auf der Flucht vor den Wilden Jägern – vom Ursprung her alles Elbengestalten! – Schutz finden können.

Feen und Elfen gibt es natürlich bis heute noch in vielen Dialekten und Regionalsprachen. Wenn auch mit den seltsamsten Sinndrehungen. Im Wienerischen ist „a Öferl", also ein Elfchen, die Bezeichnung für eine besonders zierliche, vielleicht auch schwächliche Person, vornehmlich eine Mädchengestalt. Der Begriff „Fee" wird wiederum für Frauen in speziellen Berufssituationen verwendet. Die sogenannte „Klingelfee", die sogar in einem volkstümlichen Schlager besungen wurde, ist niemand anderer als ein Telefonfräulein, das seinerzeit händisch am Klappenschrank Verbindungen herstellte. Hier wurden in naiver Querverbindung die sagenhaften Gaben und Fähigkeiten der guten Feen mit den hilfreichen Diensten einer noch ziemlich unverstandenen Technik verbunden und gleichgesetzt. Andererseits kann die süddeutsche Phrase „A so a Fee!" (nicht zu verwechseln mit dem Werbeslogan: „Oh, it's a Feh!") durchaus als derbe Attacke auf eine ungeliebte Frauensperson gebraucht werden. Nun, es hat ja in den Märchen auch öfters „weniger gute" Feen gegeben.

Weisse Frau und Roter Ritter

„Also, diese berühmte Weiße Frau, die wollte ich doch einmal selber sehen", erzählt die humorvolle ältere Dame. „Ich hatte so viel von ihr gehört, daher habe ich mich auf Schloß Bernstein einquartiert. Und in der Nacht bin ich auf den Gang geschlichen, um die Weiße Frau zu suchen. Es war so um Mitternacht herum, und plötzlich sehe ich sie tatsächlich. Ziemlich weit entfernt am Ende eines langen, finsteren Korridors. Mir hat richtig das Herz gepumpert, aber ich mußte einfach näher gehen. Sie war strahlend weiß und von flackerndem Lichtschein umhüllt, und ich komme näher und näher und näher . . . und stehe vor einem Spiegel. Wissen Sie, ich war schon damals so kurzsichtig, daß ich das nicht erkannt habe, daß am Ende des Korridors mein eigenes Spiegelbild, im weißen Nachthemd, beleuchtet von der Kerze, die ich in der Hand hatte, zu sehen war. Na, da hab' ich g'schaut. Und bin wieder ins Bett gegangen. Die wirkliche Weiße Frau habe ich damals also nicht gesehen. Und vielleicht würde sie sich mir gar nicht zeigen wollen."

Lotte Ingrisch, die berühmte Schriftstellerin und Doyenne der fachkundigen österreichischen Esoterikszene, erzählt diese Anekdote aus ihrer Jugend mit gebotenem Witz und funkelndem Schalk in den Augen. Denn es ist ihr damals so ergangen, wie es meist geschieht, wenn Menschen ausziehen, um ein Gespenst zu sehen. Die, die suchen, finden es nicht. Es erscheint meist nur denen, die nicht darauf gefaßt sind.

Bernstein liegt im südlichen Burgenland, im zeitgeschichtlich jüngsten der österreichischen Bundesländer, das aber kulturgeschichtlich schon von seiner Lage im Herzen Europas seit Jahrtausenden von großer Bedeutung ist. Die Geschichte Bernsteins ist eng mit der Geschichte des Bergbaus verbunden. Schon im zwölften Jahrhundert wurde hier Bergbau betrieben, jahrhundertelang wurde abwechselnd Eisen, Kupfer, Silber und Gold geschürft oder zumindest gesucht. Bis heute abgebaut wird der Edelserpentin, genauer gesagt der Chrysolithserpentin, der ausschließlich in Bernstein zu finden ist. Er gleicht der chinesischen Jade und wird zu Schmuck verarbeitet. Das Schloß zu Bernstein, eines von vielen des Burgenlandes, die das Gebiet einst vor den wilden Reiterhorden aus dem Osten schützen sollten, ist die älteste Wehranlage und die am höchsten gelegene Festung im Burgenland, erbaut auf einem Felsen aus Grünschiefer. Um das Jahr 1200 wird die Burg in Bernstein erstmals urkundlich erwähnt, und zwar sowohl mit dem deutschen Namen Pernstain, als auch dem ungarischen Porustyán. Die Besitzer der Burg wechseln häufig. Herzog Friedrich II. ist darunter, Bela IV. von Ungarn, die Grafen von Güssing und der Ungarnkönig Matthias Corvinus. Durch Verkauf, Eroberung, Verpfändung und Beschlagnahmung kommen die jeweiligen Burgherrn an ihren Besitz. Sie heißen Kanizsay, Königsberg, Batthyány und O'Egans, im Jahr 1892 kauft Eduard von Almásy die Burg von Bernstein. Seit dieser Zeit ist die Festung im Besitz der Familie Almásy, und seit den fünfziger Jahren ist das alte Gebäude mit der wechselvollen Geschichte auch ein komfortables Hotel.

Im Rittersaal des Schlosses mit der wundervollen Stuckdecke sitzen die Besucher an einem massiven Holztisch in einem der Erker des Raums und werden vom Herrn des Hauses mit Kaffee umsorgt. „Viele kommen zu uns als Gäste, um die Weiße Frau zu sehen", sagt Alexander Berger-Almásy, der junge und eingeheiratete Schloßherr zu Bernstein. „Aber sie erscheint recht eigenwillig und meist denen, die darauf gar nicht gefaßt sind. Ich habe ursprünglich gar nichts von ihr gewußt, ich habe sie erst kennengelernt, als ich durch meine Eheschließung hierher kam. Ich habe sie auch so, wie sie viele andere gesehen haben, nicht erlebt und gesehen. Außerdem haben wir noch ein anderes Gespenst hier, den Roten Ritter, der kann schon etwas unangenehmer sein. Aber das Schöne an der Sache ist, daß unsere beiden Schloßgespenster wirklich historisch festzumachen sind.

Unsere Weiße Frau hat im Grunde eine tragische Geschichte. Ihr Name ist Katharina Frescobaldi, sie kam im fünfzehnten Jahrhundert aus der Toskana hierher und heiratete Lorenz von Ujlak, den Schloßbesitzer. Die Frau aus dem Süden dürfte sich hier unendlich gelangweilt haben. Sie hat das lebendige Treiben der beginnenden Renaissance Italiens sicherlich vermißt. Um sich die Zeit zu vertreiben, hat sie einen Künstler kommen lassen, einen Musiker. Ihr Mann aber war sehr eifersüchtig. Er hat eine Reise vorgetäuscht, kam aber rasch wieder zurück und fand den Spielmann kniend vor dem Bett seiner Frau. Der Verdacht allein hat gereicht, die Unschuldsbeteuerungen seiner Frau hat er nicht beachtet, und so hat der Schloßherr den Spielmann in den tiefen Brunnen geworfen. Seine Gattin aber, die schöne Katharina, hat er in den Hals gestochen und anschließend eingemauert. Zu diesem Zeitpunkt dürfte sie noch nicht tot gewesen sein. Ja, und seit dieser Zeit geht sie in der Burg um. Es scheint, daß sie keine Ruhe findet. Und manchmal zeigt sie sich. Die Weiße Frau ist nicht sehr groß, etwa einen Meter fünfzig, und sie erscheint in einem seltsamen, grünlichen Licht. Das kommt von einem Edelstein, den sie als Kopfschmuck trägt. Ihr Haar fällt über die Schultern, sie starrt traurig ins Leere, hält den Kopf nach links geneigt. Ihre Hände sind gefaltet und schmiegen sich an die linke Wange, so als wollte sie ihre Halswunde bedecken. Gesichtszüge kann man keine erkennen, aber der scharf abgegrenzte Faltenwurf ihres weißen Kleides ist gut zu sehen. Und ganz deutlich ist das Geräusch der schleifenden Kleidung zu hören.

Nein, ich selbst habe sie nicht gesehen, aber der Taufpatin unseres jüngsten Sohnes ist sie erschienen. Sie stand eine Weile vor deren Bett, dann ist sie nach oben entschwebt und in der Wand verschwunden. Interessant ist, daß die Taufpatin nichts von der Weißen Frau gewußt hat. Sie hat also auch nicht auf sie gewartet. Im Gegenteil, die Patin grollt mir bis heute, weil sie steif und fest behauptet, ich hätte ihr einen nächtlichen Schabernack gespielt. Und jedesmal, wenn wir uns treffen, fragt sie mich: ‚Wie hast du das bloß gemacht, damals?‘

Der Großvater meiner Frau hatte mehrere Begegnungen mit

der Weißen Frau, aber er war überhaupt ein starkes Medium und hat selbst Séancen gehalten. Er hat die Weiße Frau auch vor der Statue der Madonna im Schloß gesehen, dort ist sie gekniet, hat dann gewunken und bedeutet, er solle ihr folgen. Doch dann ist sie plötzlich in der Mauer verschwunden. Manchmal ist sie gekommen, um zu warnen, so zum Beispiel vor Beginn des Ersten Weltkriegs. Einem Freund des Großvaters ist sie sogar in Afrika im Traum erschienen, weil sie ihn vor Unheil bewahren wollte. Leider hat dieser das mißdeutet, ist dort geblieben und wurde ermordet. Um 1927 hat ein Freund des Großvaters ein Buch über Bernstein geschrieben, darin heißt es, daß die Weiße Frau je nach psychischem Befinden der Betroffenen als ‚liebliche Erscheinung‘, aber auch als ‚greulicher Spuk‘ bezeichnet worden ist. Für die Bewohner des Schlosses war sie stets ein Teil des Hauses, ein lieber Gast.

Manchmal erscheint sie auch Stammgästen. Ich habe überhaupt den Eindruck, Menschen, die eine starke Beziehung zum Haus haben, sehen sie früher als andere. Ein Paar, das seit Jahren zu uns kam, hat die Weiße Frau gesehen, sie stand am Bettende und hat dem Mann zugewinkt. Kurze Zeit nach seiner Abreise ist er in seinem Heimatort gestorben. Seine Frau, die im Jahr danach wiederkam, war sich sicher, daß die Weiße Frau erschienen war, um sich von ihm zu verabschieden. Übrigens sind vor kurzem zwei Nachfahrinnen, quasi Urururgroßnichten der Weißen Frau aus Italien, hier gewesen, die hätten ihre Tante gern gesehen. Aber leider ist nichts daraus geworden, sie hat sich nicht gezeigt. Auch aus den USA war eine Dame zu Gast, um die Weiße Frau zu sehen. Und obwohl die Amerikanerin sozusagen ‚vom Fach‘ war – sie ist Präsidentin einer Art Hexenvereinigung – hat sich die Weiße Frau nicht gezeigt. Sehr wohl aber andere Wesenheiten, von denen wir noch gar nicht wußten, daß sie hier im Schloß zu finden sind. Die Weiße Frau läßt sich eben nicht herbeiwünschen.“

Alexander Berger-Almásy führt das Hotel gemeinsam mit seiner Frau Andrea. Betrieb ist nur während der Sommermonate, aus heiztechnischen Gründen beginnt im Oktober die Winterpause. „Im Sommer gibt es nur ab und zu Geräusche im Haus, die merkwürdig scheinen", erzählt der Schloßherr, der mit seiner Familie ständig hier wohnt. „Aber im Winter, wenn es ruhiger ist, hört man oft sehr merkwürdige Dinge. Zum Beispiel das Geräusch von Türen, die geschlossen werden, obwohl niemand außer uns im Haus ist. Man hat das Gefühl, jemand steht im Hof, man hört Schritte, jemanden die Stiegen hinaufgehen, doch keiner ist zu sehen. Ich erinnere mich daran, es war in der Vorsaison, da saß ich mit etwa zehn Gästen vor dem Kamin und erzählte Geschichten. Plötzlich ging draußen die Tür auf, jemand ging durch den Korridor, die Schritte führten ins Kaminzimmer, in den Salon. Drei der Anwesenden haben den Kopf gehoben und wollten sehen, wer da kommt. Alle anderen haben nichts gehört. Und auf einmal ist ein deutlicher Veilchenduft durch den Raum geweht. Der Hund ist wach geworden, hat den Kopf gehoben und geknurrt. Aber nur die Hälfte der Anwesenden hat die Veilchen gerochen. Wer immer das gewesen ist, ob die Weiße Frau oder jemand anderer, ich weiß es nicht. Bernstein, so sagte einmal der Philosoph Steiner zum Großvater meiner Frau, ist ein magischer Platz mit jahrtausendealter Tradition, ein Ort, an dem die Götter wohnten."

Und das zweite Gespenst, der Rote Ritter? Die Besucher hatten nur von der Weißen Frau gehört, der zweite Hausgeist trifft sie unvorbereitet, sie sind neugierig. Ein unangenehmes Gespenst? Inwiefern und wieso?

„Er tut uns nichts zuleide", sagt der große, schlanke Schloßherr. „Aber wenn er nachts durch das Schloß zieht, dann wird es laut. Den Roten Ritter habe ich selbst gehört. Es muß im Herbst gewesen sein, da bin ich eines Nachts wach geworden. Vor unserer Schlafzimmertür war ein wirklich unglaublicher Lärm. Kampfgeschrei, laute Stimmen von Männern, Waffengeklirr, als gelte es, eine Schlacht zu gewinnen. Durch die Türritze war ein flackerndes Licht zu sehen. Es gab keinen Zweifel, draußen war die Hölle los. Ich bin wirklich sehr erschrocken und war heilfroh, daß die Tür zum Treppenhaus geschlossen war. Interessanterweise ist meine Frau nicht davon aufgewacht. Ich wollte sie wecken, da war mit einem Schlag der ganze Spuk vorbei.

Einer unserer Hunde war währenddessen draußen gewesen, er hat wie verrückt an der Tür gekratzt, die Spuren davon sind bis heute zu sehen. Als ich ihn später hereingelassen habe, ist er sofort unter das Bett geflüchtet und drei Tage nicht mehr hervorgekommen. Der Hund war völlig verstört. Also das war ein eher unangenehmes Erlebnis, aber eine wirkliche Ausnahme. Üblicherweise läßt der Rote Ritter nicht nur von sich hören, er zeigt sich auch. Und zwar zumeist Kindern. In der Familientradition gibt es die Geschichte, daß sich im Jahr 1895 anläßlich der Geburt von Ladislaus E. Almásy der Rote Ritter gezeigt hat. Er soll sich über die Wiege des Neugeborenen gebeugt und schallend gelacht haben, das hat zumindest die englische Kinderschwester berichtet. Die war so geschockt, daß sie sofort gekündigt hat und auf und davon gegangen ist. Und wir hatten vor noch nicht allzulanger Zeit eine Familie mit zwei Kindern hier im Hotel zu Gast. Die Eltern kamen zu einem Begrüßungstrunk, die Kinder blieben einstweilen im Zimmer. Nach einer Weile kamen die Kleinen fröhlich-aufgeregt zu uns und erzählten von einem Ritter, der bei ihnen im Zimmer gewesen war, und daß er so lustig gewesen sei und gelacht habe. Die Eltern dachten, das sei ein Gag des Hauses, aber meine Schwiegermutter hat sich den Ritter beschreiben lassen und dann die Sache aufgeklärt: ‚Wir haben ein Gespenst.' Unsere Gäste haben daraufhin ihre Koffer gepackt und sind abgefahren, unter Protest der Kinder.

An ein anderes Mal erinnere ich mich noch, da hatten wir beim Abendessen sehr viel zu tun, und so habe ich einen Freund gebeten, Wein aus dem Weinkeller zu holen. Ich habe ihm den Weg zum Keller beschrieben – über den Hof, hinunter, die Treppe rechts . . . –, aber er hat ihn nicht gefunden und kam ohne Wein zurück. Allerdings sagte er: ‚Dort steht einer und lacht.' ‚Das war sicher der Rote Ritter', habe ich daraufhin scherzhaft gesagt. ‚Geh noch einmal hin und sag einfach: Iván, zeig dich.' Mein Freund ist tatsächlich noch einmal gegangen. Totenbleich kam er wieder. Er hatte wirklich gerufen, plötzlich war ein massiger Mann knapp vor ihm gestanden, mit Waffenrock, Kettenhemd, einem breiten Gürtel, rotem Haar und rotem Bart. Den Wein mußte ich selbst holen, mein Freund ist nicht mehr dort hingegangen."

Wer war nun dieser Rote Ritter?

„Iván von Güssing, auch Ibán von Güns genannt, ein Ritter, der im dreizehnten Jahrhundert hier gelebt hat. Er war der Herr von Güns und Bernstein, ein Feldherr und Raubritter, dessen Namen in Österreich, Ungarn und Kroatien nur mit Furcht und Schrecken genannt wurde. ‚Roter Iván' oder ‚Blutiger Iván' waren seine Beinamen. Im Volk wurden jahrhundertelang viele Geschichten über den Ritter erzählt, der tapfer, mächtig, aber auch grausam war. In dem schon erwähnten Buch über Schloß Bernstein, das 1927 von einem Herrn Erwemweig geschrieben wurde, steht zu lesen, daß der Rote Iván von der Bevölkerung, allen voran von den Schloßknechten, die in den Häuschen am äußeren Burghof wohnten, nächtens bald im, bald vor dem Schloß gesehen worden war. Einmal stand er im inneren Burgtor vor der Schloßkapelle, ein andermal beim alten Nußbaum am Tümpel vor dem Schloß: eine große, rothaarige Gestalt, mit böse blickenden Augen, in ein rotes Wams gekleidet. In den Geschichten der Dorfbewohner war vom ‚Schloßhansel' die Rede – Hans ist die deutsche Form des Namens Iván – der neben seiner nächtlichen Spuktätigkeit im Schloß sogar gleich dem Wilden Jäger auf feurigem Rosse durch die Luft sprengen konnte.

Die Familie der Schloßbesitzer hat diesen Berichten kaum jemals Glauben geschenkt. Vielleicht deshalb, weil die Bernsteiner der Weißen Frau auch den Beinamen ‚Böse Kathl' gegeben hatten. Die Schloßbewohner selbst hatten die Weiße Frau vielleicht mitunter als Schreckphänomen erlebt, ganz sicherlich aber nie als böse.

Interessant ist die Aufzeichnung der Geschichte, die ein russischer Gardeoffizier bezeugt hat, der nach dem Ersten Weltkrieg als Kriegsgefangener in einem Zimmer des ersten Stocks untergebracht war. Er war zu diesem Zeitpunkt erst seit wenigen Tagen im Schloß und hatte von keiner der Spukgeschichten etwas gehört. Um zwei Uhr nachts, so berichtete er, sah er in der Mitte seines kleinen Zimmers in hellem Licht eine aufrecht stehende, hohe Männergestalt unmittelbar vor sich. Der Mann trug einen leichten ungarischen Helm auf dem Kopf, am Leib einen Kettenpanzer, der die Ärmel eines roten Wamses sehen ließ. Dazu eine rote Hose, braune Stiefel und gelbe Handschuhe. Das Gesicht war vom Helm beschattet. Der Offizier dachte, daß ihm seine mitgefangenen Kameraden einen Streich spielen wollten. Er trat zu dem Mann, sah ihm ins Gesicht und erschrak. Das Antlitz des Mannes war bleich, von einem roten Bart umrahmt. Sein Blick war kalt. Es war, soviel ist sicher, der Rote Ritter gewesen. Interessanterweise hatte ein Mitgefangener, der sich im selben Raum aufgehalten hatte, zur selben Zeit gar nichts gesehen."

Dann fragen die Besucher den Schloßherrn, wie es seiner Familie, vor allem den Kindern geht, die sozusagen mit Gespenstern leben und aufwachsen.

„In der Generation vorher wurde den Kindern folgendes erzählt: Hier im Haus lebt noch jemand, allerdings kommt sie nur selten. Und das war einfach die Frau Weiß. Auch unsere Kinder wissen, daß es hier spukt, aber sie haben keine Angst. Der Jüngste hat unlängst vom Roten Ritter geträumt, wie er erzählte. Ich muß dazu sagen, daß wir ihm die Person bis jetzt nicht beschrieben haben. Aber der Kleine ist sogar in der Nacht aufgestanden und hat ein rotes Haar des Ritters auf den Schreibtisch gelegt, das wollte er uns am Morgen zeigen. In der Früh war es aber dann unauffindbar. Und ein anderes Mal hat eines der Kinder erzählt, daß ein Mann in einem Kleid dagewesen war und daß er gelacht hat. Das sogenannte Kleid war natürlich der heute nicht mehr übliche, knielange Waffenrock des Ritters.

Der Rote Ritter erscheint unglaublich plastisch und real. Auffällig ist, daß unsere Gespenster entgegen den alten Überlieferungen und Ansichten nicht unfreundlich oder böse sind. Aber da stellt sich mir ohnehin die Frage, ob je Menschen durch solche Gespenster direkt zu Schaden gekommen sind. Ich glaube fest, daß sich niemand vor ihnen wirklich zu fürchten braucht. Wir hier auf Bernstein leben mit ihnen in Frieden."

53

DIE GRAZIEN DES PRIMARIUS

Wiener Neustadt, eine knappe Bahn- oder Autostunde südlich von Wien im sogenannten Steinfeld gelegen, ist eine Stadt, die nicht nur als Verkehrsknotenpunkt, als Handels- und Industriestadt große Bedeutung hat, sondern auch ein wichtiger Teil österreichischer Geschichte und austriakischen Selbstverständnisses ist. Das Haus in der Lederergasse 8 ist aber nicht nur ein Stück der großen Geschichte der alten Stadt, sondern auch Ort eines besonders charmanten und eigenartigen Spuks.

Das Gebäude steht im südwestlichen Viertel der ehemaligen mittelalterlichen Stadtanlage. Der Baukern des durchgehend zweigeschossigen Hauses, das auf einer relativ schmalen Parzelle steht, geht auf die Zeit um 1400 zurück. Das Grundstück lag damals im sogenannten Brüderviertel, das seinen Namen von den Minoriten hatte, einem Bettelorden, der sich um die Armen der Stadt kümmerte. Die Mönche des Minoritenordens lebten von ihrer Arbeit, aber auch von Almosen, und wurden vom Volk die Minderbrüder genannt, das Viertel, in dem das Kloster lag, war das *Minoriten*viertel oder das Minderbrüderviertel. Nach und nach verkürzte sich der Name in Brüderviertel. Die Lederergasse wiederum hat ihren Namen von den vielen Lederer- und Gerbermeistern, die hier ihre Betriebe hatten. Zwei Arme eines Baches flossen aus der Lederergasse, führten allerdings nicht genügend Wasser, so daß die Lederer, die ja auf ausreichend fließendes Wasser angewiesen waren, den Standort wechseln mußten. Im Hochmittelalter lag im nördlichen Teil des Brüderviertels auch das Judenviertel. Die Juden waren Händler und dienten vor allem dem Adel der Stadt als Geldleiher.

Im fünfzehnten Jahrhundert war nun das Brüderviertel ein dicht besiedeltes Gebiet mit vielen kleinen Häusern. Große Gebäude gab es höchstens auf freien Plätzen oder an den Hauptstraßen. Das Haus in der Lederergasse 8 aber war eine

Ausnahme, ein großes Haus mitten im dichtestbesiedelten Viertel der Stadt Wiener Neustadt. In Dokumenten aus dem Jahr 1490 wird das Gebäude auf sechzehn Pfund Pfennig geschätzt, zu dieser Zeit eine Menge Geld. Sein Besitzer war damals Christoph Wulfing, Grundherr, Hausherr, Mitglied des Rates und ein wichtiger Mann innerhalb der Hafengilde, heute würde man sagen des Töpfergewerbes. Er könnte jener Mann gewesen sein, der das große Haus von Künstlern liebevoll ausgestalten ließ. Oder vielleicht hat einer seiner Nachkommen den einen oder anderen Künstler unterstützt und im Haus beschäftigt. Wer immer das Haus in den folgenden Jahrhunderten bewohnt hat, hat es auch im Stil seiner Zeit umgebaut und verändert. In Wölbungen, Türrahmungen, Wandnischen und Portalen erkennen Experten die verschiedensten Moden aus über vierhundert Jahren. Wandmalerei des achtzehnten und neunzehnten Jahrhunderts mischt sich mit dem Baustil von Gotik, Renaissance und Barock zu einer Einheit.

„Als ich es im Jahr 1990 gekauft habe, war das Haus auf dem Weg zur Ruine. Menschen konnten hier schon lange nicht mehr gewohnt haben, es wurde als Warenlager und Depot benutzt." Primarius Fred Pschill, Facharzt für Physikalische Medizin in Wien, hat durch eine Patientin von diesem Gebäude erfahren, es besichtigt und, einem plötzlichen Einfall folgend, gekauft.

„Dieses verfallene Gebäude hat mich begeistert, ein Haus, in dem Menschen sechshundert Jahre lang gelebt und geliebt haben, geboren wurden und gestorben sind. All das ist hier zu spüren. Die Renovierung war langwierig, schwierig und vor allem kostenaufwendig. Und noch während der Bauarbeiten habe ich mich entschlossen, eine Hildegard-von-Bingen-Gesundheitsschule hier in diesem Haus zu errichten. Ich bin zwar Schulmediziner, aber einer, der auch Alternativen gelten läßt. Unsere Schülerinnen – interessanterweise kommen ja hauptsächlich Frauen – müssen mit Blutegeln umgehen lernen, aber genauso auch das Ergebnis einer Computertomographie lesen können."

Mit viel Liebe zum Detail und großem Geschmack hat Fred

Pschill das alte Gebäude puristisch eingerichtet und ausgestattet. Er hat es nicht zu Tode renoviert oder in einen Kitschbau verwandelt, sondern die Räume wiederum mit klaren architektonischen und historischen Zitaten gefüllt. So wird zum Beispiel ein Raum durch den Einbau einer original Tiroler Holzstube zum Studierzimmer, ebenerdig ist eine alte Innviertler Apotheke Hauptbestandteil einer Küche. Von der Pflasterung des Eingangsbereichs mit Holzstöckln über die Innenhofgestaltung bis zur Tatsache, daß die Türglocke des Hauses wirklich ein Seilzug mit einer schönen alten Innenglocke darstellt – alles ist aufs feinste ausgewogen aufeinander abgestimmt. Dann wundert nicht, daß auch modernste eingebaute Nirostawaschbecken so selbstverständlich in dieses Gesamtbild passen wie der PC im Schulbüro. In das alte Haus ist wieder Leben eingekehrt, junge Menschen bevölkern die Räume, nutzen den schmalen Renaissancehof während der Unterrichtspausen zum Plaudern, Diskutieren oder zum Luftschnappen. Der Hausherr ermuntert die SchülerInnen, sich in den Räumen umzusehen, das Haus kennenzulernen. Und von Zeit zu Zeit erzählt er sein ganz persönliches Erlebnis.

„Eine Zeitlang, irgendwann im ausgehenden Mittelalter, dürften hier im Haus Mönche untergebracht gewesen sein, hier war sozusagen eine Dependance des Männerklosters. Es gibt ein Refektorium, das ist heute jener Raum, in dem wir Mahlzeiten einnehmen, und es gibt eine Hauskapelle. In diesem kleinen Raum habe ich mein Schlafzimmer eingerichtet. Ich habe mich dafür entschieden, noch bevor ich wußte, daß hier einmal eine Kapelle gewesen ist. Schon in den ersten Nächten hatte ich das Gefühl, ich werde beobachtet. Und bald habe ich sie gesehen: drei Frauen, die durch dieses Fenster da drüben hereinschauten. Ich wußte zuerst nicht, ob ich vielleicht nur von ihnen geträumt habe, aber eigentlich bin ich kein starker Träumer, vor allem – ich träume nie zweimal das gleiche. Und dieser sogenannte Traum kam wieder. Es war Sommer, das Fenster stand offen, und draußen auf der Galerie, zu der eine Treppe vom Hof heraufführt, standen sie und schauten zu mir herein. Drei Frauen mit mittelalterlichen Kleidern und Frisuren, eine davon ist älter, vielleicht die Mutter der beiden anderen. Sie haben mich beobachtet, getuschelt, gelacht und sich offensichtlich amüsiert. Eine von ihnen ist eine ganz junge Person, ein reizendes Wesen. Sie ist die neugierigste von allen, ganz mädchenhaft kichert sie. Neugierde ist eine Eigenschaft, die ich über alles liebe. Neugierig sein, interessiert sein, Anteil nehmen, Fragen stellen. Die drei Frauen haben mich von Anbeginn an fasziniert. Es verging einige Zeit, dann kamen sie wieder. Ich bin ganz sicher, daß das kein Traum war, es war mehr als das. Ein liebenswürdiges, schönes und unglaublich reizvolles Erlebnis. Und es ist mehrere Male im Schlaf, hier in diesem Raum passiert. Aber so intensiv und so real, daß ich es nur als absoluten Wachtraum deuten kann. Eigentlich als unmittelbares, reales Geschehen. Ich habe dann eine Malerin gebeten, nach meiner Beschreibung die Figuren der drei Frauen hier an die Wand über meinem Bett zu malen. Und dort sind sie jetzt in Lebensgröße zu sehen. Die Künstlerin hat das im Stil eines Freskos mit verblaßten Farben gestaltet. Die Mutter mit zwei Töchtern, die Jüngste trägt ein Stirnband mit einem glänzenden Stein. Meine drei Grazien, die Hüterinnen dieses Hauses. Sie gehören zum Haus, da bin ich mir sicher. Vielleicht hat es ihnen gefallen, wie das Haus verändert worden ist. Vielleicht habe ich ihr Erscheinen dadurch ausgelöst, daß ich sie mit etwas Neuem konfrontiert habe, ich weiß es nicht. Aber es scheint ihnen zu gefallen. Seit die Malerin ihr Bild an die Wand gemalt hat, sind sie noch nicht wiedergekommen. Aber sie kommen zurück, da bin ich mir ganz sicher. Unsere Begriffe von Zeit haben mit den ihren nichts zu tun."

Hat jemals jemand anderer die drei gesehen? Oder sind sie nur dem Hausherrn erschienen?

Der Primarius muß nicht nachdenken, um diese Frage zu beantworten: „Nur mir, sonst keinem. Das würde ich auch gar nicht zulassen. Die drei sind meine persönliche Sache. Ich freue mich über sie, und irgendwie bin ich auch stolz auf sie. Es sind meine drei Grazien, und die möchte ich für mich behalten."

Primarius Fred Pschill ist ein sportlich-drahtiger Mann in den besten Jahren. Wer ihm in seinem Institut, seiner Praxis oder der Hildegard-von-Bingen-Gesundheitsschule zu Wiener Neustadt begegnet, dem vermittelt er hochgradige Tüchtigkeit, Realismus und Erfolgsdenken. Niemandem vermittelt der Primarius den Eindruck eines Träumers.

Und dazu wäre auch gar nicht die Zeit. Denn nach kurzer Führung durch das faszinierende alte Haus mit seinem neu pulsierenden Leben muß der Primarius auch schon wieder zum Telefon, zum nächsten Termin, zur nächsten Besprechung.

„Sehen Sie sich ruhig noch etwas um, aber mich müssen Sie jetzt bitte entschuldigen . . .“

Ein Gespräch mit der Malerin

Martha Kerschbaumer ist Künstlerin und Restauratorin und hat gemeinsam mit ihrem Mann das Haus in der Wiener Neustädter Lederergasse restauriert.

„Es ist immer schön, in einem Gebäude zu arbeiten, das eine lange Geschichte hat“, sagt sie. „Dieses Haus in Wiener Neustadt ist eines, in dem ich mich wohlgefühlt habe, es ist schön und geheimnisvoll und hat eine freundliche Seele.“

Die Künstlerin erzählt, daß sie in diesem Haus drei große Wandgemälde gemalt hat. Eines davon ist jenes, das die drei Traumfiguren des Hausherrn zeigt, im Schlafzimmer.

„Ich liebe Wände“, sagt Martha Kerschbaumer. „Und ich habe dieses Bild so gemalt, daß die drei Frauen auf das Bett, also auf den Schlafenden herunterschauen. Ich konnte sie ja nicht so malen, wie sie während der Träume beim Fenster hereingeschaut haben. Und da ich Fresken, vor allem die des Michelangelo und des Leonardo da Vinci, so liebe, habe ich das Bild im Stil eines Freskos gemalt. Aber eigentlich ist es ein Seccogemälde. Ich habe eine Kalkmalerei auf eine frische Kalkwand gemalt. Später habe ich es etwas zerstört, dadurch sieht es aus wie ein altes, freigelegtes Bild.“

Was denkt die Künstlerin über die drei Frauen, die dem Primarius im Schlaf erschienen sind?

„Natürlich habe ich die Frauen nach seinen Angaben gemalt,

aber ohne jede Entwurfsskizze, weil ich sehr spontan an ein Kunstwerk herangehe. Die drei Damen sind im Stil des Mittelalters gekleidet und frisiert, sie sind hübsch und lieblich. Die Porträts haben sich beim Malen selbst entwickelt. Vielleicht geistern die drei in seiner Seele, vielleicht gibt es irgendwelche Hintergründe dafür in seinem Unterbewußtsein. Vielleicht sind sie auch ein Wunschbild. Dr. Pschill hat einen starken Zug zum Mystischen, er liebt auch das Dramatische. Vielleicht ist es auch einfach jemand, den er einmal sehr geliebt hat, wer weiß."
Und können Sie sich vorstellen, daß die drei auch tatsächlich im Haus daheim sind und sich von Zeit zu Zeit zeigen?
„Aber natürlich, auch das ist möglich. Auf jeden Fall passen sie mit ihrem freundlichen Wesen in dieses freundliche, alte Haus. Und wahrscheinlich freuen sich die drei, daß es dem Primarius gelungen ist, die Seele des Hauses zu erhalten. Möchten Sie ein Foto des Bildes haben? Ich habe eines hier . . ."
Die Interviewer erhalten einen schönen Farbabzug des geheimnisvollen Bildes, das sie vor Wochen im Wiener Neustädter Haus selbst gesehen haben.
Am selben Abend, als sie das Farbfoto zu den Recherchenunterlagen einordnen und es dabei nochmals eingehend betrachten, fällt es ihnen wie Schuppen von den Augen. Denn jetzt erkennen sie eine der drei Damen wieder. Kein Zweifel, die rechte trägt unverwechselbar die Züge von Martha Kerschbaumer. Was nicht mehr und nicht weniger erzählt, als daß mit diesem Selbstportrait ein Stück der Seele der Künstlerin auch in die Seele des Bildes wie auch des Hauses eingeflossen ist.

GESPENSTER
IMPORT – EXPORT M.B.H.

DIE WÄCHTER DES BERBERSCHMUCKS

„Nein, die Geschichte, die Sie da gehört haben, ist eigentlich ganz anders gewesen. Aber ich erzähle Sie Ihnen gerne. Es wird Sie wohl nicht stören, daß ich währenddessen dieses Stück hier verpacke. Möchten Sie es einfach, mit diesem Reispapier, oder eher geschenkmäßig eingepackt haben?"

Schönes und Brauchbares heißt der Gemischtwarenladen für gehobene Ansprüche in der Wiener Innenstadt. Von außen eher unauffällig, finden sich in den beiden Innenräumen des Geschäfts schlicht, aber geschmackvoll arrangiert, schöne Keramik, exotische Textilien und einige erlesene Antiquitäten. Da gibt es augenfällige Prunkstücke, wie einen elegant geformten afrikanischen Jagdspeer von über drei Meter Länge, einen tadellos erhaltenen alten Friseurstuhl mit roten Lederpolstern und messingblitzenden Armaturen und kunstvoll gearbeitete und farbenfrohe leichte Schuhe aus den USA. „Die sind derzeit ein großer Verkaufshit", erzählt Henny Abraham, die Besitzerin des Geschäfts. Sie war viele Jahre ihres Berufslebens für renommierte Auktionshäuser in New York tätig. In Wien hat sie sich nun seit kurzer Zeit als Geschäftsfrau selbständig gemacht und teilt ihre Arbeitszeit so auf, daß sie vormittags sich um den internationalen Einkauf kümmert und am Nachmittag den immer größer werdenden Kunden- und Interessentenkreis im Geschäft betreut. Und während sie nun an ihrem Schreibtisch im zweiten Verkaufsraum die japanische Schüssel mit dem schlichten koreanischen Reispapier so kunstfertig und elegant einpackt, beginnt sie diese merkwürdige Geschichte zu erzählen.

„Es war 1994 in Marokko. Ich habe damals in Marrakesch einen Kongreß besucht. Mehr aus persönlichem Interesse als aus beruflichen Gründen. Im Souk von Marrakesch, dem berühmten Basar der Stadt, habe ich bei einem jüdischen Antiquitätenhändler ein wundervolles Schmuckstück aus roten Korallen gefunden. Die Preisverhandlungen waren zuerst sehr zäh und schwierig, denn es war klar, daß der Vermittler, der mich zum Händler geführt hatte, seinen Anteil haben wollte. Und somit waren die ersten genannten Kaufpreise für mich zu hoch. Der Händler hat das mitbekommen und mir zugeflüstert, ich möge doch ein andermal und allein kommen. Da könne er mir einen besseren Preis machen. Also bin ich weggegangen, und an einem der nächsten Tage wurden wir dann wirklich mit einem günstigen Preis handelseins. Die Korallenkette, ein schweres, solides und altes Schmuckstück, das um den Hals und auf der Brust getragen wird, stammt wahrscheinlich aus dem Besitz einer Berberfamilie. Wenn die fast daumendicken, verästelten Teile gebrochen waren, hat man sie mit Silberdraht wieder zusammengefügt. Durch diese Reparaturarbeiten wirkt das Schmuckstück noch reizvoller. Zwischen den Korallenstücken gibt es kleine, eingearbeitete Silberelemente, die sicher eine symbolische Bedeutung haben, es könnten Fruchtbarkeitssymbole sein. Die Halskette hat mich fasziniert, und ich habe sie also gekauft. Einige Tage danach bin ich nach Wien zurückgeflogen. In meinem Wohnzimmer steht eine alte Uhr, und an die Kante dieser Standuhr habe ich die Kette gehängt, um sie die nächsten Tage besser betrachten und mich daran erfreuen zu können. In der Nähe der Uhr hat ein alter, massiver Sekretär mit schrägem Pult seinen Platz. Schon in der darauffolgenden Nacht erlebte ich das nun so Außergewöhnliche. Als ich irgendwann, vielleicht ist es gegen elf Uhr gewesen, erwachte, saßen auf dem Sekretär drei Männer. Ich konnte sie im Dunkeln sehr gut sehen, denn die Straßenbeleuchtung fiel durchs Fenster und gab daher genügend Licht. Nun muß ich dazu erklären, daß ich von meinem Bett im Schlafzimmer durch die offenstehende Tür direkten Blick auf den im Wohnzimmer stehenden Sekretär habe. Und dort saßen die drei. Still, mit verschränkten Armen und in die typischen wallenden Umhänge der marokkanischen Berber gekleidet. Ihre Gesich-

ter konnte ich nicht sehen, die kapuzenähnlichen Kopfbedek-
kungen waren tief nach unten gezogen, und die Köpfe der drei
wie in Meditation oder Gebet nach vorn geneigt. Daß es Männer waren, habe ich wahrscheinlich aus der Kleidung geschlossen oder instinktiv gespürt. Aber ich kann nicht sagen, wie alt
sie gewesen sind oder welche Gesichtszüge sie hatten. Zwei
waren dunkel gekleidet, einer weiß. In dieser ersten Nacht
haben mich die drei sehr betroffen gemacht. Ich kann nicht
sagen, daß ich entsetzt gewesen wäre oder zu Tode erschrok-
ken. Aber irgendwie war mir sofort klar, daß sie wegen des
Schmucks gekommen sind. Mein erster Gedanke war, ob es
vielleicht unrecht von mir war, diese Kette zu kaufen. Ich bin
sehr nachdenklich geworden. Daher ist mir auch gar nicht in
den Sinn gekommen, irgend etwas zu tun. Ich bin nicht aufgestanden, ich habe kein Licht gemacht, ich habe nicht versucht,
die drei Männer anzusprechen. Und irgendwann muß ich wieder eingeschlafen sein. So ging es auch in den folgenden Nächten weiter. Ich habe die Halskette hängen lassen, wo sie war.
Und insgesamt sieben Nächte hindurch hatte immer ich das
gleiche Erlebnis. Stets saßen die drei Berber an ihrem Platz
auf dem Sekretär, ernst und streng, wie Wächter der Korallenkette. Ich habe sie dann als selbstverständlich empfunden.
Und mich überhaupt nicht mehr geängstigt. Natürlich hätte
ich auch etwas unternehmen können. Man weiß ja, daß man
alte Schmuckstücke in Weihwasser oder auch in gewöhnliches
reines Wasser tauchen soll, um sie von den Stimmungen und
Schicksalen ihrer Vorbesitzer zu lösen. Ich habe auch nicht
geräuchert. All das hätte mir das Gefühl gegeben, daß ich die
Geister vertreiben will. Und das wollte ich keineswegs. Mir war
klar, daß die drei Emissäre darüber entscheiden, ob die Kette
bei mir in den richtigen Händen ist. Wenn Berber sehr arm
sind, wird es wohl oft geschehen, daß man ihnen ein Schmuckstück, das seit Generationen in der Familie war, um schnödes
Geld entreißt. Wer weiß, aus welchem Grund diese Kette verkauft worden ist? Hinter jedem alten Schmuckstück steckt eine
Geschichte, oft eine traurige.
Tatsächlich sind die drei Männer nach der siebenten Nacht

nicht mehr gekommen. Seither weiß ich, daß ich eine Art Prüfung bestanden habe und als Besitzerin der Korallenkette anerkannt wurde. Sie ist wirklich ein wundervolles Stück, von dem ich mich nie mehr trennen möchte. Obwohl ich sie selten anlege. Die Kette fordert sehr viel Kraft, ich muß mich sehr stark fühlen, um sie zu tragen. Nein, es käme mir nicht in den Sinn, sie wieder zu verkaufen. Obwohl sie als Antiquität hier im Verhältnis zum Kaufpreis fast den zehnfachen Wert hat, aber für mich ist sie eine viel größere Kostbarkeit, als der Kaufpreis oder der Wiederverkaufswert beschreiben. Den Händler in Marokko habe ich nie wieder gesehen. Aber ich habe öfter an ihn gedacht. Er hat mich damals, beim Kaufabschluß, sehr ernst angesehen und gesagt: ‚Ich bin sehr glücklich, daß Sie dieses Schmuckstück haben.' Das war kein Satz zum Geschäftsabschluß, sondern sehr persönlich und bedeutungsvoll. Ich wüßte gerne, auf welchen Wegen die Kette zu ihm gekommen ist. Und vor allem, was er zu dieser Geschichte sagen würde."

Es ließe sich nun lange spekulieren oder orakeln, wer die drei geisterhaften Begleiter des Berberschmucks gewesen sind. Eine naheliegende Überlegung ist der Gedanke, daß es sich um drei Familienobere jener nomadischen Berbersippe handelt, der das Schmuckstück vielleicht einmal gestohlen, abgepreßt oder unter Ausnutzung einer Notlage abgefeilscht wurde. Und da ja in außereuropäischen Kulturen den Menschen noch bewußt ist, daß Schmuckgegenstände nicht nur profan sind, sondern auch mit vielen kultischen und religiösen Vorstellungen und Traditionen behaftet, wird die „begleitende Prüfung" der Folgebesitzer geradezu zwingend logisch. Übrigens ist in den sogenannten hochzivilisierten Welten die mystische oder übersinnliche Bindung des Menschen an Schmuck und anderes persönliches Besitztum durchaus nicht verlorengegangen. Sie scheint aber zumindest aus dem Bewußtsein verdrängt oder in den Bereich eines rein persönlichen „Aberglaubens" verschoben. Nimmt man Henny Abrahams Erlebnis als Beispiel, müßten geisterhafte Phänomene um Kunstgegenstände immer dort auftreten, wo Kultgegenstände, Kunstwerke oder oft scheinbar profane Besitztümer aus anderen Kulturen und aus dem Kontext anderer Glaubensvorstellungen in unsere warenwertorientierte oder wissenschaftlich-sachliche Gesellschaft, sagen wir einmal provokant, verhökert wurden. Da sind weitere Erkundigungen durchaus angebracht.

MASKENGEIST UND TOTENWÄCHTER

Eine Wiener Innenstadtgalerie hat sich auf moderne Malerei, aber auch auf Stammeskunst, Ritualgegenstände und exotische Gebrauchsgegenstände spezialisiert. Schon im ersten Ausstellungsraum findet sich eine imposante, stark verwitterte Holzskulptur. Das, so erklärt der freundliche, junge Galeriebesitzer mit den perfekten Umgangsformen, ist ein Totenwächter. Eine von ursprünglich mehreren Holzskulpturen eines indonesischen Fürstengrabes. Der stolze Preis für die Antiquität läßt im ersten Moment mehr erschauern als der ehrfürchtige Gedanke, daß in der Skulptur vielleicht noch ein indonesischer Geist stecken möge. Die sich nun aufdrängende Frage ist, wie ein Importeur, ein Kunsthändler oder der zukünftige Käufer dieser Antiquität damit umgehen soll. Wo doch zu erwarten ist, daß mit der ursprünglichen gewidmeten Aufgabe des Wächters eine religiöse Vorstellung verbunden ist, die sich in einer fremden Welt in Form irgendeines Spuks oder Phänomens wehren könnte. „Ich habe", sagt der elegante Galerist, „immer darauf geachtet, mit all diesen Dingen und Sachen respektvoll umzugehen. Man muß einfach Achtung davor haben, und das geht so weit, daß ich so eine Antiquität auch nicht jedem Sammler verkaufen würde. Schließlich merkt man in unserem Geschäft sehr rasch, wie ein potentieller Käufer zu den Exponaten steht. Kein Zweifel, es sind auch Wertgegenstände, mit denen man durch An- und Verkauf Gewinn erzielt. Nur, Wertschätzung ist ein bißchen mehr als das reine Geldgeschäft. Darüber hinaus gibt es auch das Problem der Echtheit – es könnte auch dieser Totenwächter als Fälschung in den Handel gekommen sein. Aber sehen Sie, ein echtes, ein richtiges Stück hat auch vom Künstlerischen her ein eigenes Leben. Fälschungen, das ist wirklich zu spüren, mögen dekorativ sein. Aber sie verlieren mit der Zeit ihre sensitive Wirkung. Sie lösen dann keine Emotionen mehr aus, sie erzeugen keine Leidenschaft. Es ist schwer zu erklären, aber wahrscheinlich ist der Unterschied zwischen Echtem und Fälschungen besser zu fühlen, als über die gewieftesten Expertisen und Gutachten zu beweisen.

Vor Geistern und Gespenstern in exotischen Kunstgegenständen habe ich aber keine Angst. Nur einmal ist mir etwas passiert, das ist eine ganz merkwürdige Geschichte: Vor einigen Jahren hatte ich in meiner Galerie eine Taura-Maske aus Afrika ausgestellt. Da, sehen Sie sich diese Fotos an, ein prachtvolles Stück. Mit üppigen dekorativen Elementen, mit kunstvollster Bemalung aus Naturfarben und Lasuren. Und ungeheuer furchterregend. Mir ist anfangs gar nicht aufgefallen, wie abstoßend sie auf mich gewirkt hat. Erst an einem regnerischen grauen Nachmittag, es ist schon früh dunkel geworden, begann mich diese Maske regelrecht zu ängstigen. Und plötzlich ist sie aus völlig unerklärlichen Gründen und ohne erkennbare Außeneinflüsse von ihrem Podest gefallen. Trotz meines Schreckens habe ich sie wieder aufgestellt und zu meiner Verwunderung festgestellt, daß nichts an ihr beschädigt war. Bei dem wuchtigen Sturz hätten doch Farben abspringen müssen oder Lasuren abplatzen. Nichts. Kein Kratzer, kein erkennbarer Schaden. Eine Woche später habe ich die Maske bei einer Kunstausstellung in einem Palais aufgestellt. Ich war nicht dabei, aber mir wurde berichtet, daß sie auch dort ohne erklärlichen Grund umgefallen ist. Da wurde es mir zu bunt. Ich mochte sie gar nicht mehr sehen. Der Einfachheit halber habe ich sie mit einem anderen Kunsthändler getauscht. Nein, zurückhaben wollte ich sie um nichts in der Welt. Wo sie jetzt ist, weiß ich nicht. Ehrlich gesagt, ich will es auch gar nicht wissen. Ob da ein böser Geist in der Maske steckte, das kann ich nicht sagen. Aber mich hat sie sicher nicht gemocht. Und ich sie auch nicht."

Heidelberg ist eine berühmte und außergewöhnliche deutsche Stadt. Denn Heidelberg hat ganz besondere Verkehrsschilder. Während der routinierte Automobilist beim Einfahren in eine ihm noch fremde Stadt immer nach den herkömmlichen Standardwegweisern ausblickt – *zum Bahnhof, City, Zentrum, Airport, Autobahnanschluß, Junk-Food-Center* etc. –, stechen in Heidelberg andere Schilder ins Auge, besser gesagt in die Landschaft: *Erste Med. Univ.-Klinik, Chirurg. Univ.-Klinik, Philosophie, Naturwissenschaften, Geisteswissenschaften, Zweite Augenklinik* etc. Heidelberg bietet also den mit Auto anreisenden Studenten, Dozenten, Assistenten, Professores und Doktores den speziellen Wegweiserservice zu den angepeilten Kliniken und Instituten.

Im Zentrum Heidelbergs – selbstverständlich Fußgängerzone, voll mit Shops und Kneipen – fällt der einschlendernde Neuling bei Schönwetter über jede Art von Musikrichtungen. Da gibt es eine Straßengruppe, die feurige Csárdásklänge mit bestem Pußtaswing von sich cymbalt, da gibt es den klassisch angloamerikanischen Folksound und als eine besondere Attraktion auch ein Dudelsackduo, junge Männer in Sportschuhen, T-Shirts und Kilts, die mit ihren Bagpipes echt schottischen Highland-Sound über ein großes Straßencafé verbreiten. Vor dem Völkerkundemuseum hat sich eine Gruppe Punks zu einer friedlichen Session auf dem Pflaster versammelt. Rechts um die Ecke wohnt der emeritierte Ethnologe Universitätsprofessor Dr. Karl Jettmar, geboren 1918 in Wien.

„Ich habe mich nie vor Geistern, Dämonen oder Zauberern gefürchtet. Obwohl ich viele außergewöhnliche Dinge auf meinen Expeditionen erlebt und gesehen habe."

Der betagte Herr ist von Aussehen, von der Art und Weise seines freundlichen Erzählens und im gediegenen Ambiente seines Wohnzimmers das Urbild des gelehrten Professors. Und huldvoll spult der alte Weise seine Schnurren ab.

„Auf meinen Forschungsreisen nach Zentral- und Südostasien habe ich viel mit Schamanen und Schamanismus zu tun gehabt und auch viele Geschichten darüber gehört. Da gab es einmal eine Expedition in Sibirien, bei der die deutschen Forscher selbstverständlich Einheimische mit ihren Tragtieren zum Transport der Ausrüstung angeheuert hatten. Jeden Abend waren die Eingeborenen binnen kurzem sternhagelvoll. Diesem bekannten Problem begegneten die Deutschen damit, daß sie bei günstiger Gelegenheit die Kiste mit dem Schnaps ungesehen und heimlich in einem Wäldchen vergruben. Die Träger waren natürlich sauer, gingen ins nächste Dorf und holten den dort amtierenden Schamanen. Der konnte nichts wissen und nichts gesehen haben. Trotzdem führte er seine Klienten punktgenau zum Schnapsversteck.

Mit diesen Schamanen ist es ja überhaupt sehr merkwürdig. Wenn Sie mich fragen, ob diese Menschen ihre Fähigkeit durch eine sehr lange Ausbildung erhalten – sie werden ja schon von Kindesbeinen an unterrichtet –, oder ob dies mit angeborenen Fähigkeiten, also über Vererbung funktioniert, so denke ich – beides! Wir sind uns aber einig, daß die Ausbildung zum Schamanen eine sehr lange, sehr harte und manchmal auch gefährliche ist. Dagegen sind diese neumodischen Wochenendseminare für ausgeflippte Mitteleuropäer geradezu lächerlich. In der ehemaligen UdSSR war das Leben für die Schamanen sehr schwierig, sie wurden von den Kommunisten bekämpft und in Lager gesperrt. Der Chef eines psychiatrischen Krankenhauses hat mir einmal erzählt, daß unter seinen Patienten etliche waren, die aus Schamanenfamilien stammten. Wenn die Kinder ein Alter von vierzehn oder fünfzehn Jahren erreicht hatten, begannen sie, sich merkwürdig zu verhalten, erzählten von Geisterbesuchen, versuchten davonzulaufen. Der Arzt hatte damals den offiziellen Auftrag, die Jugendlichen mit Psychopharmaka zu behandeln. ‚Wenn sie zwanzig sind, sind sie dann kaputt', hat er gesagt. Sooft es ihm möglich war, hat er diese jungen Menschen aus der Anstalt entlassen, und zwar mit dem Rat. ‚Such dir einen Schamanen, fang das Spiel mit Trance an, und du wirst ein normales Leben führen.' Übrigens hat einer meiner Kollegen einmal den Sohn eines Schamanen als Star eines Theaters gesehen. Dadurch, daß er Schauspieler geworden ist, ist er mit seinen Anlagen und Fähigkeiten fertig geworden.

Nein, ich habe nie Geisterbesuche gehabt und auch keine Geister mit nach Hause gebracht, aber die Leistungen dieser Menschen habe ich immer sehr bewundert. Da gab es einmal eine Expedition, an der auch zwei Priester teilgenommen haben, in Tibet. Die beiden Priester waren als Forscher dabei, nicht als Missionare. Und einmal war die ganze Truppe im Haus eines Lamapriesters zu Gast. Der alte Lama hatte eine ungeheure Menschenkenntnis. So hat er mit einem der beiden Priester, der durch und durch Rationalist war und völlig amusisch, ein persönliches Gespräch geführt. Da hat er ihm gesagt: ,Schauen Sie, Sie sind Schamane, ich bin Schamane, wird beide wissen, daß ja alles nur Humbug ist, aber es funktioniert, weil die Leute daran glauben.' Der andere Priester war aber sehr sensibel und empfänglich. Auch mit diesem hat der Lama ein Vieraugengespräch geführt. Dabei hat er ihn mit einer Nebenbemerkung vor einem Rollholz gewarnt. Das ist so ein einfaches Küchengerät, mit dem die Tibeter Teig ausrollen, ein schlichter Nudelwalker, würden wir sagen. ,Dieses Holz dürfen Sie nicht berühren', hat der Lama gewarnt. ,Da drinnen steckt ein böser Dämon.' Na gut, was ist passiert? Selbstverständlich konnte der zweite Priester seine Neugierde nicht zähmen. Und als er sich unbeobachtet fühlte . . .

Die anderen, die vor dem Haus standen, hörten nur einen heftigen Schlag und einen unterdrückten Schmerzensschrei. Und dann ist der herausgekommen. Mit einer ungeheuren Beule am Kopf. Das Nudelholz hat zugeschlagen. Mit voller Wucht. Denn er hat es ja geglaubt! Sehen Sie, das ist die Psychologie der Schamanen.

Nein, ich habe nie Angst vor diesen Zauberpraktiken gehabt. Aber die alten Herren, als ich damals in Wien am Völkerkundemuseum tätig war, die waren abergläubisch. Bleichsteiner, er war der Direktor von 1945 bis 1953, der hat einmal einen tibetanischen Text aus einem Originaldokument übersetzt. Er war ein ganz großer Spezialist. Nur war der Text eine eher schwarze, mystische Angelegenheit, so im Sinne eines Totenbuches. Bleichsteiner hat begonnen, sich vor diesem Text zu fürchten. Aber er hat natürlich weiter daran gearbeitet. Nach ungefähr vierzehn Tagen ist er dann tatsächlich abends im Museum die Treppen hinuntergefallen und hat sich beide Beine gebrochen. So was kann schon passieren. Wir jungen Leute haben natürlich andere Ursachen unterstellt.

Es war überhaupt so, daß sich die Professoren voreinander gefürchtet haben. Da hat einer den anderen verdächtigt, er könnte ihn verhexen. Die Paranoia ist so weit gegangen, daß einer sich gegen – wir würden heute sagen – Lauschangriffe geschützt hat, indem er auf dem dunklen, langen Korridor vor seiner Bürotür links und rechts eine Sperrkette aus leeren Flaschen aufgestellt hat. Damit sich keiner anschleichen kann. Es hat sich auch nie einer angeschlichen. Nur in der Früh sind die Putzfrauen drüber gestolpert, wenn sie aufgewaschen haben.

Übrigens, in den Jahren nach dem Zweiten Weltkrieg gab es im Wiener Völkerkundemuseum eine Karl-May-Ausstellung. Mit allem, was wir damals über Indianer hatten. Zum Beispiel einem Sioux-Häuptling hoch zu Pferd. Eine Puppe natürlich, die auf einem Holzpferd gesessen ist. Der Häuptling hatte einen originalen Federschmuck, echte Bekleidung und auch sehr schöne Mokassins an. Schon am ersten Tag nach der Eröffnung waren die Mokassins verschwunden. Wir haben natürlich sofort neue hergestellt und sie dem Reiter angezogen. Eine Nacht später waren die schon wieder weg. Gespenstisch? Nein, nein. Wissen Sie, damals, in der Nachkriegszeit, war Leder sehr schwer zu bekommen, und Lederschuhe waren eine Kostbarkeit. Das war kein Geist, sondern einfach ein Schuhmarder.

Ich selbst habe vor Jahren in Pakistan ein interessantes Erlebnis gehabt. Der Herrscher eines kleinen Dorfes hatte ungeheuren Respekt vor den Frauen, die als Hexen galten. Und so hat er diese Damen zu einer Teeparty eingeladen. Neugierig und voll Respekt hat er sie gefragt: ‚Wie macht ihr das, was ihr macht?‘ – ‚Gib einen Granatapfel her‘, sagte die Älteste. Nun haben die Frauen einander diese Frucht zugeworfen, mehrere Male. Die Älteste hat dem Herrscher den Granatapfel zurück-

69

gegeben: ‚Mach ihn auf!' Das hat er getan, der Granatapfel war leer. Er hatte keine Kerne mehr. Nun, so geht es einem Mann, der zum Spielball der Frauen wird.“

Der alte Professor schmunzelt, und eine lange Gedankenpause läßt ahnen, daß er viele Bilder aus den Jahren seiner wissenschaftlichen Jugend und seines damaligen Lebens vor Augen hat. Durch die geschlossenen Fenster des professoralen bürgerlich-gediegenen Wohnraums dringen von draußen gedämpft, aber deutlich vernehmbar noch immer die unermüdlichen Klänge zweier Dudelsäcke.

ZURÜCK IN WIEN

Das Völkerkundemuseum in Wien – im äußersten Flügel der neuen Hofburg, direkt am Burgring gelegen – leitet Dr. Peter Kann, ein höchst außergewöhnlicher österreichischer Beamter. Denn ihn zieren die Würde und der Titel eines Hofrats, aber er möchte keineswegs so angesprochen werden. Außerdem ist er ein sportlicher, dynamischer und höchst kommunikativer Typ. Als Ethnologe ist er, wie er sagt, in Südamerika daheim. Und im fachlichen Small talk gesteht er ein, daß eben „draußen im Feld“ Dinge funktionieren, die bei uns nicht gehen, wie er sich ausdrückt. Und daß es auch einen gehörigen Respektabstand des Wissenschaftlers zu kultischen und magischen Gegenständen gibt. Die Maske der Hexe Rangda aus Indonesien, die alle Krankheiten und alles Böse symbolisiert, die ist im Museum ausgestellt. Das Museum hat sogar einige Exemplare davon. Das findet Dr. Kann nicht problematisch und absolut in Ordnung. Da hätte er keine Bedenken. Aber, in seinem Büro – oder gar bei sich zu Hause – würde er sie nie aufhängen!

„Es ist überhaupt so“, sagt der Museumsmann, „daß viele Sammlerstücke, die bei den diversen Stammeskulturen und Völkern selbstverständlich sind, weil sie ihren Platz und ihre Bedeutung haben, oft im ersten Moment völlig deplaziert wirken, wenn man sie dann im Museum aus den Transportkisten auspackt und auf den Tisch legt. Dann denke ich mir manchmal“, sagt er, „was das hier zu suchen hat. Dieses Empfinden vergeht wieder, aber es ist doch interessant, weil ich ja andererseits ein überzeugter Museumsmann bin."

Ob da Geister mitkommen?

„Ich kann es wirklich nicht sagen. Wir hatten vor Jahren hier im Haus eine Pressekonferenz, wo wir besonders schöne und interessante Fetische und Ritualgegenstände den Journalisten vorgelegt und gezeigt haben. Prompt fiel bei Beginn der Konferenz der gesamte Strom aus. Aber wir müssen zugeben, daß solche Vorfälle auch rein zufällig in diesem Moment passieren können.

Sie haben gehört, daß bei uns im Haus eine afrikanische Maske ‚geklopft' haben soll? Das hat einer im Fernsehen erzählt? Also ehrlich gesagt, ich kann mich an so etwas nicht erinnern. Möglich ist es schon, nur ist es mir nicht zu Ohren gekommen. Wir sind gerade dabei, eine große Schamanenausstellung zu gestalten. Sie wird in einigen Monaten im Haus zu sehen sein. Mit Beteiligung der hiesigen, aktiven Schamanistenszene. Da werden wir ja möglicherweise noch vieles erleben . . ."

Eine Woche nach dem Interview mit dem Chef des Wiener Völkerkundemuseums gelingt der Kontakt zu dem jungen Wissenschaftler, der von der Sache mit der afrikanischen Maske weiß. Die letzten Monate hat er in Afrika verbracht und war daher nicht zu erreichen.

„Nun", sagt der Universitätsassistent, „die Geschichte von der Maske habe ich von einem Mitarbeiter des Museums erzählt bekommen, der leider schon verstorben ist. Es muß Ende der fünfziger, Anfang der sechziger Jahre gewesen sein. Die Maske war aus Afrika. Und sie muß ziemlich groß gewesen sein. Sie hat geklopft. Sowohl im Museumsbereich als auch später im Depot, in das sie wieder zurückgestellt wurde. Dieses Klopfen, so erzählte mir der verstorbene Kollege, war leise, aber beständig. Es wurde versucht, Schaumstoff unterzulegen, sozusagen als Dämpfung. Aber das hat nichts genützt. Man wollte damals die Maske an andere Museen verkaufen, aber keines hat sie genommen. Zuletzt wurde sie einfach nach Afrika zurückgeschickt. Dorthin, wo sie hergekommen ist, zu diesem Volk, zu diesem Stamm, in dieses Dorf.

Nein, das Zurückgeben war sicher kein Problem. Denn die Kaufsumme wurde ja nicht zurückgefordert. Und ob die Maske für die Wiederbesitzer noch einen spirituellen Wert gehabt hat, das kann ich nicht sagen. Aber es ist in diesen Kulturen üblich, daß Zeremonialmasken so aufbewahrt werden, daß Frauen und Nichtinitiierte diese gar nicht sehen dürfen. An so einem Ort wird wohl auch die Maske aufbewahrt worden sein. Schließlich hat sie ihren Willen durchgesetzt. Sie wollte wieder heim, und dort war sie nun wieder.

Wir haben als Studenten über diese Geschichte sehr gelacht, aber es gibt aus dem Wiener Völkerkundemuseum noch eine zweite interessante Begebenheit aus jener Zeit. Das hat uns ein Professor erzählt, der aber schon emeritiert ist.

Es gab ein tibetanisches Rollbild, auf dem ein mächtiger Kriegsgott abgebildet war. Und unten stand ein tibetanischer Text, der ausdrücklich vor der Berührung des Bildes gewarnt hat. Ein Wissenschaftler hat das Rollbild doch berührt. Er hat sich eine gebrochene Nase geholt. Später sollte ein Restaurator das Bild bearbeiten. Er hat sich die Hand gebrochen. Ich weiß nicht, ob die Wirkungen unmittelbar eingesetzt haben, oder ob das den beiden erst nach einiger Zeit geschehen ist. Jedenfalls waren alle der Meinung, so geht's nicht weiter. Und so hat man das Rollbild abgehängt und unter einem Schrank verstaut.

Was dem Schrank passiert ist? Nichts. Denn der Schrank hat das Rollbild ja nicht berührt.

Wissen Sie, ich bin Agnostiker. Aber mit den Geistern ist es halt so, wie Giordano Bruno sagte: ‚Ist's nicht wahr, so ist's doch gut erfunden!‘

Aber: Warum sollte es nicht wahr sein?"

DER FÜRST

FANTASY AM FRÜHEN MORGEN

Der Grabungstrupp aus einer Handvoll Archäologen und Studenten arbeitet schon seit dem frühen Morgen. Obwohl die Sonne längst aufgegangen ist, liegen über den Wiesen und Hügeln des Dürrnbergs bei Hallein im österreichischen Salzburg, dicht an der bayrischen Grenze, noch milchige Nebelschleier. Nur dort, wo der mit den rot-weißen Plastikbändern umzäunte und markierte Ausgrabungsbereich ist, hat sich der Dunst aus den Wiesen bereits gehoben und die mit großer Konzentration und viel Sorgfalt arbeitenden Männer erfreuen sich an der Sonnenwärme des beginnenden Spätsommertags. Es kann nicht mehr lange dauern, bis sie den Horizont in der Tiefe des keltischen Grabhügels erreichen, in dem die vor über 2.000 Jahren bestattete Leiche begraben wurde. Keiner der Arbeitenden blickt mehr hoch. Vorsichtig werden mit speziellen Grabungsschäufelchen und Metallspateln zentimeter- und millimeterweise Erdschichten abgehoben. Alle hat eine ganz typische Aufregung gepackt, ein – wissenschaftliches – Schatzgräberfieber. Und keiner von ihnen ahnt, was rund um sie vorgeht.

An diesem Morgen mögen es fast fünfhundert Neugierige sein, die den Grabungsort umringen und den Forschern gespannt zusehen. Viele haben sich, wegen des besseren Überblicks, in die Bäume gesetzt. Auch in die Kronen der relativ weit entfernten Waldbäume. Die, die keinen Platz in den Bäumen gefunden haben, stehen in Gruppen zusammen, Männer, Frauen und Kinder, die den Eindruck gewinnen lassen, es handle sich um Großfamilien mit Bediensteten, mit Mägden und Knechten. Sie tragen Umhänge und bunte Gewänder, die mit Nadeln und Fibeln an den Schultern zusammengehalten sind. Die Stoffe sind farbenfroh gemustert, das kann man sogar im Halbdämmer des Nebels sehen. Nur eine kleine Gruppe von Män-

73

nern, einige davon auffallend alt, trägt weiße Kleidung. Auch die Umhänge, die sie über die Köpfe gezogen haben, sind weiß. Die Ältesten halten geschnitzte Stöcke in den Händen. Von dieser kleinen Gruppe geht eine getragene Feierlichkeit aus, während das andere Völkchen von quirliger Lebhaftigkeit ist. Da wird gelacht, gescherzt, helle Rufe fliegen zwischen den Gruppen hin und her. Es scheint ein fröhliches Treiben zu sein, das alt und jung, arm und reich zusammengeführt hat. Außer den Weißgekleideten gibt es wenige alte Menschen. Kaum einer der Männer und noch seltener eine der Frauen ist älter als vierzig Jahre. Sie sind hochgewachsen, hellhäutig und haben meist blaue Augen. Die roten Haare tragen sie hochfrisiert, um noch größer auszusehen. Die Völker des Südens haben vor ihnen einen heillosen Respekt, und der rührt vor allem von ihrer Größe und ihren blaustrahlenden Augen her. Auch ihr wildes, aufbrausendes Temperament ist berühmt-berüchtigt. Es äußert sich auch hier. Wenn einige der jungen Männer in der Runde versuchen, einen besseren Ausguckplatz, eine bessere Position zu finden und dabei andere wegdrängen, brechen blitzschnell Handgreiflichkeiten aus, die von anderen, ruhiger gesonnenen Sippenmitgliedern nur mit großer Anstrengung unterdrückt werden können. Plötzlich geht ein heftiges Raunen durch das bunte Volk. Denn da ist einer vorgetreten, der offensichtlich ihr Anführer, ihr Fürst ist. Bis auf fünfzig Schritt Entfernung nähert sich dieser den grabenden Menschen.

Auch dort ist ein Neuankömmling zu den arbeitenden Wissenschaftlern und deren Helfern gestoßen. Was das Aussehen betrifft, könnten sie Brüder sein, der Fürst und der Archäologe. Nur die Kleidung ist anders. Denn der eingetroffene Grabungsleiter trägt Jeans, Flanellhemd und Parka. Soeben ist er in das Grabungsgeviert hinuntergestiegen, gibt einige kurze Anweisungen und wartet auf deren Ausführung. Im Gegensatz zu den anderen Grabenden wirkt er völlig entspannt und gelassen. Als dann die ersten Knochenreste freigelegt sind, als Metallspuren und Korrosionen sichtbar werden, ist sein erster Befund schon getroffen: „Eine Frau", sagt er, „Mitte der Dreißig, nein, keine Fürstin, auch keine sehr Wohlhabende." Und er meint damit, daß es sich um das Grab einer der vielen vor langer Zeit hier lebenden Keltinnen handelt, die wie sie ihre Familien versorgt, hart gearbeitet und den damaligen Zeiten entsprechend meist sehr jung gestorben sind.

Das zuschauende Volk hat aufmerksam gelauscht. Der vorgetretene Fürst hatte seinem menschlichen Ebenbild freundlich zugenickt und sich dann zu seinen Leuten umgedreht. Er hebt die Hand, und das Lachen, das Lärmen und das Schwatzen seines Volks setzt wieder ein und weht mit den steigenden Nebeln über den Berg.

Die Archäologen haben sich abseits zu einer Brotzeit zusammengesetzt. „Ist schon Zeit, daß die Sonne den Nebel auflöst", meint einer. Denn der Morgen war sehr kühl, und nun freuen sich alle, daß es ein Tag wird, an dem sich heiter weiterarbeiten läßt. Es ist ein ruhiger, sanfter Vormittag geworden. Noch haben sich keine schaulustigen Touristen eingefunden. Nur ein paar Bergdohlen kreuzen den Himmel und spähen neugierig auf die Menschen hinunter. Ihre Rufe tönen wie spöttisches Gelächter.

INTERMEZZO

Das Gebiet um Hallein lebt sein Jahrtausenden vom Salz. Schon in der Zeit zwischen 2500 und 2000 vor Christus haben die steinzeitlichen Jäger am Dürrnberg, wo das salzhaltige Gestein stellenweise bis an die Oberfläche reicht, die solehaltigen Quellen genutzt. Aber erst vor etwa 2.500 Jahren wurde begonnen, Salz bergmännisch abzubauen. Bald kam es am Dürrnberg zu weitreichenden Handelsbeziehungen und wirtschaftlichen Gewinnen. Unmittelbar an der Straße von Hallein nach Bayern, nur wenige hundert Meter von der Staatsgrenze entfernt, war der Friedhof jener Menschen, die am Dürrnberg gelebt und gearbeitet haben. Schon im Mittelalter müssen die alten frühgeschichtlichen Grabhügel völlig eingeebnet gewesen sein, und somit war der Friedhof nicht mehr als solcher zu erkennen. Es gibt mehrere ehemalige vorzeitliche Friedhöfe in der Gegend um Hallein, am Eislfeld, dem Simonbauernfeld, dem

Hexenwandfeld. Am Fuße der sogenannten Hexenwand befand sich auch eines der beiden Fürstengräber. Als das Grab im Jahr 1932 geöffnet wurde, hatten Grabräuber allerdings schon die wertvollsten Teile des keltischen Streitwagens mitgenommen. In der zweiten Grabkammer eines Fürsten, beim sogenannten Moserstein, fanden die Archäologen neben reichen Grabbeigaben auch den zweirädrigen Wagen.

Seit den fünfziger Jahren wurde am Dürrnberg kontinuierlich gegraben. 1970 wurde im Gebäude des alten Salzamts in Hallein, in dem früher die Salinenverwaltung untergebracht war, das Keltenmuseum errichtet. Auf 4.000 Quadratmeter Ausstellungsfläche ist hier die Geschichte der Kelten im allgemeinen und jener am Dürrnberg im besonderen zu sehen. Oben am Dürrnberg kann man den Fürsten besichtigen. Im Freiluftmuseum ist neben einem neu gestalteten Keltenlehrpfad auch das Fürstengrab nachgebaut. Auf dem zweirädrigen Wagen liegt eine lebensgroße Puppe, die vielen, die beim Besuch des Museums dem Chef des Hauses begegnet sind, bekannt vorkommen wird.

Audienz am Nachmittag

Der Fürst erscheint in Jeans und Sporthemd mit flotten Karos. Die Besucher freuen sich, ihn zu sehen, denn sie kennen ihn schon seit Jahren als guten Interviewpartner. Als sie den Termin mit seinem Sekretariat vereinbarten, haben sie am Telefon ganz selbstverständlich angefragt, ob „der Fürst" an diesem oder jenem Tage Zeit für sie hätte. Die Anfrage war mit absoluter Selbstverständlichkeit und ohne Überraschung oder Rückfrage über die Formulierung behandelt und beantwortet worden. Denn „der Fürst" ist für alle Insider eine ganz normale Bezeichnung.

Magister Kurt W. Zeller ist der Leiter des Keltenmuseums in Hallein, Chef aller Ausgrabungen und Forschungen am Dürrnberg oberhalb Halleins. Und als keltischer Salzfürst liegt er ja auch oben im rekonstruierten und besichtigbaren Grab auf seinem Streitwagen aufgebahrt.

„Das war keineswegs meine Idee", sagt Herr Zeller dazu. Vielmehr war ich damals, als wir dieses Fürstengrab rekonstruiert und eingerichtet haben, mit der verwendeten Puppe nicht zufrieden. Alles wurde doch ganz genau und originalgetreu nachgebaut und teilweise mit Originalfundstücken ausgestattet. Da haben viele Fachschulen mitgeholfen, den hölzernen Streitwagen bis ins kleinste Detail originalgetreu herzustellen, die Bekleidung des Fürsten wurde sowohl hinsichtlich des Materials als auch handwerklich wie das Original angefertigt. Und dann lag da eine bekleidete Puppe, die irgendwie nicht hineinpaßte. Da hat ein zwölfköpfiges Gremium plötzlich entschieden, daß die Figur des keltischen Fürsten mir nachgebildet werden sollte. Und so lieg' ich halt jetzt da oben für alle sichtbar begraben. Wissen Sie, früher habe ich tatsächlich die Haare länger getragen und auch den Bart so geknebelt wie die Kelten. Ich bin aber nicht in keltischer Kleidung herumgegangen und habe auch keinen Torques, den Halsring der Kelten, getragen. Aber von der Größe, von der Statur, von der Haar- und Augenfarbe her könnte ich ein keltischer Mann sein."

Kurt Zeller hat tatsächlich viel Keltisches an sich. Vielmehr in sich. Das merkt ein Gesprächspartner, der etwas sensibel und nicht ganz vernagelt ist, schon nach relativ kurzer Zeit. Wenn Herr Zeller auch äußerlich ruhig und konsolidiert, offen und herzlich Rede und Antwort steht, so merkt man doch, daß dicht unter der Haut dieses Mannes ein ständiges Feuer lodert. Eine tatkräftige Energie, ein nie zur Ruhe kommendes Engagement. Eine Art Kampfkraft.

„Furor" nannte die antike Welt die Eigenschaft der keltischen Krieger, sich todesverachtend in die Schlacht zu werfen und ohne Rücksicht auf eigene Verluste zu kämpfen. Bis heute sind keltische Völker für ihre Leidenschaftlichkeit und ihr Temperament sowohl bewundert als auch gefürchtet. Auch Herr Zeller ist als Wissenschaftler und Museumsleiter nicht immer angenehm. Vor allem nicht für die Geldgeber, die Landesbeamten, die Budgetverwalter. Herr Zeller berichtet oft, selbst darüber schmunzelnd, von seinem Furor im Umgang mit denen, die ihm, wie es in der Natur der Sache liegt, allzuoft Budgets streichen oder kürzen wollen. Und so leuchtet den Besuchern ein, daß bei der letzten Neugestaltung des Museums, als die Budgetmittel zu Ende gingen und keine Handwerker mehr bezahlt werden konnten, Herr Zeller seine Studenten und Mitarbeiter zusammenrief und, mit Schlagbohrern und Werkzeugen bewaffnet, mit ihnen noch zu erledigende Arbeiten in Eigenregie durchführte. Den Termin zur Neueröffnung hat er damit gehalten. Und die Schlacht um die Eröffnung des neugestalteten Museums hat er gewonnen.

„Wie viele Mythen, Sagen, Legenden oder Brauchtum auf die Kelten zurückzuführen sind, das kann ich nicht nur nicht sagen, da bin ich auch sehr skeptisch", sagt Herr Zeller. „Bedenken wir doch, daß, schon was die Brauchtumsdetails betrifft, Aufzeichnungen und Berichte bestenfalls bis an den Anfang des 18. Jahrhunderts zurückgehen. Wie sollten wir heute wissen, was die keltische Bevölkerung um rund 500 vor Christus im Detail für die heutigen Theorien und Thesen gebracht hat? Also diese neue Mode, alles, vom Mondkalender bis zum Baumorakel, auf keltische Wurzeln hinführen zu wollen, da gehe ich als Wissenschaftler nicht mit. Ich mache mir über meine Leute da oben am Dürrnberg ganz andere Gedanken. Das waren Menschen einer Gesellschaft, in der kaum jemand über vierzig Jahre alt wurde. Hauptsächlich wegen Krankheiten und der katastrophalen hygienischen Verhältnisse. Die Ausgrabungen zeigen, daß fast alle unter Parasiten gelitten haben. Der Tod durch Bandwürmer war normal und weit häufiger als der durch kriegerische Auseinandersetzungen. Außerdem ist jede zweite Frau schon in ganz jungen Jahren bei der Entbindung eines Kindes gestorben. Ich überlege oft, was das für eine Gesellschaft bedeutet, wenn die meisten Menschen ihre Großeltern nicht kennengelernt haben. Wenn heranwachsende Mädchen wissen, daß sie mit großer Wahrscheinlichkeit bei der ersten Entbindung sterben. Von den Bestattungen wissen wir, daß die Menschen einen sehr bewußten und aufwendigen Kult betrieben haben. Wir wissen aber auch, daß jedes zweite Grab nach nur wenigen Jahren bereits wieder geplündert wurde. Und die Plünderer müssen Menschen gewesen sein, die beim Begräbnis persönlich anwesend waren. Die wohl auch alle gekannt haben und allen bekannt waren. Die Grabplünderungen konnten nicht bei Nacht und Nebel ausgeführt worden sein. Über die muß man ja Bescheid gewußt haben und auch darüber, wer die Plünderer sind. Das gibt mir als Archäologen die eigentlichen Rätsel auf. Und selbstverständlich haben sie auch gewußt, was mit den Körpern passiert, die sie bestattet haben. Daß die nach drei Jahren skelettiert, nach fünf verfault sind. Wie hat sich das auf ihren Glauben ausgewirkt? Ich würde es gerne wissen. Wir haben am Dürrnberg auch Menschen gefunden, die ohne Grabbeigaben bestattet worden sind. Ein mächtiger Steinblock lag auf einem Mann, er war förmlich ohne Erde begraben worden. Rechts und links, in der Höhe seines Kopfes, waren zwei Kinder, eines davon hatte eine Kette in der Hand. All das wirft jede Menge Fragen auf."

Wenn der Archäologe Kurt W. Zeller im Halleiner Museum seinen Gästen von den Kelten am Dürrnberg erzählt, dann wissen die Zuhörer oft nicht mehr zu unterscheiden, ob hier ein heutiger Mensch über Geschichtliches nachdenkt, oder ob er nicht von selbst Erlebtem erzählt. Herr Zeller wechselt oft, ohne es zu merken, emotional die Fronten. Wenn er davon berichtet, daß er bei einem Kongreß einem Kollegen, der in Berchtesgaden ebenfalls einen keltischen Fürstensitz ausgräbt und erforscht, zuruft: „Mein Fürst hat deinen Fürsten ganz bestimmt gekannt, da bin ich sicher", so hört sich das aus dem Mund des Erzählers an wie: „Ich habe deinen Fürsten gut gekannt, das kannst du mir glauben."

Als die Besucher Herrn Zeller die Phantasie anbieten, er könne mit einer Zeitmaschine zu seinem Volk zurückreisen und es besuchen, und ihn fragen, ob er dies denn riskieren würde, zuckt er mit keiner Wimper. „Selbstverständlich", sagt er. „So etwas dürfte ich mir nie entgehen lassen."

Und dann dreht sich das Gespräch wieder um die alte Frage, um die Gretchenfrage der Archäologie: Wie denn das zu verstehen sei, daß der Ausgräber letztlich doch die Totenruhe störe. Niemand, der für sich selbst ein religiöses und kultisches

79

Begräbnis wünscht, kann akzeptieren, daß Tote nach Hunderten oder Tausenden Jahren in ihrer gewidmeten Ruhe gestört, aus ihren Gräbern geholt werden. Kraß könnte man auch sagen, daß Archäologie hauptsächlich in wissenschaftlicher Grabräuberei besteht. Ob in Ägypten, in Afrika, in Asien, in Nordamerika oder am Dürrnberg in Hallein.

Herrn Zellers Antwort dazu ist so einfach wie überraschend.

„Ich denke mir, daß die, die wir ausgraben, die keltischen Frauen und Männer, die am Dürrnberg gelebt und gearbeitet haben, die hier bestattet wurden und die auch als Gastarbeiter oft von weit hergekommen waren, im Prinzip stolz darauf sind. Stolz darauf, daß sie uns heute über ihre Zeit, ihre Kultur und ihr Leben erzählen und Nachricht geben, daß wir sie interessant finden, daß wir über sie etwas wissen wollen. Als ich vor vielen Jahren als junger Archäologe am Dürrnberg zu arbeiten begonnen habe, war da auch ein befreundeter akademischer Maler, ein alter Mitarbeiter, der mich sehr unterstützt hat. Als wir über diese Dinge diskutierten, meinte er: ‚Weißt du, ich glaube, die sitzen ohnehin rundum in den Bäumen, schauen uns bei der Arbeit zu und lachen über uns.‘ Das ist ein guter Gedanke. Und irgendwie bin ich auch heute noch sicher, daß uns die Ausgegrabenen mit großem Interesse beobachten. Ich selber weiß immer, was unter dem Boden liegt, bevor noch gegraben worden ist. Das kommt aus der Beobachtung des Geländes. Ich habe einen sogenannten Sekundenblick entwickelt, ich sehe hin und weiß es. In meinem Kopf läuft ein Film ab, eigentlich ist die Zeitmaschine in meinem Kopf. Ich lebe mit den Kelten. Wir hatten zum Beispiel Archäologen aus England, die hier gegraben haben. Sie waren wesentlich besser ausgerüstet als wir, hatten modernste Geräte. Und trotzdem hatten sie nach zweiwöchiger Grabungszeit nichts gefunden. Schließlich kamen sie und wollten einen Rat. Ich bin mit ihnen hinaus und habe ihnen gezeigt, an welcher Stelle sie fündig werden. Und es hat gestimmt. Mein Vorteil ist auch, daß ich ruhig bleibe, wenn wir knapp vor dem Ziel sind. In so einer Situation, wenn einen nur mehr zwanzig Zentimeter von der Grabung trennen, werden viele Menschen nervös und ungeduldig. Und dann besteht die Gefahr, daß man vieles, worauf man zu achten hat, übersieht.

Mich hat es schon als Kind zu den Ausgrabungen gezogen. Ich hatte das bereits völlig vergessen, aber Freunde haben mich daran erinnert. Als ich sechs Jahre alt war, habe ich die Sage erzählt bekommen, nach der in grauer Vorzeit auf der Burgruine ein goldenes Kegelspiel vergraben wurde. Am nächsten Tag bin ich mit Werkzeug zur Ruine marschiert, um den Schatz auszugraben. Natürlich bin ich nicht fündig geworden, wurde von den Erwachsenen wieder eingefangen und heimgebracht. Im Alter von acht oder neun bin ich hier oben am Dürrnberg gewesen, um zu graben. Meine Mutter hatte großes Interesse an Archäologie, sie hat mich stark beeinflußt. Trotz dieses frühen Interesses habe ich nach der Pflichtschule zuerst einmal einen Beruf erlernt, nämlich den des Maschinenbauers. Einige Jahre nach dem Lehrabschluß habe ich die Matura nachgeholt und mit 27 Jahren zu studieren begonnen. Das Studium habe ich selbst finanziert. Es war nicht so schwierig, denn aufgrund meiner Berufsausbildung war ich bei Ausgrabungen ein gefragter Mann, ich war ja eigentlich ein gelernter Vermesser und Zeichner. Der Umgang mit Skizzen, Plänen und Rasterfolien war mir vertraut. Ich habe viel im Ausland gearbeitet, aber ich wollte immer hierher zurück. Hier habe ich dann das Museum aufgebaut und achtzig Prozent aller Exponate selbst ergraben. Deshalb bin ich hier auch so gefangen. Man lebt ja mit den Leuten, wenn man sie ausgräbt, sie sind ein Teil meines eigenen Weges geworden. Und wenn es auch oft große Schwierigkeiten gibt, finanzielle und solche mit diversen Behörden, werde ich trotzdem nie aufgeben. Die Kelten können sich nicht mehr wehren. Ich bin ihr Sachverwalter, ich verteidige sie bis aufs Messer. Und wenn sie rundum auf den Bäumen sitzen, während ich grabe, dann sind es meine Leute."

DER MAHDI

JOURNALISTISCHES VORSPIEL

Nürnberg in Mittelfranken, Deutschland
16. Juli 1997
Früher Abend

Nürnberg sieht aus, als würde es sich fürchten. Die Altstadt von Nürnberg unterhalb der großen Festung und innerhalb der noch teils erhaltenen Stadtmauern, mit ihren historischen Kirchen und Plätzen, den Fachwerkhäusern, den schönen Brükken und allem anderen, was das berühmte malerische Stadtbild ausmacht, ist ja 1945 nach vielen schrecklichen Bombennächten in Schutt und Asche gelegen. Diese Altstadt wurde also wieder in ihrer alten Form und Struktur neu aufgebaut, teils komplett renoviert, teils liebevoll restauriert. Den neuen Altbauten wurde in der Fassade auch immer etwas Historisches eingefügt – ein alter Mauerstein, eine alte kleine Madonna und ähnliches. Und irgendwie sehen die kleinen Denkmalelemente wie Abwehrzeichen aus. Abwehrzeichen gegen den bösen Blick? Gegen dunkle Mächte? Gegen die Erinnerung an die finsteren Zeiten der jüngeren Geschichte?

Das wird nicht leicht feststellbar sein.

Der Sommertag war freundlich, aber nicht allzu warm.

Ein Tag voller Recherchen, Nachfragen, Telefonate und mit einigen interessanten Gesprächen. Obwohl das Thema den Befragten am Anfang ja immer etwas obskur erscheinen muß. Gibt es in oder um Nürnberg noch aktive Gespenster, tradierte Geister . . .?

Vorgangsweise routinemäßig. Anruf bei Vereinen und Verbänden, bei Museen, Kulturschaffenden, Künstlern, Schriftstellern und bei Leuten, die möglicherweise jemanden kennen, der jemanden kennt, der jemanden kennt . . .

Wichtige Personen sind schwer erreichbar. „Rufen Sie doch noch einmal an, in einer halben Stunde vielleicht." Eine günstige Gelegenheit, weiter durch die Stadt zu spazieren. Oben, von der Burg aus, die auf einem markanten roten Sandsteinfelsen erbaut ist, bietet sich ein wunderbarer Blick über die Stadt. Die Burggrafen von Nürnberg wußten, wo es sich gut herrschen läßt. Beim Fünf-Eck-Turm, dem ehemaligen Bergfried der salisch-staufischen Burg aus dem Jahr 1040, dem ältesten noch erhaltenen Baudenkmal der ganzen Stadt, hängt ein Informationszettel: „Am 29. Juni machen wir eine Höhlenwanderung in die Distlergrotte für Kinder. Wir besuchen die Quellgeister."

Seit dem späten sechzehnten Jahrhundert werden die zahlreichen Höhlen rund um Nürnberg erforscht, davor, im Mittelalter, mieden die Menschen die dunklen Höhlen als unheimlich und gefährlich. Viele Kulthöhlen mit bemerkenswerten archäologischen Funden wurden um Nürnberg, im Bereich der Fränkischen Alb, entdeckt – Beweise dafür, daß die Höhlen schon in prähistorischer Zeit von Menschen genutzt wurden. Die Distlerhöhle mit den Quellgeistern allerdings wird nirgends erwähnt.

Aus dem Freizeitheim im Fünf-Eck-Turm ist Stimmengewirr zu hören. In einem langgestreckten, schmalen Raum sitzt ein junger Mann vor dem PC, die langen, gewellten Haare hat er im Nacken zusammengebunden. „Die Quellgeister der Distlerhöhle, ihr wart mit den Kindern dort, habt ihr sie gefunden?" Der junge Mann grinst. „Naja, also nein. Das mit den Quellgeistern . . . Wir haben einen Aufhänger gesucht, eine Motivation für die Kinder, für die Wanderung. Es war ein Versuch, eine Beziehung zur Natur zu schaffen: seht, sie ist belebt, sie ist lebendig, bewohnt, und deshalb muß sie geschützt werden. Ob hier noch jemand an Quellgeister glaubt? Wohl kaum. Also, ich komme vom Land", sagt der junge Mann am PC, „da glaubt man noch eher an solche Dinge. Die Leute aus unserem Dorf, die über vierzig Jahre alt sind, würden keinen Fuß in eine Höhle setzen. Sie fragen zwar neugierig, wie es unten aussieht, finden aber immer fadenscheinige Ausreden, warum sie selbst nie hineinsteigen wollen. Ich denke, das kommt daher, daß auf dem Land die alten Geschichten von den Unterirdischen, dem Stillen Volk, das in den Höhlen oder Grabhügeln lebt, noch lebendig sind. Hier, in der Gegend um Nürnberg, sind auch Geschichten vom Erdschmied bekannt. Auch er lebt in Höhlen, und manchmal kann man sein Klopfen hören. Viele der alten, mythischen Wesen sollen in den Höhlen gelebt haben: Drachen, Zwerge, Hexen – ihnen dienten die Höhlen als Küche – und sogar die Frau Holle, die in der Höhle spinnt und webt. Aber natürlich sind das alte Geschichten ... Frag doch am besten bei der Naturhistorischen Gesellschaft weiter, den Bernhard, mit Gruß von mir."

Weitere Telefonate, endlich ist besagter Fachmann am Apparat, der aber verweist darauf, daß er Archäologe sei und Wissenschaftler, und zu Geistern habe er wirklich keinen Bezug. Schön langsam macht sich Mutlosigkeit breit. Wo immer Nürnberg seine Geister versteckt hat, das Versteck scheint perfekt zu sein. Nur noch ein letzter Telefonkontakt, ein Baron, der angeblich alles über Nürnberg weiß, aber das Telefon auf seiner Burg wird nicht abgehoben. Endlich, am Abend, ist eine junge Frau am Apparat, die Tochter. „Der Baron ist nicht da, leider. Er ist im Krankenhaus, aber ich gebe Ihnen eine Nummer, rufen Sie ihn doch dort an. Nein, Sie stören ihn nicht. Probieren Sie nur."

Mittlerweile ist es knapp vor acht Uhr abends, kein günstiger Zeitpunkt für ein erstes Kontaktgespräch, noch dazu mit einem Patienten. Aber für ein schlechtes Gewissen ist jetzt keine Zeit mehr.

„Natürlich", sagt der Baron, „habe ich ein Gespenst in meiner Burg. Ein ägyptisches. Und wie es dazu kam, ist eine ganz schön lange Geschichte. Wenn Sie die unbedingt wissen wollen, können Sie mich gerne besuchen. Aber ich werde morgen operiert, dann bleibe ich einige Tage hier, es kann also dauern, bis ich fit bin. Rufen Sie mich wieder an, und dann vereinbaren wir einen Besuchstermin. Aber jetzt, das müssen Sie verstehen, brauche ich meine Ruhe."

Sprach's und legte auf.

1. Vorhang

Bei den Hörnern von Hattin, Heiliges Land
4. Juli 1187
Später Vormittag

Der Himmel über dem öden Bergland hat sich schon bald nach
Sonnenaufgang mit Schwärmen von Geiern gefüllt, die ihre
Kreise ziehen. Bis jetzt sind es nicht weniger geworden, aber
die meisten haben sich schon am Boden an ihre Mahlzeit gemacht. Das Schlachtfeld ist noch hie und da mit dichten Staub-
wolken bedeckt. Die glühendheiße Mittagsluft der Wüste Palä-
stinas trägt Blutgeruch. Und nach wie vor ist kreuz und quer
über das ausgetrocknete Hügelland das Hufdonnern unzähli-
ger Reiterabteilungen zu hören.
Saladin hat gesiegt.
Im Frühsommer 1187 hat Saladin, der erste ayubitische Sultan
von Ägypten, der seit zehn Jahren die islamische Welt zu einigen sucht, um die christlichen Kreuzfahrer wieder ins Meer zu
treiben, Heerschau gehalten. Mehr als 20.000 Mann war Saladins Armee stark, davon 12.000 sarazenische Reiter. Am 1. Juli
hatte er den Jordan überschritten und die Invasion gegen das
lateinische Königreich Jerusalem begonnen. Das christliche
Heer unter dem Oberkommando von König Guido war trotz
der Streitereien zwischen den verschiedenen Ritterstaaten und
Ordensgruppen im ersten Moment gleicher Stärke aufgeboten
worden. Und der Patriarch von Jerusalem hatte dem Heer das
Wahre Kreuz Christi – eine Reliquie von unschätzbarem religiösen Wert – mitgegeben.
Saladin – sein Name bedeutet „Der den Glauben in Ehren
hält" –, ein aus Armenien gebürtiger Kurde, ist in Damaskus
sowohl im islamischen Glauben erzogen, als auch in allen gei-
stigen und schönen Künsten gebildet worden. Als Feldherr
kann er als geradezu genialer Schlachtenlenker bezeichnet
werden. Und er hat eine Kriegslist im großen Maßstab vorbereitet. Ein kleiner Teil seiner Armee greift Tiberias am See
Genezareth an und erobert es, ausgenommen jedoch die Burg,
die von Gräfin Eschiva von Tripoli verteidigt wird. Sie ist die

85

Frau des Grafen Raimund, eines Vasallen König Guidos von Jerusalem. Zur Zeit der Kreuzritter im Heiligen Land kam es öfter vor, daß die Frauen der Adelsherren in militärische Operationen als Führungskräfte eintraten. Für Saladin dient Tiberias aber nur als Köder. Der Großteil seiner Truppen bleibt verborgen im Bergland, während er sich selbst dem kleinen Teil der Belagerer der Burg anschließt.

Das christliche Heer hat inzwischen bei Sephoria sein Lager aufgeschlagen. Dort gibt es ausreichend Brunnen. Im Kriegsrat teilen sich nun die Gemüter und die Ansichten. Die Besonnenen raten, nicht gegen Tiberias vorzurücken, da zwischen ihnen und der Armee Saladins ein völlig ausgedörrtes, wasserloses Hügelland liegt. Diesen Standpunkt vertritt auch Graf Raimund, obwohl er weiß, daß seine Frau in der Burg von Tiberias eingeschlossen ist. Letztlich trifft König Guido als Oberkommandierender die Entscheidung. Er beschließt loszumaschieren. Die Hochsommerhitze ist mörderisch. Gleichzeitig mit der steigenden Erschöpfung setzen die nadelstichartigen Angriffe von Saladins Reiterei ein. So schnell wie diese Überfallsreiter auftauchen, so schnell verschwinden sie auch wieder. Es ist die Taktik der „chassidja": blitzschnelles Angreifen, das Überschütten des Feindes mit einem möglichst dichten Pfeilhagel und ebenso blitzschnelles Verschwinden. Von Stunde zu Stunde werden die Kavallerieüberfälle der Muslime häufiger und stärker. Am späten Nachmittag kann die Nachhut des christlichen Heeres nicht mehr standhalten. Das ganze Heer muß halten und lagern, um in der kommenden Nacht weiteren Angriffen widerstehen zu können. Das Lager wird am Fuß eines Hügels aufgeschlagen, der in zwei kleine Gipfel gespalten ist, die „Hörner von Hattin". Es gibt kein Wasser, und im Dunkel der Nacht dröhnt der Hufschlag der sarazenischen Reiterattacken noch lauter und noch beunruhigender. Keiner der christlichen Heermänner schließt ein Auge.

Im Morgengrauen des 4. Juli greift Saladin vom Norden her mit seiner gesamten Streitmacht an. Die sich entfaltende Schlacht ist kurz, blutig und völlig einseitig. Denn die sarazenische Armee trifft auf einen halbverdursteten, körperlich zermürbten und demoralisierten Gegner. Dazu kommt die unterschiedliche Art der Bewaffnung und der Kampftaktik. Die christlichen Ritter sind mit Kettenhemden gerüstet, die bis zu den Knien reichen und meist auch noch mit langen Ärmeln Ober- und Unterarme schützen. Darunter müssen wattierte Röcke getragen werden, damit das aus Tausenden Metallringen bestehende Kettenhemd nicht die Haut aufscheuert. Die Helme der Kreuzritter sind meist normannisch – kegelige oder topfförmige Metallhelme mit angeschmiedeten Augen- und Nasenspangen, die vor feindlichen Hieben schützen sollen. Diese Helme sitzen ebenfalls auf wattierten Kappen, um ihr Gewicht auf der Kopfhaut halbwegs erträglich zu machen. Es scheint ein Wunder zu sein, daß man mit einer Rüstung dieses Gewichts und der hitzespeichernden Unterkleidung in diesem Klima überhaupt bewegungsfähig ist. Die Hauptwaffen sind das zirka einen Meter lange normannische Schwert oder eine Streitaxt, ein Streitkolben sowie der besonders gefürchtete, zackige Morgenstern. Allesamt sind sie für den Kampf Mann gegen Mann und vor allem stehenden Fußes geeignet. In der Hitze des Orients wäre ein längerer Bodenkampf allein aus Gründen der Erschöpfung gar nicht möglich gewesen.

Anders die Sarazenen. Bei nur weniger und meist gar keiner Lederpanzerung sind sie in wallende, burnusartige Gewänder gekleidet mit den typischen orientalischen, ebenfalls textilen Kopfbedeckungen. Sie kämpfen fast ausschließlich vom Pferd aus, und ihre Hauptwaffe ist der Reflexbogen. Wo immer es geht, vermeiden sie den Nahkampf, und ihre Technik überfordert den statisch operierenden Gegner derart, daß auch die christlichen Bogenschützen kein sicheres Ziel finden können.

Die christlichen Ritter scharten sich um König Guido und das heilige Kreuz. Was sonst noch laufen, kriechen oder sich dahinschleppen konnte, suchte das Heil in der Flucht. Die Sarazenen verzichteten auf die Jagd nach den Fliehenden. Hätten sie das nicht getan, wären die Hügel um die Hörner von Hattin noch dichter mit den Leichen der Christen bedeckt gewesen. Die Ritter um König Guido wurden überwältigt und gingen mit ihren Oberkommandierenden in die Gefangenschaft.

In der brennenden Hitze des Schlachtfelds um die Hörner von Hattin hält ein sarazenischer Edelmann zu Pferd mit scharfem Zuruf eine der ihm unterstellten Schwadronen an. Die Reiter haben ihre Pferde mit einigen Beutestücken beladen. Nichts davon hat wirklichen Nutzwert. Denn kein Sarazene wird einen christlichen Streitkolben oder ein normannisches Langschwert führen. Auch keinen christlichen Helm tragen oder eines der schweren Kettenhemden der Christen anlegen. Aber der Sarazene begutachtet ein besonders schön gearbeitetes, langes Kettenhemd wohlgefällig. Dieses herrliche Stück fränkischer Handwerkskunst möchte er zur Erinnerung mitnehmen. Ein Wink des Edlen genügt, und einer der Reiter legt den Maulbertsch – so nennen die Franken solch ein schweres Kettenhemd – quer vor den Sattel seines Fürsten.

Die Schlacht bei den Hörnern von Hattin und die damit verbundene katastrophale Niederlage der Kreuzritter wird den Fall Jerusalems bedeuten.

Die Spur des Kettenhemds verliert sich in der bizarren und legendenumwobenen Geschichte des Orients. Doch eines Tages wird es wieder in einer Schlachtenhölle getragen werden.

2. Vorhang

Auf dem Schlachtfeld bei Omdurman, Sudan
2. September 1898
Bei Sonnenuntergang

Über der gespenstischen Ruhe des Schlachtfeldes liegt ein Summen. Fliegenschwärme in unschätzbarer Zahl und Größe sind in den letzten Stunden zur Hauptplage für die noch Lebenden geworden. Sie bedecken die Kadaver der verendeten Tiere, die Leichen der gefallenen Männer, die zerfetzten Gliedmaßen der Verwundeten, die noch lange werden warten müssen, bis ihnen Hilfe zuteil wird.

Es ist ein Gemetzel gewesen. Die Macht des Mahdi, des bis jetzt unbesiegten Führers der islamischen Aufstandsbewegung des Sudan gegen Fremdherrschaft und Unterdrückung, ist endgültig zerbrochen. 12.000 seiner Kämpfer liegen tot bei

Omdurman im Sand, mehr als 16.000 verwundete Derwische können nur so notdürftig versorgt werden, daß der überwiegende Teil von ihnen ebenfalls sterben wird.

Den Titel Mahdi haben in der Geschichte des Islams einige mächtige Männer und Anführer getragen. Er ist mehr als nur ein ehrenvoller Königsname, er hat den Anspruch, ein religiöser und politischer Führer der rechtgläubigen Muslime zu sein; sie auch religiös zu vereinen, wo Spaltungen aufgetreten sind, und sie, wo immer nötig, in den Befreiungskampf, den Dschihad, den Heiligen Krieg, zu führen. Die Rolle des Mahdi im Islam entspricht daher ziemlich genau der des Messias in der jüdischen bzw. in der christlichen Fassung. Seit 1885 ist Abdallah ibn Sajjid Mohammed der Mahdi des Sudan, der Erneuerer des Glaubens, der Führer der aufständischen Derwische.

Es hat einige Jahre gedauert, bis die britische Kolonialregierung in Ägypten sich stark genug fühlte, zu einem entscheidenden Schlag gegen den Mahdi auszuholen. Und es hatte den richtigen Mann dafür gebraucht: Horatio Herbert Kitchener, 48 Jahre alt, Offizier im Kolonialdienst und auch durch eine Teilnahme an einer zivilen Sudanexpedition ein Kenner Afrikas. Seit 1892 ist Kitchener Oberbefehlshaber über sämtliche ägyptischen Truppen. Der entscheidende Schlag gegen die Aufständischen im Sudan wird sorgfältig, nach allen Regeln der Kriegskunst und unter Einsatz der besten zur Verfügung stehenden Mittel vorbereitet. In den letzten Augusttagen des Jahres 1889 beginnt eine bestens gedrillte, perfekt ausgerüstete und logistisch maximal unterstützte Heeresmacht am westlichen Ufer des Nils nach Süden zu marschieren. 250 Barken versorgen dieses Heer mit allen Nahrungsmitteln und Materialien vom Hauptmagazin aus über den Nil. Am 28. August nimmt die Heeresmacht im Vorrücken ihre Gefechtsordnung ein. Voraus geht ein britisches Ulanenregiment, gefolgt von ägyptischen Schwadronen und reitenden Geschützbatterien. Ihnen folgen ein Kamelkorps, dann die Infanterie in zwei Treffen hintereinander. Artillerie und Maschinengewehrabteilungen gehen in den Zwischenräumen der Infanterieabteilungen vor. Ein bis zwei Kilometer dahinter folgt der Lagertroß, der durch kleinere Infanterie- und Kavallerieabteilungen beschützt wird. Dieser Vormarsch bietet taktisch die größte Sicherheit. Nichts scheint diese Heereswalze ernstlich gefährden zu können. Selbst die üblen Wettersituationen der nächsten Tage – Sandstürme und sogar einige wolkenbruchartige Regenfälle – machen den wüstenerprobten Soldaten keine ernsthaften Probleme. Wo aber bleibt der Mahdi? Überläufer und zurückkehrende Spione melden, daß die Zahl der Derwische bis zu 70.000 Mann betragen soll und daß 1.000 bis 2.000 Reiter dabei sind.

Am 30. August geht Kitchener mit seinen Truppen zwanzig Kilometer weit vor. Am 31. August gibt es schwache Feindberührungen mit berittenen Derwischen, die sich aber schon nach einigen Kanonenschüssen kampflos zurückziehen. Am 1. September gelangt die Armee in die Nähe von Omdurman. Die befestigte Stadt besitzt zahlreiche, allerdings wirkungslose, veraltete Geschütze. Kitcheners Truppen nehmen zu Mittag eine halbmondförmige Schlachtordnung ein, deren beide Flankenspitzen ans westliche Nilufer reichen. Aber es erfolgt kein Angriff der Derwische. So bleibt den Engländern und Ägyptern ein halber Tag Zeit, diese Schlachtordnung durch eine schnell errichtete Lagerbefestigung zu verstärken. Nebenher wird auch das Schußfeld von allem gesäubert, was einem anrückenden Feind Sicht oder Deckung geben könnte. Es ist sogar genügend Zeit für die Artillerie, Entfernungsmarken im Gelände zu setzen, so wird die Feuerleitung für die Kanoniere, die Visierführung für die Gewehrschützen immer auf die entsprechende Entfernung richtig eingestellt sein. Alle diese Vorbereitungen erfolgen präzise wie aus dem Lehrbuch. Und bleiben völlig ungestört.

Die folgende Vollmondnacht ist ruhig und friedlich. Als lägen nicht zwei schlachtbereite Armeen im Abstand von nur sieben Kilometern einander gegenüber.

Bei Sonnenaufgang des 2. September beginnen die Kämpfer des Mahdi wie Meereswellen gegen die Stellungen der Engländer zu branden. Angriff auf Angriff nähert sich im Sturmlauf. Das Geschrei der fanatischen Angreifer ist ohrenbetäubend und wird durch das Donnern der Geschütze, das Bersten der Granaten, das Hämmern der Maschinengewehre und das rhythmische Krachen der Infanteriesalven zu einem höllischen Inferno. Die Derwische, die todesverachtend angreifen wie Landsknechte des Dreißigjährigen Kriegs, prallen auf eine feuer- und bleispuckende Mauer, die bereits fast dem zukünftigen, vollmechanisierten Stellungskrieg entspricht. Reihenweise werden die Derwische niedergemäht. Von Stunde zu Stunde werden die fanatischen Kriegsrufe der Angreifer, die gellenden Befehle und Kommandos bei den Verteidigern immer mehr vom entsetzlichen Schreien der Sterbenden, vom Brüllen verletzter Tiere, vom Stöhnen und Klagen der Verwundeten untermalt. Aber das Gemetzel will nicht enden. Nur vereinzelt kommt es zu Nahkämpfen und Handgemengen. Dann stehen aber meist mittelalterliche Lanzen und Schwerter gegen britische Armeerevolver.

Das Blutbad bei Omdurman endet am frühen Nachmittag. Alle Emire der Derwische sind gefallen, der Mahdi und sein Sohn sind mit der Leibwache geflüchtet. Erst im November 1899 wird dieser letzte Mahdi mit einer kleinen Kampftruppe aufgegriffen werden und fallen. Am Nachmittag des 2. September 1898 rücken die englischen Truppen ohne nennenswerten Widerstand in der Stadt Omdurman ein. Die britisch-ägyptische Armee beklagt an diesem Tag 120 Tote und maximal 600 Verwundete. Es ist auch die erste Schlacht, in der 40 Maschinengewehre gezeigt haben, welch grausige Ernte sie einbringen können und was in den Kriegen der Zukunft noch bevorsteht.

Die Sonne sinkt rasch in der Wüste. Während sie ihre letzten Strahlen über das Schlachtfeld sendet, beginnt hier und da – kaum auffällig, aber immer schneller – ein Huschen, ein verstohlenes Laufen, ein hektisches Suchen. Denn die Stunde der schnellen Dämmerung, die bleiche Mondhelle der Nacht, das ist die Zeit derer, die aus dem Entsetzen Gewinn machen können. Die Zeit der Leichenfledderer. Junge Burschen, halbe Kinder, durchsuchen blitzschnell die Leichname gefallener Derwische, die eine oder andere Satteltasche an einem Pferde-

kadaver, den sandigen Boden zwischen den verrenkten Toten-
gestalten. Fast alles läßt sich gewinnbringend weiterverhan-
deln. Bis zu den Basaren und Antiquitätenhändlern der Haupt-
städte wird der Weg der gefundenen Waffen, Schmuckstücke,
schönen Schuhe oder besonders begehrten Kleidungsstücke
sein. Blutbeflecktes hat dabei keinesweg weniger Wert. Die
Andenkensammler unter den reichen europäischen Touristen
wissen so etwas durchaus zu schätzen. So werden die erbeute-
ten Habseligkeiten immer wieder durch viele Hände gehen.
Unter den suchenden und hin und her huschenden Gestalten
ist auch einer, der nur ruhig dasteht. Ein alter Mann, bärtig und
gebeugt. Er fleddert nicht, er läßt es tun. Mit sparsamen Hand-
bewegungen und gezischten, halblauten Rufen dirigiert er seine Helfer. Da zupft einer der Jungen den Alten am Ärmel und
führt ihn aufgeregt zu einer Leiche. „Das Kettenhemd, sieh
doch das Kettenhemd, Omar Bei", zischelt der Bub. „Das müssen wir haben, aber da brauche ich Hilfe, um es dem Mann
auszuziehen." Der Alte mustert den Gefallenen. Da liegt ein
junger Krieger von besonders dunkler Hautfarbe, wahrscheinlich aus dem tiefen Süden des Landes. Die schlanke, sehnige
Gestalt liegt so auf dem Boden, als hätte man einer Puppe die
Gliedmaßen verrenkt. Er trägt ein Kettenhemd, das bis zu
seinen Knien reicht und lange Ärmel hat. Selbst in der rasch
anbrechenden Dunkelheit erkennt der Alte, daß es sich um
eine besonders gute Arbeit handelt. Der Helm des Mannes mit
den vorspringenden Schutzbügeln hat auch einen Nackenschutz aus Kettengeflecht. Aber das ist von mindererer Qualität. Die Rechte des Toten umklammert ein gezogenes Schwert,
zwei breitblättrige Wurflanzen, die er sicher in der linken Faust
getragen hatte, liegen unter seinem Oberkörper quer. Du hast
nicht lange gelitten, Ritter, denkt der Alte, als er sieht, daß der
Krieger ein Einschußloch über der Stirn aufweist. Nur wenig
Blut hat der Mann im Gesicht. Der Junge drängelt – das Hemd!
Das Kettenhemd!
Der Alte stößt einen scharfen Pfiff aus und sammelt so einige
seiner Helfer schnell um sich. „Nehmt den ganzen Mann", sagt
er. „Und alles, was ihm gehörte. Tragt ihn hinüber zu unserem

Wagen. Und Allah gnade euch, wenn auch nur etwas davon verschwindet. Ich will ihn ganz."

Die Fledderer machen sich emsig ans Werk.

Es kann ein gutes Geschäft werden, denkt der Alte.

3. VORHANG

Burg Grünsberg bei Altdorf, nahe Nürnberg
22. August 1997
11 Uhr vormittags

„Als Kinder haben wir mit ihm voller Begeisterung gespielt, mit unseren Holzschwertern mit ihm gefochten, sind in der Phantasie mit ihm in den Kampf gezogen. Wir waren von ihm völlig hingerissen." Der Baron und Burgherr erzählt von einem, den es nicht mehr gibt. Nur auf einem Foto, dessen Sepiatöne sein Alter zeigen, ist er noch in voller Größe abgebildet. Da steht ein lebensgroßer, schlanker, fast ebenholzschwarzer afrikanischer Krieger in seiner vollen Rüstung. Über einem langen, gerade geschnittenen Stoffhemd trägt er einen mittelalterlichen Kettenpanzer. Ein Kettenhemd mit langen Ärmeln, das fast bis zu den Knien des Kriegers reicht. Auf dem Kopf sitzt ein halbkugelförmiger Metallhelm, von dem zwei weit vorspringende und nach unten gekrümmte Schutzspangen ausgehen.

„Sehen Sie sich diese ausgezeichnete Konstruktion an", sagt der Baron, „sie schützt vor allen Hieben gegen das Gesicht des Mannes, aber sie bietet ihm trotzdem völlige Freiheit des Blicks."

Der schwarze Krieger ist weiters mit einem geraden Langschwert mit entsprechendem Gehänge bewaffnet, und außerdem trägt er noch zwei übermannshohe Wurflanzen mit sehr breitblättrigen Spitzen bei sich.

„Wir Kinder haben ihn den Mahdi genannt", erzählt der Baron, „denn man hat uns natürlich die Geschichten erzählt, die mit dem Tod dieses Mannes zusammenhingen. Ich bin fest davon überzeugt, daß er in der Schlacht bei Omdurman als einer der islamischen Ritter und Helden gefallen ist. Anschließend war er wahrscheinlich für einige Leute so interessant, weil er besonders dunkelhäutig war. Na, da haben sie ihn eben gehäutet und in Lebensgröße mit Originalausrüstung ausgestopft. Der Mahdi war er natürlich nicht, aber für uns Kinder und auch späterhin für alle, die ihn gesehen haben, höchst eindrucksvoll.

Ja, wie ist er nach Europa gekommen? Es hat vor der Jahrhundertwende eine ukrainische Millionärsfamilie gegeben, die fast die ganze Welt bereist und auch bewohnt hat. Diese Leute haben sich immer dort niedergelassen, wo es etwas Interessantes gab und wo es ihnen auch bequem war. Sie sind aber nie länger als elf Monate in einem Land geblieben, denn dann hätten sie Steuern zahlen müssen. Diese Familie hat das außergewöhnlich stattliche Souvenir aus dem Krieg gegen den Mahdi offenbar 1898 in Ägypten gekauft und später mitgenommen. Wir Kinder haben den Mahdi immer in einem kleinen Schloß in Innsbruck gesehen, wo ihn diese ukrainischen Millionäre abgestellt hatten und wir auch öfters zu Besuch waren. Unsere kindliche Begeisterung über den Mahdi hat dann Früchte getragen. Die Besitzer waren überzeugt, daß sie uns glücklich machen, wenn sie uns diesen ausgestopften Afrikaner schenken. Und so kam er hierher nach Grünsberg."

Das Gespräch über den Mahdi im recht natürlich wuchernden Burghof zu Grünsberg hatte aber erst begonnen, nachdem der Baron – ein würdiger, alter Herr von noch immer eindrucksvoller Gestalt – die Besucher am inneren Burgtor nicht nur begrüßt hatte, sondern ihnen von diesem Standpunkt aus sofort einen umfassenden Vortrag über die historische und architektonische Geschichte des alten Schlößchens, seiner Nebengebäude, des bereits über der Straße liegenden Schloßgartens und über die topographische Verschandelung des Geländes durch eben diese Straße gehalten hatte. Schon da war den Besuchern klar geworden, daß sie im Baron – auch Professor für Technik- und Wirtschaftsgeschichte – einen Mann vor sich hatten, den man, allein, was sein Wissen betrifft, als höchst außergewöhnlich bezeichnen muß. Für ihn bietet sich der Begriff des Bildungsbürgertums an, aber er gehört sicherlich zu den letzten Vertretern des Bildungsadels. Dazu versteht er es, mit ruhiger Stimme seine Worte so zu setzen, daß es ein Vergnügen ist, ihm zuzuhören.

Lange und viel hat der würdige Professor auch über seine merkwürdigen Vorfahren erzählt. Der prominenteste Vorfahre des Barons ist der sogenannte Bratwurst-Stromer, der ab 1557 in Nürnberg in Haft war, erst im Männereisen, dann im Lug-ins-Land, einem Turm. Die offizielle Begründung für die Gefangennahme war *„Frevelreden und böser Verdacht, und daß er der Obrigkeit nicht ganz getreu sei"*. Mehrmals wollte man den prominenten Gefangenen aus der Haft entlassen, unter der Bedingung, daß er *„Urfehde schwören müsse"*, das heißt, daß er sich nicht rächt und das bisher Erlittene als rechtmäßig und nicht vergeltungswürdig anerkennt. Die Antwort des Bratwurst-Stromer war konsequent: *„Die sollen mir Urfehde schwören, denn ich bin zu Unrecht eingesperrt."* Darauf beließ man den trotzigen Mann weiter in Haft. Fünfunddreißig Jahre lang. „Dann", so erzählt der Baron, „wurde es ihm zu dumm, und er stieß sich ein Messer in den Hals. Der Bratwurst-Stromer erhielt seinen Spitznamen übrigens daher, daß ihm als vornehmen Gefangenen zu jeder Mahlzeit ein Paar Nürnberger Bratwürste gereicht wurden, dazu ein Seidlein Wein. Hoffentlich waren die Nürnberger Bratwürste damals noch nicht so klein. Er ist mein Lieblingsvorfahr', ein Mann, der für seine Gesinnung gestorben ist." Auch die Biographie des Erzählers ist ein Stück hochinteressanter Zeitgeschichte und verdiente umfassende Dokumentation. Aber die Besucher möchten hören, wie es dazu kam, daß der Mahdi zum Burggespenst wurde.

„Der Mahdi stand also hier in der Burg zu Grünsberg, und dann kamen die Nazis, die mir meine Karriere versaut haben, und dann kam der Krieg, und im April 1945 gab es da eine Woche, wo die SS bereits abgezogen war und die Amerikaner noch nicht da waren. Ich war damals ja noch im Feld und daher nicht dabei. Meine Mutter war eine sehr energische Dame und hat wahrscheinlich beide, die Nazis wie auch die Amis, zur Burg hinausgeworfen. Sicherheitshalber hat sie alle Kunstschätze in den Keller bringen lassen, auch den Mahdi. Nun sind aber die Keller unserer Burg nicht trocken, so daß der Mahdi langsam feucht wurde. Die Haut, an die Wüstensonne des Sudan gewöhnt, hat das nicht gut ausgehalten. Sie begann zu riechen, besser gesagt, zu muffeln. Wohin also jetzt mit ihm? Was ist die Haut eines Menschen, eine Art Überzieher? Die Frage löste sich, denn im Nachbarort gab es einen Pfarrer, dem es nicht darauf ankam. Der Mann ist Protestant gewesen und war dem Vernehmen nach ein philosophisch interessierter und aufgeschlossener Mensch. Er hat sich bereit erklärt, diesen ausgestopften Derwisch zu beerdigen. Ich denke, die Seele des Mahdi wird ja seinem Glauben entsprechend beim Tod im Kampf direkt in den Himmel zu Allah eingegangen sein. Aber der Pfarrer hat zumindestens die letzten Reste seines irdischen Leibes – die Haut – auf seinem christlichen Friedhof beerdigt. Welches Ritual er dabei benutzt hat, habe ich nie erfahren. Die Rüstung und die Waffen des Mannes sind natürlich hiergeblieben. Ich besitze sie immer noch, wenn auch die Lanzen irgendwo in Verlust geraten sind."

Und wie der Mahdi zum Burggespenst wurde?

„Nun, was denken Sie, was passiert, wenn ein moslemischer Held von einem philosophisch-atheistischen Pfarrer in christlich geweihter Erde bestattet wird? Keine Frage, der Mann muß ja hier umgehen. Er ist kein Gespenst wie jenes von Canterville, das rote Tinte verschüttet, wenn das Blut ausgegangen ist. Der Mann sucht sein Kettenhemd. Das hat übrigens eine ganz besonders hohe Qualität. Es ist bestimmt eine mittelalterliche Arbeit aus dem westeuropäischen Raum. Höchstwahrscheinlich hat es ein Kreuzfahrer in den Nahen Osten gebracht. Und vielleicht in der Schlacht verloren, die Saladin gewonnen hat, weil er die Kreuzritter verdursten ließ. Wie das Kettenhemd dann in den Sudan kommt, ist eigentlich logisch. So etwas Kostbares wird von Generation zu Generation weitergegeben. Und der stolze Derwisch hat es eben in seiner letzten Schlacht gegen diesen Kitchener getragen. Übrigens sind die Ketten, der Nackenschutz am Helm, orientalisch und stammen sehr wahrscheinlich aus dem dreizehnten Jahrhundert."

Ob der Mahdi hier nachts zu sehen ist?

„Ach, wo denn! Aber das ist eine alte Burg, und wenn im Herbst oder vielleicht im Winter der Sturm heult, dann klappern eben die Fensterläden, knackt es im Gemäuer, knarren die alten Holzstufen und scheppern vielleicht ein paar lockere Dachziegel. Da kann man sich so einiges vorstellen . . .

Grundsätzlich macht es mich traurig, daß der Mahdi keinen würdigen Platz für seine letzte Ruhestätte gefunden hat. Ich bin der Meinung, daß einem gefallenen Märtyrer seines Glaubens ein würdiges Grab gebührt, hier oder in seiner Heimat oder an einem geweihten Ort seines Glaubens. Ich habe seit meiner Jugend eine hohe Achtung und Respekt vor jedem Menschen, der für seine Überzeugung und seinen Glauben eintritt. Das kommt noch vom Bratwurst-Stromer, der dies zu seiner Zeit und in seiner Art auch getan hat. Aber leider weiß heute niemand mehr, wo genau die Beerdigung der präparierten Haut, also der Puppe, stattgefunden hat.

Nun, er ist nach allen Gesichtspunkten ein völlig logisches und moralisch gerechtfertigtes Schloßgespenst. Ob ich persönlich an Gespenster glaube?

Ich bitte Sie, ich bin Agnostiker, daher gibt es schon nicht den geringsten Grund für mich, wirklich an Geister oder Gespenster zu glauben. Auch meine Familie tut dies nicht."

Wieso es dann den Mahdi gibt?

„Ich muß doch manchmal hier im Schloß ein paar Touristen oder Oberschulklassen herumführen. Sonst werden mir vielleicht die Subventionen für die immer nötigen Renovierungsarbeiten nicht genehmigt. Und ein Schloß, eine Burg, ohne Gespenst? Die Leute wären unzufrieden. Und so habe ich es mir eben ausgedacht . . .

Es erzählt sich doch gut, nicht?"

Der würdige Professor, der Baron und Burgherr zu Grünsberg, der seinen Besuchern das Foto, die Waffen, die Ausrüstung des Derwisch-Ritters gezeigt und vorgeführt hat, der alle historischen Zusammenhänge erläutert und beschrieben hat, der die Phantasie seiner Zuhörer so angeregt hat, daß sie auch bei vollem Tageslicht die Schritte des Mahdi auf der hölzernen

Wendeltreppe zu hören glauben – dieser alte Herr verwirrt die Besucher jetzt endgültig.

Es gibt also kein Burggespenst, keinen nächtlichen Mahdi zu Grünsberg?

„Mag sein."

Aber der Blick des Barons, voller Gelassenheit, voll des Wissens und mit einer gehörigen Portion hintergründigen Schalks, spricht eine andere Sprache.

Es oniweigelt!

Hallstatt, im oberösterreichischen Teil des Salzkammergutes, ist mit Sicherheit der zweitschönste Ort dieser Erde. Hallstatt ist auch einer der interessantesten Plätze der Weltgeschichte, zumindest der österreichischen. Hallstatt ist also nicht nur schön, Hallstatt ist auch geheimnisvoll. Und in der Hauptsaison überfüllt von Tagestouristen.

Hallstatt hat einer prähistorischen Kulturepoche der Menschheit seinen Namen gegeben. Denn der Ort hat ein 4.500 Jahre altes Salzbergwerk, in dem schon die vorkeltische Bevölkerung das weiße Gold gewann. Als Mitte des neunzehnten Jahrhunderts ein Berginspektor den ersten Grabungsfund machte und im Hochtal ein großes prähistorisches Gräberfeld erschloß, da war der Begriff der Hallstattzeit festgemacht worden.

Hallstatt hat einen der ganz wenigen noch in Betrieb befindlichen Karner Mitteleuropas. Denn der Friedhof um die barocke katholische Kirche ist nicht nur einer der schönsten Aussichtsplätze, er ist selbstverständlich viel zu klein. Die Toten liegen daher in Hallstatt nur zehn Jahre lang in der Erde. Dann werden ihre Gebeine in den Karner umgelagert. Die Totenschädel der Altvorderen wurden aufs niedlichste oder auch aufs merkwürdigste bemalt und dekoriert. Meist aber erst, nachdem der Schädel noch einige Zeit in der Sonne gebleicht worden war. Dies geschah und geschieht am besten unter einem luftigen Dachsparren an der Außenwand eines Hallstätter Wohnhauses. Da kann dann der Opa noch einige Jahre über die Dächer von Hallstatt zum See hinunterschauen. Wenn er später ordentlich bemalt ist, ist er wochentags gegen Eintritt im bewachten Beinhaus zu besuchen oder zu besichtigen. Bewachung ist hier nötig, denn im Laufe der letzten Dezennien sind einige der schönst dekorierten Totenköpfe verschwunden. Woran sicher nicht Gespenster Anteil hatten.

Hallstatt ist auch voller Legenden und Mythen und Wunderlichkeiten. Die aber nicht jeder erfahren kann. Nicht einmal die echten Hallstätter. Sie kennen nur Ersatzgeschichten. Denn Hallstatt ist ungeheuer verschlossen. Und das hat auch mit seiner Geschichte zu tun.

Erst in der zweiten Hälfte des vorigen Jahrhunderts konnte man Hallstatt auf einer Straße erreichen. Bis dahin war die Verbindung zur Außenwelt nur per Schiff über den Hallstätter See möglich. Die gesamte Logistik des Salzbergwerks und der Salzerzeugung, die komplette Versorgung der in Hallstatt lebenden Bevölkerung, dies alles erfolgte durch Zillen und später durch Dampfboote. Und es gab bis in die jüngere Vergangenheit in Hallstatt einen überdurchschnittlich hohen Prozentsatz an geistig Zurückgebliebenen. Die Hallstätter bieten zwei Erklärungen an: erstens die Tatsache, daß die sogenannten Kerntragerweiber ihre Kinder mit Schnaps gestillt oder in finsteren Krautfässern aufbewahrt haben. Die Kerntragerweiber waren arme Frauen, die fast drei Jahrhunderte lang Kernsalz vom hochgelegenen Bergwerk zu Tal geschleppt haben und ihre kleinen Kinder während ihrer Abwesenheit unter Kontrolle halten mußten. Der Schnapszuzel und die Krautbutten waren daher oft die einzige Möglichkeit. Daß aber daraus eine außergewöhnliche Menge von Debilen entstanden wäre, ist zumindest anzuzweifeln. Die zweite Erklärung ist die über die Jahrhunderte der Abgeschlossenheit angeblich ständig erfolgte Inzucht. Das läßt sich aber noch leichter widerlegen. Erstens führt Inzucht medizinisch gesehen nicht zur Debilität. Darüber hinaus hat in Hallstatt gar keine Inzucht stattgefunden. Das konnten Anthropologen, die aus dem fernen Ausland anreisten, beweisen. Und zwar mit Hilfe der Schädel im Beinhaus. Eine Vermessung und wissenschaftliche Analyse bewies die ohnehin historischen Tatsachen: Die Hallstätter haben sich vom Mittelalter herauf durch ständigen Zuzug und Abwanderung trotz ihrer Abgeschiedenheit so vermischt, daß genetische Regressionen gar nicht vorkommen hätten können. Der Hauptgrund für die „Hallstätter Trottel" ist eindeutig der entsetzliche Hunger, der oft in Hallstatt geherrscht hat. Denn Hallstatt hat kein agrarisches Umland, die Armen konnten sich daher nie selbst helfen, sondern waren auf rationierte Zuteilungen angewiesen. Ständige Unterernährung, aber auch ständige einseitige Ernährung waren so gut wie sicher der Grund für die hohe Zahl der Zurückgebliebenen.

Die Hallstätter haben ihre geistig Behinderten aber nie versteckt oder weggeschickt. Es ist Hallstätter Tradition gewesen, diese Menschen mit einfachen Arbeiten zu betrauen und sie im sozialen Gefüge zu belassen.

Wer Hallstatt nur als Tourist oder sonstwie oberflächlich kennt und von seiner Idylle förmlich geblendet wird, der erlebt ohnehin nur liebenswürdige, gastfreundliche, aufgeschlossene Menschen. Wer aber in Hallstatt besondere Fragen stellt, auch hinter gewisse Kulissen blicken möchte, auch das wissen möchte, was nicht in der dickleibigen Hallstattchronik zu lesen ist, der braucht lange, bis er mit dem einen oder anderen Gewährsmann so etwas angraben kann.

Hallstatt – eine ungeheure Komposition aus Bergwerk, Archäologie, Beinhaus, einem fjordartigen, dunklen und geradezu mystisch anmutenden See, aus rundum aufragendem Gebirge, durchsetzt mit riesigen Höhlensystemen, mit dem größten natürlichen Karstbrunnen Europas, mit eiszeitlich geformten Naturwundern, dieses Hallstatt muß ja voll von Geistwesen, Gespenstern, geheimnisvollen Mythen und Sonstigem sein. Da muß es doch alles geben, vom Wassermann bis zum Berggeist, vom wilden Jäger bis zur Nebelfrau.

Die Suchenden griffen zum Telefon.

Langer Gespräche knappes Ergebnis: nix.

Bis einer plötzlich zu erzählen begann.

Da sei ein junger Bergwerksingenieur gewesen, und der sei vor einer Versetzung aus Hallstatt gestanden. Deswegen, vielleicht waren es aber andere Gründe, habe er sich das Leben genommen. Einer seiner jungen Untergebenen im Bergwerk habe ihn aber einige Tage später unter Tage umgehen gesehen. In voller Bergmannsuniform. Mit dem seinem Rang entsprechendem Säbel. Der junge Bergmann habe dieses Erlebnis seinen Arbeitskollegen erzählt. Die wieder hätten ihn dafür schallend ausgelacht und lange deswegen gehänselt. Nun sei aber auch dieser junge Bergmann in der Zwischenzeit verstorben.

Die Fragenden hatten mit fliegender Feder mitnotiert.

„Und das ist noch gar nicht lange her? Gibt es noch lebende Arbeitskollegen des jungen Mannes? Bitte, finden Sie die heraus. Es wäre sehr gut, wenn wir mit einem Zeugen reden können, der sich noch an die verlachte Erzählung des leider Verstorbenen erinnert. Selbstverständlich, wir sichern Anonymität zu."

Die Freude der Suchenden war deshalb so groß, weil sie ja von den Rechercheergebnissen bei Bergleuten, Archäologen, Heimatforschern so enttäuscht waren. Und jetzt hatten die Suchenden, die Fragenden, die Berichterstattenden endlich so etwas wie einen „Berggeist" im Hallstätter Salzbergwerk.

„Jo, i hob schon mit wem gredt, der damals die Gschicht erzählt bekommen hat." Der Gewährsmann wirkt unerwartet verlegen. Irgendwie scheint ihm die Situation peinlich zu sein. Und je mehr er versucht, die Geschichte zurechtzurücken, abzuwiegeln, und vor allem in jene Richtung zu verändern, die ihr dann jede Bedeutung nähme, desto vorsichtiger werden die Interviewer. Nur Sensationsreporter drängeln und quetschen. Kulturforscher lassen sofort nach und geben Luft, wenn das Wild scheu wird.

„Dös mit dem Bergwerksingenieur, der sich umbrocht hot, des stimmt schon. Oba der junge Mann, jo wie soll i des erklären? Der hot jo zerst studiert. Oba es irgendwie net gschofft und ist dann zruck nach Hallstatt und ins Bergwerk arbeiten gegangen. Des woa a Musiker und trunken hot er aa. Am Alkohol ist ja auch dann selber gstorbn. Und im Bergwerk is er halt in einer Arbeitspause, nach der Jausn, a bißl eingeschlafn."

Schlafen unter Tage?

„Na jo, des is schon verboten. Oba er wird hoit wieder wos trunken hobn."

Alkohol bei der Arbeit?

Der Gewährsmann zuckt verzweifelt die Schultern.

„Er woa hoit a unglücklicher Mensch. Und vielleicht hom die Kameraden zur Seitn gschaut. Und wie er gschlofn hot, hot ihm träumt. Und da hot er den Ingenieur, der wos sich umbrocht hot, halt im Traum gesehen. In der Uniform und mit dem umghängten Säbel. Allerdings in einem anderen Horizont. Sie verstehen, das heißt, in einem anderen Stollen, ois wos der gschlofn hot. Tut mir leid, es ist also nur a bsoffene Gschicht, da is nix dahinter. Des kann schon passieren, wenn man nachfragt ...“

Damit war der Schlüsselsatz gefallen, und die Interviewer wechselten das Thema, um in der nächsten halben Stunde auf den Bergwerksspuk möglichst nicht mehr einzugehen. Denn was geschehen war, war offensichtlich. Der Gewährsmann war der typischen Hallstätter „omertà“ zum Opfer gefallen. Dem Gebot des Schweigens. Wie schon erzählt, hat eben Hallstatt so seine innewohnende Geheimgesellschaft. Die guten Freunde werden dem liebenswürdigen Gewährsmann bei einigen Halben guten Biers schon nahegelegt haben, die recherchierenden Fremden abzuwimmeln.

„Gspensta? Bei uns gibts kaane Gspensta.“ Und wenn's davon nur so wimmelt.

Eine spätere Detailüberprüfung der im Mittelpunkt stehenden Personen ergab darüber hinaus, daß der junge Bergmann tatsächlich ein höchst begabter Musiker war, daß er aber an der Mittelschule nicht gescheitert war, sondern daß er diese nur auf Wunsch seiner Eltern besuchen mußte und es ihm gelungen war, wieder nach Hallstatt zurückzukommen und seinem Lebenswunsch entsprechend Bergmann zu sein. Tatsächlich hat er auch ganz gerne gebechert, aber es ist unwahr, daß er am Alkohol gestorben ist. Es war vielmehr eine heimtückische Multiple Sklerose.

Kurz vor Mittag müssen die Suchenden, die Fragenden, die Berichterstattenden zum nächsten Termin aufbrechen. Hallstatt liegt an diesem strahlend schönen Spätsommertag noch unter einer dicken Hochnebeldecke und sieht daher etwas finster drein. Aber kaum sehen sie von der gegenüberliegenden Bergstraße, die zum Paß hinaufführt, noch einmal auf den Hallstätter See zurück, da hat sich der Nebel verzogen, und die Landschaft liegt im spätsommerlichen Märchenglanz.

Altaussee ist mit Sicherheit der zweitschönste Ort der Welt. Die Berichterstattenden sind vom oberösterreichischen ins steirische Salzkammergut übergewechselt. Mehrmals sind sie unterwegs auf Parkplätzen nur deshalb stehengeblieben, weil die außergewöhnliche Schönheit der Umgebung in diesem prachtvollen Wetter etwas ist, das man aus den Fenstern eines fahrenden Autos nicht genießen kann. Das Salzkammergut ist ja auch berühmt für seinen Schnürlregen und seine Schlechtwetterphasen. Aber wenn dort einmal die Sonne scheint, dann sehen die Berge, die Orte und die Seen noch idyllischer aus. Über Altaussee, dem Zentrum der gehobensten und bedeutsamsten Sommerurlauberkaste, thront in strahlender Schönheit der Loser, von Ferne grüßt der Sarstein, und wie Diamanten leuchten die Gletscher unter der Spitze des Königs Dachstein herüber. Weitere Wunder erlebten die Besucher, als sie sich um ein Quartier umsahen und bemühten. Selbstverständlich gibt es mehr Schilder, die zu Zimmervermietern zeigen, als sonstige Weg- und Flurbezeichnungen. Was kann da schon problematisch sein?

Nicht für eine Nacht.

Die Betonung liegt auf eine. In Altaussee vermietet niemand ein Zimmer nur für eine Nacht. Wegen einer Nacht wechselt man hier nicht die Bettwäsche. Da muß ein Gast schon mindestens eine Woche bleiben. Jetzt überlegten die Suchenden, ob es nicht doch auch böse Geister gäbe. Zum Beispiel die üblen Gesellen Wurz und Nepp. Als die Suchenden endlich ein Hotelzimmer gefunden – Altaussee ist barmherzig – und eine Bootsrundfahrt auf dem Altausseer See absolviert hatten, trafen sie pünktlich bei ihrer Gewährsfrau ein.

„Bei uns in Altaussee ist das eine Redensart geworden. Wenn's irgendwo nicht richtig hergeht, wenn's ein bißl merkwürdig ist, was passiert, da sagt man halt: Es oniweigelt. So bekannt und so spezifisch für uns hier ist diese Oniweig geworden."

Monika Gaiswinkler ist der Musterfall einer idealen Gewährsfrau. In ihrer guten Stube hat sie pünktlich die Fragenden mit vorbereiteten Unterlagen, mit bereits gezogenen Fotokopien und mit allfällig notwendiger Fachliteratur erwartet und empfangen. Und dann entlädt sich in den nächsten zwei Stunden über die Zuhörenden eine Sturzflut an mündlicher Information. Geordnet, kompetent und nie versiegend. Eine Parade-Hobby-Ethnologin. Die sogar kopfschüttelnd bezweifelt, was andere fest behaupten.

Mit Altaussee ist nämlich auch eine der besten österreichischen Schriftstellerinnen verbunden. Barbara Frischmuth ist nicht nur hier aufgewachsen, sie lebt auch jetzt wieder hier. Die weit über die Grenzen Österreichs bekannte Literatin hat in ihrem Buch *Die Mystifikationen der Sophie Silber* einmal eine Altausseer Feen- und Geisterwelt beschrieben, wie sie reizvoller und entzückender nicht sein könnte. Da gibt es Alpinox, den Alpenkönig, Herrscher des Gebirges, Herrn von Drachenstein, den Zwerg, Rosalia, das Salige Fräulein, das hoch oben in der Trisselwand ihre Wäsche zum Trocknen aufhängt, und Herrn von Wasserthal, einen echten Wassermann. Eine schillernde Gesellschaft aus Feen, Berg- und Wassergeistern, Zwergen und Elfen, und alle leben sie in der wunderbaren Gegend rund um den Altausseer See. Eine Spezialität der Altausseer Anderswelt sind die Waukerl, kleine Bergmännchen, von denen Barbara Frischmuth schreibt, sie seien „Angehörige einer herdentreibenden Seitenlinie der Zwerge", die dem Alpenkönig direkt unterstellt ist. Nun haben die Suchenden die Vorstellung gehabt, daß Frau Frischmuth diese Dinge doch nicht einfach nur erfunden haben kann. Da muß etwas dahinterstecken. Also haben sie Frau Frischmuth einmal angerufen. Aber die hat behauptet, dies alles seien nur literarische Einfälle. Nichts davon hätte einen hintergründigen Wahrheitsgehalt.

„Die Barbara", sagt Frau Gaiswinkler, „die weiß mehr, als sie zugibt. Die ist ja hier aufgewachsen. Die muß das alles als Kind schon gespürt haben. Vielleicht das eine oder andere gesehen, vieles erzählt bekommen haben. So vermischt sich das halt. Und dann hat sie es in ihren Büchern verwendet. Ich bin sicher, daß sie mehr weiß, als sie zugibt. Übrigens werden bei uns bis heute besonders kleine Menschen liebevoll Waukerl genannt.

Es gibt auch noch eine andere Ausseer Geisterspezialität, den Wöla, den Geist der Unruhe. Er ist zumeist nachts auf den Almen unterwegs, läßt Milchkübel übereinanderkollern und die Wände der Hütten krachen. Und wenn jemand beim Übernachten auf einer Almhütte, meist schon im Herbst, zuweilen merkwürdige, auch unheimliche Geräusche hört, sagt man: Das war der Wöla."

Aber dann folgt der große Themenwechsel, denn diesen Nachmittag geht es um die fesselndste regionale Spezialität des Übersinnlichen. Um die Frau „ohne Weihe". Aus diesen beiden Worten wurde in der lokalen Mundart die gespenstische Oniweig-Erscheinung. Und damit verhielt es sich so:

„Es gab hier zwei Hallinger-Gütln, die zusammengehört haben. Die Hallinger haben hier früher das Salz versotten und auch verkauft, waren also wohlhabende Leute. Eines davon ist der Rasmoasterhof, ein Scheibengrund, das heißt, die Felder sind rund um den Besitz angelegt. Gegen Ende des neunzehnten Jahrhunderts ist dem Besitzer dieses Hofes, einem Herrn Gaisperger, folgendes passiert: Eines Sonntags, als er auf dem Weg zur Kirche war, hat er eine merkwürdig gekleidete Frau vor sich gehen sehen. Sie war in einer Art angezogen, die sehr altväterisch war, so, als wäre sie aus einer anderen Zeit gekommen. Diese Frau hat sein Tempo übernommen, wurde langsamer oder schneller, je nachdem, wie er gegangen ist. Außerdem hatte er irgendwie den Eindruck, daß sie beim Gehen nicht den Boden berührt. Jedenfalls ist der Abstand zwischen ihnen immer gleich groß geblieben. Beim Kirchhof hat sie sich umgedreht, ihn angeschaut und angesprochen. Es war eine Frau ‚mittleren Alters' und sie hatte ‚ein rundg'scheibletes Gesicht', so sagt es die Überlieferung. Sie hat den Herrn Gaisperger um Hilfe gebeten, damit sie erlöst wird. Wenn er ihr helfen will, muß er um Mitternacht auf den Tressenstein gehen. Dort wird ein Hund auf einer Truhe sitzen und fürchterlich heulen. Aber egal, was immer auch passiert, er selbst darf kein Wort sprechen. Wortlos soll er dem Hund den Schlüssel aus dem Maul nehmen, dann wäre sie erlöst. Der Gaisperger hat es ihr versprochen, hat sich aber dann nicht allein in der Nacht hingetraut und seinen Nachbarn mitgenommen. Die beiden gingen hinauf auf den Berg, haben den Hund gesehen, der auf der Truhe saß und heulte. Und bevor der Gaisperger dem Hund den Schlüssel wegnehmen hat können, ist ihm doch ein Wort entfahren. Mit einem Schlag war alles verschwunden: Hund, Truhe, alles weg. Ein Sturm kam auf, so heftig, daß sie erst am nächsten Tag nach Hause gehen konnten. Der Gaisperger hat ein schlechtes Gewissen gehabt. Und das zu Recht. Einige Zeit danach hat er geheiratet, und eigentlich ist dann seine Frau das Opfer geworden. Denn Oniweig, das war die merkwürdig gekleidete Frau, hat nicht mehr von ihr abgelassen.

Wer war nun diese Oniweig? Die Oniweig muß, das habe ich ausgerechnet, so um 1700 bis 1730 gelebt haben. Sie dürfte einen plötzlichen Tod gestorben sein, war noch nicht alt, vielleicht dreißig Jahre. Sie hatte etwas Geld gespart, aber alles vergraben, so daß es niemand anderer finden konnte. Und als sie so plötzlich starb, war auch das Geld verloren, sie konnte es niemandem mehr geben. Das scheint ihre Schuld gewesen zu sein. Und nun war sie dazu verdammt, sieben Generationen zu warten, bis sie einen finden würde, der sie erlösen könnte. Der Gaisperger hat es nicht können, aber seine Frau, die war ebenfalls Angehörige der siebenten Generation. Auch ihr ist die Oniweig erschienen. Im ganzen Rasmoasterhaus hat sie gespukt, es war einfach keine Ruhe. Zum Beispiel haben die Kinder eine Frau in der Küche beim offenen Feuer stehen sehen. Sie haben geglaubt, es ist die Mutter. Die aber war im Stall, und es hat einige Zeit gedauert, bis sie bemerkt haben, daß jemand anderer da steht. Auch auf dem Dachboden haben sie eine fremde Person gesehen, die vorher nie dagewesen war. Die Kinder hatten Angst, wollten gar nicht mehr auf den Dachboden gehen. Im Haus waren Schritte zu hören und es hat gepoltert. Auch auf der Alm, die zum Rasmoasterhof gehört hat, hat die Oniweig gegeistert, wenn eine der Töchter oben Sennerin war. Nirgends hat sie Ruhe gegeben, alle im Haus hatten das Gefühl, es ist ständig jemand da. Die Oniweig hat Prophezeiungen gemacht über den frühen Tod mehrerer Familienmitglieder, sie sind alle wahr geworden. Eine Tochter ist früh gestorben, mit einer Verwandten ist die Ruhr auf den Hof gekommen, an dieser Krankheit sind wiederum zwei Kinder gestorben. Ein Sohn, so hat die Oniweig vorausgesagt, wird im See ertrinken. Bald darauf ist er im Winter über den See gegangen – das ist und war bei uns üblich und selbstverständlich, der See ist fast jeden Winter zugefroren –, er ist durch das Eis gebrochen, aber er konnte sich retten. Er hatte wollene Fäustlinge an, die sind am Eis festgefroren, so konnte er sich halten. Und dennoch hat die Oniweig richtig prophezeit. Als der Sohn erwachsen war, ist er mit vier seiner Kinder über den See zur Kirche gegangen. Alle fünf sind sie durch das Eis eingebrochen und ertrunken. Noch heute ist das Marterl zu sehen, das zum Gedenken aufgestellt worden ist. Die Oniweig hat das alles nicht verursacht, sie hat niemanden verflucht, sondern nur alles vorausgesagt. Aber gerade deshalb haben die Leute vor ihr Angst gehabt.

Es muß so um die Jahrhundertwende gewesen sein, da ist die Frau Gaisperger gestorben. Und nach einem langen Todeskampf hat sie zum Fenster geschaut und gesagt: ‚Was ist da für a Frau am Fenster? Es kommt a Frau daher.‘ Auch ihre Tochter, die bei ihr war, hat eine weißgekleidete Frau am Fenster gesehen. Bis dahin war aber die Oniweig immer nur in schwarzen Kleidern erschienen. Da hat die Mutter Gaisperger gesagt: ‚Oniweig. Und jetzt han i s’ erlöst.‘ Und dann ist sie gestorben. Seitdem ist am Rasmoasterhof Ruhe. Aber es ist eigenartig, bis heute wechseln ständig die Besitzer am Hof. Es ist ein Kommen und Gehen, und nicht, wie sonst üblich, ein Besitz, der über Generationen in einer Familie bleibt.

Allerdings gibt es da eine merkwürdige geographische Linie vom Rasmoasterhof direkt zum Altausseer See. Dort haben wir eine Stelle, die heißt ‚Bei den Bettelmandeln‘. Das ist eine interessante Felsformation direkt am Ufer im See. Der Name kommt aber nicht von Bettlern, sondern von den Wildfrauen, den Saligen Fräulein. Die haben die keltischen Namen Wildbet, Einbet und Salbet, und daher kommt der Name Bettelmandeln. Es ist der Stein, auf dem sich die drei Wildfrauen niederlassen können, wenn sie auf der Flucht vor dem Wilden

Jäger sind. Geographisch bildet er eine Linie mit dem Rasmoasterhof. Es kann also durchaus sein, daß hier eine Kraftader ist. So würde sich diese Geschichte mit der Oniweig am Rasmoasterhof auch ein wenig erklären lassen."

Offen bleibt die Frage, ob die sterbende Bäuerin und ihre Tochter in der weißgekleideten Frau vor dem Fenster wirklich die Oniweig gesehen haben. Wenn es sich nämlich – wie Jacob Grimm in der Deutschen Mythologie festgehalten hat – dabei um Frau Bertha handelte, dann läge die Sache anders. Frau Bertha gehört zu den Elbinnen oder den Schwanfrauen, die in Weiß erscheinen. Ihr Name wiederum bedeutet Weisheit. Und Frau Bertha erscheint – so dokumentiert der Wissenschaftler Grimm – als Ahnfrau bei einem bevorstehenden Todesfall.

In diesem Fall wäre die Oniweig nicht erlöst. Und dann – so mutmaßen die Fragenden – würde sie in der kommenden siebenten Generation wieder auftreten und um Erlösung bitten. Die Altausseer würden es wohl merken.

Zum guten Ausklang des Besuchs bei Frau Gaiswinkler werden die Fragenden noch von ihr zu der in der Nähe liegenden sogenannten Spukvilla geführt. Die Schriftstellerin Edith Schreiber-Wickc hat in ihrem Buch *Unglaublich – Geschichten zum Wundern* der Villa eine eigene Geschichte gewidmet, in der sie die Erzählung eines der betroffenen Zeugen, der damals ein Junge war, fast wortwörtlich übernommen hat. In diesem Haus, das Ende des neunzehnten Jahrhunderts erbaut wurde, gibt es einen Geist, der die Stufen zum Turmzimmer mit schweren Schritten und keuchendem Atem hinaufsteigt. Er wird einfach Er genannt, und es gibt offensichtlich mehrere Deutungen, wer denn dieses Spukphänomen sein könnte. Das läßt sich aber schwer recherchieren, denn der noch lebende Zeuge des Spuks sei derzeit besser nicht zu stören. Da gebe es nämlich einen Unglücksfall in der Familie. Außerdem habe die Sache ohnehin Staub aufgewirbelt und böses Blut gemacht, weil vor kurzer Zeit ein Redakteur des steirischen Regionalfernsehens darüber einen Bericht gedreht und gezeigt hat. Dabei wurde natürlich das Mittel der filmischen Aufbereitung eingesetzt, und es gab Kameraeinstellungen, die Treppe hoch, während Schrittgeräusche und Atmen tonmäßig eingeschnitten wurden. Technisch nicht schlecht gemacht. Aber die Altausseer hatten den Bericht überhaupt nicht goutiert. Der Zeitzeuge war als Spinner hingestellt worden und der Bericht belächelt bis belacht. Obwohl jeder in Altaussee weiß, daß die Sache stimmt. Nur im Fernsehen will man es einfach nicht gezeigt bekommen.

BAD AUSSEE AM ABEND

Bad Aussee ist mit Sicherheit . . . wie immer. Aber mit absoluter Sicherheit ist Bad Aussee der geographische Mittelpunkt Österreichs. Das bestätigen alle Fachwissenschaften, und daher steht auch mitten im Kurpark ein Felsmonolith, der den Mittelpunkt Österreichs noch deutlicher bezeichnet. Und da sich in Bad Aussee auch drei Teilflüsse zur gemeinsamen Traun vereinigen, deren Weg dann durch die Koppenschlucht, den Hallstätter See, über Bad Ischl bis letzthin zur Donau führt, fließt auch in diesem Bad Aussee – hydrologisch gesagt – das Herzblut Österreichs.

Im Arbeitsraum des Hochfühligen ist bereits geheizt, denn der Abend des vergehenden strahlenden Tages ist schon empfindlich kühl. Außerdem ist Peter Komarek zumindest vormittags Heizstoffhändler und hat daher schon aus beruflichen Gründen stets einen entsprechenden Energievorrat zur Verfügung. An den Nachmittagen ist er meist therapeutisch tätig. Er hat sich darauf spezialisiert, psychisch erschöpften Menschen durch spezielle Übungen wieder neue Energien zufließen zu lassen. Und des Abends ist der Meister oft mit der Rute unterwegs. Mit der sogenannten Wünschelrute. Denn Herr Komarek ist einer der besten Rutengänger wie auch Pendler und damit weit über die Grenzen der Region hinaus bekannt.

Peter Komarek ist ein stiller, fast introvertierter Typ. Kaum daß er im Gespräch die Augen hebt, und nie würde ihm einfallen, sich mit seinen Taten und Erfolgen zu brüsten. Obwohl doch mehr Menschen als nur die Insider davon wissen. So war er es, der eine im alten Kursalon von Bad Aussee entwichene Grüne

Mamba geortet hat. Dieses Reptil – eine der gefährlichsten Giftschlangen der Welt – war anläßlich der Fütterung aus seinem Terrarium entwischt und hatte sich irgendwo versteckt. Die tagelange Schlangenjagd durch Gendarmerie und Feuerwehr war Fixbestandteil in allen Tageszeitungen. Da es damals sehr kühl war, durfte vermutet werden, daß die Schlange als Kaltblüter nicht sehr weit gekommen war. Endlich zog man Herrn Komarek zu, und dieser pendelte nicht vor Ort, sondern auf einem Gebäudegrundriß den Aufenthaltsort der Mamba aus. Und genau dort, im Untergeschoß, hing sie auch, friedlich auf einem Heizkörper drapiert. Die Altausseer rühmen Herrn Komarek insbesondere seit dem Auffinden eines abgesoffenen Segelboots. Dieses war abgedriftet, und die Taucher konnten es am Ort des Sinkens nicht finden. Der Meister pendelte über einer Seekarte und gab den Lagepunkt auf dem Seeboden ganz präzise an.

„Für eine Wasserader brauche ich eigentlich keine Rute", sagt er und streicht seine graue Künstlermähne aus dem Gesicht. „Die spüre ich schon mit der bloßen Hand. Und Hausgeister sowieso, sobald ich ein Haus betrete. Ich sage zwar nichts, aber meistens wissen es die Hausbewohner ohnehin. Als Rutengänger komme ich ja viel herum. Sie wollen die Geschichte von der Pepi hören? Ja, die Pepi, die habe ich noch ganz persönlich und leibhaftig gekannt.

Die Pepi war eine alte Frau, die in ihrem Haus in Obertressen gelebt hat. Nach ihrem Tod gab es nicht einen Erben, sondern mehrere. Sie haben das Haus verkauft, und zwar an einen Parapsychologen, den Dr. Holzer. Er ist mit seiner amerikanischen Frau dort eingezogen, aber ihr hat es hier offenbar nicht besonders gefallen, und so haben sie das Haus wieder zum Verkauf angeboten. Eine deutsche Industriellenfamilie hat es gekauft. Und nachdem der Vorbesitzer Parapsychologe war, hat der neue Eigentümer scherzhaft gesagt: ‚Ich hoffe, Sie haben keinen Hausgeist hinterlassen.' Daraufhin sagt der Dr. Holzer: ‚Ich habe keinen hinterlassen, ich habe schon einen vorgefunden.' Und dann hat er geraten, sich beim Betreten des Hauses bei der Pepi vorzustellen. Die Familie sollte die Pepi begrüßen, wenn sie das Haus zum erstenmal betritt. Die neuen Besitzer aus Deutschland haben das zuerst nicht ernst genommen, aber dann ist ihnen ein wenig unheimlich geworden, und sie haben die Pepi begrüßt und sich vorgestellt. Und schon bald waren alle überzeugt, daß die Pepi anwesend war. Man hat sie gehört, sie ist im Haus gegangen, aber niemand hat sie gesehen. Doch sie alle waren der festen Meinung, die Pepi wohnt noch hier. Und wenn sie einen Tag lang nicht zu hören war, ist ihnen schon etwas abgegangen. Ich hab die Pepi heute noch gar nicht gehört, hat es dann geheißen. Die Pepi war gar nicht unheimlich, sie war zu Lebzeiten ein einfacher Mensch, und so ist sie auch geblieben. Die deutsche Familie hat ja oft längere Zeit nicht hier gewohnt, und es war auch kein Hausmeister da. Sie waren der Meinung, die Pepi wird schon aufpassen. Sehr gut dürfte die Pepi allerdings nicht aufgepaßt haben, denn einmal war der Keller überschwemmt. Aber zur Technik hat die Pepi auch zu Lebzeiten keinen großen Bezug gehabt. Und der Keller war ihr wahrscheinlich auch gleichgültig. Ich selbst habe die Pepi bemerkt, als ich im Haus zu tun hatte. Ich habe sie gespürt, habe gewußt, hier ist eine Wesenheit vorhanden. Ich habe sie im Haus gespürt, war aber überzeugt, sie wohnt eigentlich im Nebengebäude. Nun, seit einigen Jahren scheint die Pepi ihren Weg gegangen zu sein. Auf einmal war sie weg, sie hat ihren Weg gefunden, ist also keine verdammte Seele, sondern eine, die sich nicht lösen konnte. Sie hat sich auch nicht verabschiedet, sie ist einfach gegangen. Die Leute hören sie nicht mehr, und ich spüre sie auch nicht mehr.

Mit den Verstorbenen kann das recht kompliziert sein", sagt Herr Komarek. „Viele können sich nicht so leicht lösen und gehen dann aus der vertrauten Umgebung lange Zeit nicht weg. Problematisch ist es bei jenen Menschen, die überraschend und schnell sterben. Bei Unglücksopfern vor allem. Die sind so verwirrt, daß sie nicht wissen, wo sie hinsollen. Und dann klammern sie sich an den Menschen, der ihnen am nächsten steht. Oder stand. Das ist für die Betroffenen dann unter Umständen unangenehm. Aber da muß man halt mit den Verstorbenen reden. Muß ihnen erklären, was geschehen ist, und sie sanft, aber entschieden auffordern, zu gehen. Die meisten gehen dann auch.

Ich habe", sagt Herr Komarek, „auch eine Geschichte vom Grundlsee gehört, die typisch ist. Aber ich habe sie nur gehört, nicht selbst erlebt oder daran gearbeitet. Am Grundlsee gibt es eine Villa mit Turm. In dem Turm ist das Turmzimmer zu einem Schlafzimmer hergerichtet worden. Aber niemand hat dort wirklich schlafen können. Irgend etwas, irgendwer war da. Dann hat man – es wird in den sechziger Jahren gewesen sein – eine Fachfrau aus Wien geholt. Die hat in dem Zimmer Kontakt aufgenommen. Und dabei hat sich folgendes herausgestellt: Es war ein SS-Obersturmbannführer, der in der Nazizeit dort einquartiert war. Sie wissen ja, hier war die Alpenfestung, die letzte geplante Verteidigungsstellung des Naziregimes. Dieser SS-Mann muß entweder durch Unfall oder bei Kampfhandlungen umgekommen sein, Genaues weiß ich da nicht. Jedenfalls war er der Meinung, daß er in dem Turmzimmer weiter Wache halten müsse. Na, da hat ihn die Spezialistin aus Wien eben aufgeklärt, daß es keinen Grund mehr gebe, Wache zu halten. Und so ist er gegangen.

Es ist ja überhaupt so, daß wir hier im Ausseer Land so etwas wie eine klare Trennung bei den Hausgeistern haben. Da gibt es die einheimischen, meist freundliche, einfache Leute. Und so sind sie dann auch nach ihrem Tod, wenn sie hierbleiben. Sie sind angenehm, eher Schutzgeister als Störenfriede. Sie sind mit uns und wir mit ihnen vertraut. Die Unangenehmen, das sind die Auswärtigen."

Unter „Auswärtige" versteht Herr Komarek aber nichts anderes als die Nicht-Ausseer, die Zugezogenen. Die, die sich hier niedergelassen haben, und die auch als Gespenster offensichtlich nicht hierher passen.

„Ja, der in der Spukvilla von Altaussee, das ist auch so ein Unangenehmer. Einer von außen. Es besteht Grund zur Vermutung, daß es der Architekt ist, der die Villa erbaut hat. Und mit den unangenehmen Hausgeistern möchte ich nichts zu tun haben. Ich beschäftige mich nicht mit solchen negativen Geistern und deren dementsprechenden Schwingungen."

Für einen noch so kleinen „Exorzismus" gäbe sich Herr Komarek ganz bestimmt nicht her.

Die Fragenden möchten aber wissen, was er über die Naturgeister der Region weiß. Über Elfen oder Wassermänner oder . . . „Wenn ich vom Grundlsee zum Toplitzsee gehe und abends wieder zurückspaziere, da sehe ich sie manchmal. Nicht immer, aber ab und zu. Nein, ich nehme keinen Kontakt auf, aber ich sehe sie doch deutlich. Diese Wesen sehe ich auch nur, wenn wenige Menschen unterwegs sind. Ich sehe sie auch nicht immer, das wird einem zugeteilt. Mit meiner Fähigkeit habe ich kein Problem, für mich ist das in keinster Weise belastend. Ich nehm' das als Geschenk.

Wassergeister? Absolut nicht. Die, die ich sehe, die kommen eindeutig aus dem Wald. Das sind Erdgebundene, Gebirgswesen. Wassermänner, davon weiß ich nichts. Obwohl ja die Grundlseer einmal einen gefangen haben sollen. Das möchte ich wissen, wie das geht. Ein feinstoffliches Wesen mit einem grobstofflichen Netz zu fangen. Aber so ist halt die Geschichte . . ."

Die Fragenden schöpfen noch einmal Hoffnung und klagen über den Mangel an Berggeistern.

„Da habe ich vor kurzem etwas Interessantes erlebt", erzählt Herr Komarek. „Der Fremdenverkehrsverband hat mich beauftragt, in Hallstatt und in Hallein in den Salzbergwerken nach den Salzleichen zu suchen. Sie wissen ja davon?"

Am 1. April 1734 wurde im Salzbergwerk Hallstatt, im sogenannten Kilbwerk, ein toter Bergmann aufgefunden. Man stellte sehr schnell fest, daß es sich um eine sehr alte Leiche handelte, und zwar aus vorchristlicher Zeit. Das Salz hatte den Mann vollständig konserviert, und er wurde ins Freie geschafft. Heute wissen die zuständigen Archäologen, daß es sich höchstwahrscheinlich um einen verunglückten Bergmann aus der Hallstattzeit, also um rund 800 vor Christus, gehandelt hat. Denn in der Zwischenzeit wurden nicht nur die prähistorischen Abbaustellen gefunden und freigelegt, sondern auch die Bergunfälle bzw. -katastrophen der Vorgeschichte nachgewiesen und datiert. Dabei müssen mehrere Menschen verschüttet und somit vom Salz konserviert worden sein. In Hallstatt wurde einer gefunden, in Hallein zwei weitere. Ohne die konservierende Salzschicht begann der Hallstätter „Salzötzi" natürlich zu verwesen und wurde deshalb am 3. April 1734 außerhalb des Friedhofs begraben. Außer wenigen Notizen findet sich darüber nichts.

„Ich habe meine Ergebnisse weitergegeben", sagt Peter Komarek, „kann aber nicht sagen, ob die Bohrungen dann auch Erfolg haben. Es ist sehr schwer, Tote zu finden, weil die keine Schwingungen abgeben. Was aber Ihre Frage betrifft, kann ich Ihnen klipp und klar sagen, daß ich in den Bergwerken absolut keine Geister gespürt habe. Wenn sie dagewesen wären, hätte ich sie spüren müssen."

Also gibt es keine Geister unter Tage?

„Das möchte ich nicht sagen", meint Herr Komarek. „Es könnte schon sein, daß sie sich so weit zurückgezogen haben, daß ich sie nicht fühle. Es wäre doch auch möglich, daß sie sich gegen mein Eindringen wehren. In diesem Fall hätte ich sie als aggressiv und negativ gespürt. Das war auch nicht der Fall. Sagen wir einmal so, wenn sie da sind, sind sie nicht negativ. Aber auf jeden Fall sind sie nicht kontaktfreudig."

Der Abend vergeht im Gespräch über die Ursachen und Hintergründe dieser Bergwerksfrage. Sind es die Preßlufthämmer, die Sprengungen, die lauten, mechanischen Einrichtungen in den modernen Bergwerken, die Zwerge und Kobolde, die Bergkönigin oder den Berggeist vertrieben haben? Wo sie doch noch im Mittelalter und in der romantischen Literatur des 19. Jahrhunderts alle da waren?

Die keltischen Bergleute hatten sie sicher alle gekannt.

„Wir Ausseer", hatte Frau Gaiswinkler erzählt, „sind ja vom Prinzip her alle Kelten. Deswegen haben wir mit den anderen Steirern kulturell nicht so viel zu tun. Die sind ja eher slawischer Abstammung." Das mag ein kühner Gedanke sein, aber jedenfalls beschreibt er viel von der menschlichen Charakteristik in diesem wunderschönen Salzkammergut.

Belinda, das Schlossgespenst, das alle Kinder lieben

Saarbrücken, die Hauptstadt des Saarlandes, liegt an Deutschlands Westgrenze. Teile des Waldgürtels und auch der Saarbrücker Hauptfriedhof grenzen unmittelbar an Frankreich. In vielen Grenzstädten spürt man auf Schritt und Tritt Grenzbalken und Zollschranken, aber Saarbrücken ist anders. In der wechselvollen Geschichte des Saarlandes mußte die Stadt mehr als einmal Amtssprache und Landesflagge wechseln. Vielleicht präsentiert sie sich deshalb ihren Besuchern als eine, die über diesen Äußerlichkeiten steht, gelassen, freundlich und heiter. Obwohl Saarbrücken in erster Linie als Stadt der Schwerindustrie bekannt ist, ist es eine „grüne" Stadt mit einem Waldanteil von fast fünfzig Prozent. Die Gebäude der Innenstadt sind kaum älter als fünfzig Jahre. Im Zweiten Weltkrieg war Saarbrücken beinahe völlig zerstört worden. Als außergewöhnliches Relikt der Nazizeit steht das großzügig angelegte Staatstheater am Ufer der Saar, ein Geschenk Adolf Hitlers aus 1935 anläßlich des Anschlusses an das Deutsche Reich. Nur wenige Gehminuten vom Saarufer liegt die Innenstadt um den St.-Johanner-Markt, eine Fußgängerzone mit vielen Kneipen und Geschäften. Auch hier, in diesem höchst lebendigen Zentrum, zeigt sich die Stadt offen und auf jeden Fall kulinarisch kosmopolitisch. Es gibt Eis vom Italiener, gefülltes Fladenbrot vom Türken, gebratenen Reis vom Chinesen, alles in allem eine Fülle von Ethno-Lokalen, vom Griechen bis zum Koreaner. Dazwischen einige Saarbrücker Weinstuben mit erlesenen Weinen aus dem Saarland, der nahen Pfalz und aus Frankreich. Für jede Geldbörse und jeden Gusto steht alles bereit.
Auf der anderen Seite der Saar, am Ufer nahe der französischen Grenze, liegt Alt-Saarbrücken mit der Ludwigskirche, einer der schönsten Barockkirchen im Südwesten Deutschlands, und

dem Saarbrücker Schloß. Das Schloß von Saarbrücken ist heute Verwaltungssitz des Stadtverbandes, kultureller Treffpunkt und Museum zugleich. Schon vor tausend Jahren stand hier, auf dem mächtigen Felsen an der Saar, eine Burg, 999 als „Castell Sarabrucka" zum ersten Mal urkundlich erwähnt. Im Lauf der Zeit wurde die Burg zu einer beeindruckenden Festung ausgebaut, die unter den jeweils regierenden Grafen ständig erweitert und erneuert wurde. So wurde über die Jahrhunderte aus der mittelalterlichen Burg ein Renaissance- und schließlich ein Barockschloß. Im neunzehnten Jahrhundert wurden Teile des Schlosses sogar zu einem Bürgerwohnhaus im klassizistischen Stil umgebaut. Das Gebäude wurde im Lauf seiner Geschichte mehrfach erobert, verkauft, versteigert und stand abwechselnd unter französischer, preußischer oder deutscher Herrschaft. Im Dreißigjährigen Krieg wurde es schwer beschädigt, während der Französischen Revolution brannte der saarseitige Schloßflügel aus, 1944 ein Teil des Nordflügels. Zwanzig Jahre danach mußte das Schloß wegen Baufälligkeit gesperrt werden. Es folgten jahrelange heftige Diskussionen über die Neugestaltung, erst 1981 konnte mit dem Um- und Neubau begonnen werden. 1989 kam es zur feierlichen Eröffnung des komplett renovierten Saarbrücker Schlosses. Eine eindrucksvolle, interessante und offensichtlich höchst gelungene architektonische Komposition, die seit ihrem Entstehen in und um Saarbrücken zu einigen Debatten geführt hat.

Wie jedes ordentliche Schloß hat auch das Saarbrücker Schloß ein Schloßgespenst. Es tauchte nach jahrzehntelanger, wenn nicht jahrhundertelanger Abwesenheit urplötzlich, also planmäßig im Auftrag der Kulturabteilung der Stadt, bei den Eröffnungsfeierlichkeiten im April 1989 zum erstenmal wieder auf.

Ein Gespenst am Sonntagvormittag

Das Schloßgespenst kommt beschwingten Schrittes eine halbe Stunde vor Dienstbeginn über den großen Platz geradewegs auf den Haupteingang zu. Die wartenden Reporter erkennen es instinktiv, und nach einer herzlichen Begrüßung und der höflichen Frage, ob sie es bei der Arbeit begleiten dürfen und ob sie mit Mikrophon und Kassettenrekorder aufnehmen können, ohne es zu stören, erhalten sie noch einige praktische Tips. „Ich werde zuerst an diesem Fenster erscheinen, dann gehe ich über den oberen Rundgang und komme drüben die Wendeltreppe herunter. Dort stelle ich mich einmal schlafend, bis mich die Kinder entdecken. Sie können ruhig aufnehmen. Hoffentlich ist die Tonqualität für Sie ausreichend. Aber jetzt entschuldigen Sie mich bitte, ich muß mich noch in die Arbeitskleidung werfen."

Bis zum Beginn der Führung um elf Uhr an diesem Sonntagvormittag sammeln sich im Vestibül des großen Schlosses zu Saarbrücken immer mehr Kinder und Erwachsene. Zuerst bemerken die Kinder das Gespenst gar nicht, erst als es die Wendeltreppe herunterhuscht und in einer halb sitzenden Schlafstellung an einer Säule in die vorhergesagte Startposition kommt, werden sie aufmerksam. Das Gespenst ist weiß gekleidet. Es trägt über weißen Strumpfhosen leichte weiße Schuhe, einen knielangen, wallenden Leintuchumhang mit Kapuze, um den Kopf ein kunstvoll drapiertes weißes Tuch. Das Gesicht der jungen Frau ist ebenfalls ganz weiß geschminkt. Die dunklen Augen und der rote Mund kommen dadurch besonders kontrastreich zur Geltung. Die sich näher schiebende Menschengruppe umringt es teils aufgeregt, teils neugierig. Die Reporter beobachten schmunzelnd ganz unterschiedliche Reaktionen der Kleinen. Die Jüngsten scheinen überhaupt keine Angst zu haben, während einige größere Mädchen sich eingeschüchtert an oder hinter ihre Mütter drücken. Ein paar aufgeweckte Jungs rufen dem Gespenst „He, aufwachen, Schule" zu. Offensichtlich die Phrase, die sie selbst leidvoll jeden Morgen hören. Das Gespenst reagiert äußerst freundlich. Es erwacht, nimmt die vielen Menschen staunend zur Kenntnis und beginnt eine Vorstellungsrunde, in der es allen Kindern die Hand drückt. Was die wenigen Schüchternen noch mehr hinter die Eltern rücken läßt. „Warum habt ihr mich geweckt?" fragt das Gespenst. „Soll ich euch das Schloß zeigen, wo ich seit tausend Jahren zu Hause bin?" Und so beginnt diese sonntägliche ko-

stenlose Schloßführung für Kinder, die in den nächsten eineinhalb Stunden treppauf, treppab die Kleinen begeistert und
auch die überwiegende Anzahl der Erwachsenen amüsiert.

Das Gespenst verrät, daß es schon seit unendlich langer Zeit
hier lebt, es war schon da, bevor das Schloß erbaut wurde. Tief
unten an der Saar ist es auf einem Felsbrocken gesessen und
hat erst den Rittern beim Burgbauen, einige Jahrhunderte später dann den Grafen und Fürsten, die ja ein richtiges Schloß
haben wollten, beim Umbauen und Anbauen zugesehen.
Schon damals hatte das Gespenst Gesellschaft, seine beiden
Freundinnen, die heute in der Halle des Schlosses fest auf
ihren Podesten stehen – Charlotte und Ottilie, Figuren aus
Stein, etwa neunhundert Jahre alt. Und obwohl die beiden
alten Mädels stumm dastehen und einander anblicken, tollen
sie Nacht für Nacht mit dem Gespenst durch das Schloß, und
die drei erzählen einander Geschichten. Merkwürdigerweise
fragt keines der Kinder das Gespenst, wie es denn eigentlich
heiße, wieso es ein Gespenst geworden sei, warum es – für alle
hörbar – eine junge Frau ist, wo es doch schon tausend Jahre alt
sei, und alle anderen Fragen, die einem Erwachsenen jetzt
durch den Kopf gehen könnten. Die Kinder nehmen einfach
das Gespenst als das an, was es ist.

„Manchmal", so erzählt Belinda den Reportern später, „kommen schon solche Fragen. Da habe ich dann eine Geschichte
dafür parat: Vor tausend Jahren saß eine junge Bauersfrau beim
Pflücken hoch oben in einem Apfelbaum. Als unten der
Schloßbesitzer, ein stolzer Ritter mit Gefolge, vorbeiritt, warf
die junge Frau aus Übermut dem hohen Herrn einen Apfel zu,
der ihn am Helm traf und an der Helmzier aufgespießt stecken-
blieb. Das erboste den Ritter derartig, daß er die junge Frau
ergreifen und ins Burgverlies stecken ließ. Dort hatte sie ein
bitteres Leben, mußte auch hart arbeiten und sah keine Chance mehr, aus dem dunklen Loch herauszukommen. Eines
Nachts nun erschien der Gefangenen das alte Schloßgespenst.
Es war bereits schwach und kränklich, so daß es nicht mehr
weiß war, sondern bläulich gefärbt, es war ja schon 999 Jahre
Burggespenst. Weinerlich bat es die junge Bäuerin, doch seine

Rolle zu übernehmen. Dann wäre es erlöst und könnte in Frieden ruhen. Als Gespenst, so überlegte die Gefangene, hätte ich doch ein besseres Leben, anstatt hier bis zum Tod im Verlies zu schmachten. Und daher willigte sie ein. Somit war das alte Gespenst befreit, und die Bauersfrau ist nun hier seit tausend Jahren der Schloßgeist, der nachts seine Freiheiten hat und tagsüber schläft", erzählt Belinda.

Im Verlauf der Führung wird den Beobachtern offenbar, daß etliche der Kinder nicht zum erstenmal hier sind. Da gibt es kleine Fans, die sich aus Begeisterung schon mehrmals vom Gespenst führen ließen. Und die aus kindlicher Lust schon die eine oder andere der Erzählungen vorplappern. Auch hier greift das Gespenst feinfühlig ein, um den anderen Kindern nicht den Spaß daran nehmen zu lassen. Selbstverständlich folgt das Gespenst einem sehr sorgfältig erarbeiteten Konzept, das es in schriftlicher Form gibt. Erzählt wird aber frei. Und Belinda versteht es ausgezeichnet, Fragen und Antworten, die Behandlung von Einwürfen und manch rein situative Ereignisse während der Führung mit der grundsätzlichen Informationsarbeit zu verflechten. Manche sogenannte Moderatoren in Wirtschaft und Öffentlichkeitsarbeit könnten sich bei diesem Gespenst eine Scheibe abschneiden.

Am Schluß der Führung zeigt Belinda, das freundliche Schloßgespenst, den Kindern dann noch seine privaten Wohnräume. Da geht es hinunter über Kellertreppen, durch Garagenräume bis in jenen Teil, in dem die mittelalterlichen Reste der alten Burg freigelegt und konserviert wurden. Der riesige Felsbrokken, auf dem das Schloß steht, ist zu sehen und uralte Mauern, so alt wie das Gespenst selbst. Beim noch erhaltenen Brunnenschacht erklärt Belinda, dies sei ihr Badezimmer. Und erzählt zum Gaudium der Kinder, daß sie es nur zweimal im Jahr als solches benutze. Um die sich auftuende pädagogische Klippe zu meistern, erläutert sie, daß dies selbstverständlich nur für Tausendjährige gelte. Wer nur ein Menschenalter lang lebt, der müsse sich natürlich jeden Tag ordentlich waschen und duschen. Das beruhigt die Erwachsenen, die Kinder haben trotzdem ihren Spaß. Dann wird in Belindas Schlafzimmer eine

Steinplatte untersucht. Ihr Bett, wie sie sagt. Und zuletzt setzt sie sich mit den Kindern in ein kleines Areal von Mauerresten, das am Ende des alten Burgwalls noch erhalten ist, und führt noch einen kleinen Small talk zur Verabschiedung in dieser, wie sie sagt, ihrer Kuschelecke. Samt Rudolf, der Spinne, ihrem Haustier. Aus der unterirdischen Kühle des ältesten erhaltenen Gebäudeteils geht es dann nach oben zum Ausgangspunkt der Führung im Vestibül. Die Geführten teilen sich wieder in kleine Familiengrüppchen und wandern über den Schloßplatz zu den anderen Familienfixpunkten eines Sonntags davon. Viele der Kinder sind nach diesem Erlebnis so aufgekratzt, daß es den Reportern verständlich wird, warum etliche an anderen Sonntagen wiederkommen. Über 30.000 Kinder haben in knapp acht Jahren die Führungen besucht, das Schloßgespenst ist zum absoluten Renner geworden.

Später finden sich die Reporter mit dem nun wieder zivil gekleideten Gespenst in einem nahen Gastgarten zusammen. Belinda Goronjic ist selbstverständlich nicht tausend Jahre alt. Die 24jährige Studentin stammt aus dem Schwarzwald, und wie ihr Familienname verrät, sind ihre Eltern schon in den sechziger Jahren aus Kroatien nach Deutschland sozusagen als Gastarbeiter gekommen. Die Eltern haben sich dort erst kennengelernt, geheiratet und endgültig niedergelassen. Belinda ist in Deutschland geboren, im Schwarzwald aufgewachsen und zur Schule gegangen und kam als Studentin nach Saarbrücken, weil sie Betriebswirtschaftslehre studieren wollte. Zwischenzeitlich hat sie die Studienrichtung in Anglistik und Hispanistik geändert, ist aber hier in Saarbrücken geblieben. Und zu diesem Studentenjob ist sie eigentlich durch Zufall gekommen. Eine Kollegin, die nach relativ kurzer Zeit aus terminlichen Gründen nicht mehr konnte, hat sie zuerst probeweise übernehmen lassen, und dann ist es eben fix geworden. Ja, jetzt sind es zwei Frauen, die als Gespenster die Führungen machen, aber früher einmal ist auch ein junger Mann in dieser Rolle tätig gewesen. Bezahlt werde die Arbeit aus ihrer Sicht gut, es sei der bestbezahlte Studentenjob, den sie je gehabt hätte. Ihr Kostüm hat sie selbst aus einigen Laken drapiert und geschneidert. Das wird nicht vom Kulturamt beigestellt oder bezahlt. Auch die weiße Wasserschminke und das bißchen Kosmetika muß selbst gekauft werden. Das empfindet sie als selbstverständlich.

Auf die Frage, ob sie persönlich an Geister und Gespenster glaube, lacht sie zuerst herzhaft, wird aber dann etwas nachdenklich. „Grundsätzlich", so meint Belinda, „könnte es so etwas wirklich geben. Warum nicht?" Wovon sie aber überhaupt nichts hält, sind Geschichten über Außerirdische, Monster aus dem Weltraum und solche Science-fiction-Storys. Ein durchaus irdisches Gespenst, das findet sie eigentlich sogar sympathisch. Übrigens gebe es in ihrer Wohngemeinschaft ohnehin eine lustige Geschichte über einen angeblichen Hausgeist. Der habe sogar eine Hi-Fi-Anlage zum Spielen gebracht, obwohl doch die Netzstecker aus den Steckdosen gezogen gewesen seien. Schon beim Einzug haben sie die Alteingesessenen – Andreas und Daniel – wissen lassen, daß sie die Wohnung mit einem Hausgespenst teilen wird müssen. Sie selbst hat ein merkwürdiges Phänomen an einem Blumenstock erlebt. Ganz plötzlich fing der Ficus heftig zu vibrieren an, obwohl alle Fenster geschlossen waren und kein Luftzug im Zimmer war. Aber ob das dann auch ein Gespenst gewesen ist, naja, es wird halt so erzählt. Und wenn einmal irgend etwas nicht zu finden ist, eine Tür nicht richtig schließt oder ein Fenster klappert, dann meinen ihre Mitbewohner in der WG, da sei halt wieder der Hausgeist unterwegs. Belinda hält es aber mehr für Ulk als für gespenstische Wahrheit.

Grundsätzlich gefällt ihr besonders, daß diese Art von Kulturarbeit für Kinder schon seit vielen Jahren so erfolgreich ist. Nirgends sonst in Deutschland gebe es Vergleichbares. Und wahrscheinlich streiten die im Kulturamt sich jetzt schon darum, wer diese glanzvolle Idee seinerzeit gehabt hat.

Belinda, das freundlichste und charmanteste Schloßgespenst, das es wahrscheinlich in Europa gibt, hat an diesem Sonntag auch noch anderes vor. Sie verabschiedet sich und entschwebt leichtfüßig in Richtung Stadtzentrum.

Die unheimliche Autostopperin

Als der Forscher und Missionar zum erstenmal das ferne Land
besuchte, war er von vielen Seiten gewarnt worden. Die Eingeborenen, so berichteten etliche, die schon dort gewesen waren,
seien zwar durchschnittlich zivilisiert, lebten in festen Häusern,
die sich zu Siedlungen und mancherorts auch Städtchen zu-
sammendrängten, und hätten noch andere manch gute Eigen-
schaften. Aber sie seien dem Fremden gegenüber nur so weit
freundlich und dienstfertig, als dieser als zahlender Gast im
Rahmen des Tourismus den Landesreichtum mehre. Aber wer,
so die Fama, mit den Eingeborenen aller Altersschichten und
beiderlei Geschlechts eher persönlichen, freundschaftlich-pri-
vaten Umgang versuche, der stünde alsbald vor einer unüber-
windlichen Mauer. Zudem rede die gesamte Bevölkerung in
einer unverständlichen Mundart. So sei es also kaum möglich,
ins unverfängliche Plaudern zu kommen, ins amikale Gespräch,
in kollegialen Small talk. Darüber hinaus gebe es noch eine
Fülle von geheimem Stammesbrauchtum, merkwürdigen Ri-
ten und Sitten, sowie ein bis ans Unverständliche Gehende bei
Kost und Ernährung.

Mit solcherlei Informationen vorbelastet, stieg also der Forscher und Missionar aus dem Zug, der ihn über die nur schwer
passierbare Landesgrenze – einen mit langen Tunnels durch-
bohrten, mächtigen Berg – geführt hatte. Schon ein erster
Rundblick bestätigte, daß es ein wahrhaft schönes Land ist. Voll
eindrucksvoller hoher Berge, mit stolzem Wald auf sanft gewellten Rücken, mit schäumenden Achen, mit grünen, saftigen
Almen, mit einem mächtigen, breiten Flußtal und einem gehörigen Anteil an einem gewaltigen See, den sich das Landvolk
aber mit zwei anderen Staaten teilen muß.

So schöpfte schon nach dem ersten Blick der ins Land gebetene Missionar frohen Mut. Und auch die Vorbehalte sollten sich schon in den nächsten Wochen als völlig haltlos erweisen. Im Ländle – so nennen die Eingeborenen ihre Heimat, und das bedeutet ins Verständliche übersetzt „kleines Land" – wartete auf den Zugereisten eine komplexe und nicht leichte Aufgabe. Dazu muß zuerst über den Nationalcharakter der oft spöttisch „Gsiberger" Bezeichneten berichtet werden (so werden sie deshalb geheißen, weil in ihrer Sprache das Wort „gewesen" durch das mittelhochdeutsche „geseit" ersetzt ist, was dann mundartlich eben „gsi" gesprochen wird).

Vorherrschend in der Selbstdarstellung als auch im Ruf, den die gesammelten Eingeborenen auf dem restlichen Kontinent vor sich hertragen und auch genießen, ist ihr Fleiß, ihre Tüchtigkeit und ihre nie erlahmende Arbeitskraft. „Schaffa muasch m'r!" ist der Schlachtruf aller, und er schwebt über der vielseitigen und reichen Kultur des kleinen Erdenfleckens, als wäre er in schmiedeeisernen Lettern am Himmel montiert. Das Ziel dieser unbändigen Arbeitsleidenschaft ist das „schöpfa". Also der persönliche Verdienst, das Geldmachen, das Einkommen, das Gewinnschöpfen. Als widernatürlich empfindet die dortige Gesellschaft nun jeden, der keine Arbeit hat oder – horribile dictu! – vielleicht nicht arbeiten mag. Wen das Schicksal der Arbeitslosigkeit trifft – auch wenn es unverschuldet wäre –, den trifft der Bannstrahl der Asozialität. Nur zu verständlich, daß in einem so exotischen Ländchen, das von Biederkeit und Rechtschaffenheit geradezu trieft, ein Blick hinter die Kulissen oder unter das behäbige Doppelbett erst recht schlimme Dinge zeigt.

Und so war der Missionar, nebstbei auch Forscher, ins Land gerufen worden, um den Faulen die Flötentöne beizubringen. Der Geforderte hatte in einer sogenannten Job-finding-mission binnen vier Wochen aus „adoleszenten Nichtsnutzen" rechtschaffene, das heißt schwerschaffende Jungbürger zu schmieden. Was für ein Auftrag, wo doch der Missionierende noch nicht einmal richtig die Landessprache verstand . . .

Dies sollte sich rasch ändern. In Wahrheit waren die jungen Menschen ganz reizende Mädchen und Burschen, die regionalen Sprachen – in gewissen Gegenden hat jedes Dorf seinen eigenen Dialekt – mit Hilfe der Grundkenntnisse des Mittelhochdeutschen recht einfach zu entschlüsseln, und überhaupt sind die braven, nein, alle Menschen im Ländle, weder verschlossen noch sonstwie abweisend. Der Missionar und Forscher merkte bald, daß es sich schlicht und einfach um das sogenannte Echoprinzip handelt. Wie man in den Wald hineinschreit, sagt ein Sprichwort, so tönt es eben zurück. Und wenn aufgeblasene Nicht-Ländlebewohner sich im Ländle wichtig machen, dann dürfen sie sich nicht wundern.

Als nun nach wenigen Wochen der Missionar und Forscher im trauten Schüler- und Freundeskreis beim regionalen Lieblingsgetränk – einem hellen, untergärigen Bier – saß und über Gott und die Welt und unvorsichtigerweise auch über den Teufel zu sprechen kam, da äußerte einer etwas Außergewöhnliches. Zum Reden über den Satanas war es nur deshalb gekommen, weil der Forscher und Missionar sowohl als Student der Volkskundlichkeit als auch als Journalist kürzlich über die Kulturgeschichte des gefallenen Engels gearbeitet hatte. Und da es in der Runde viel Neugierde über manch Geheimnisvolles gab, schien der außergewöhnliche Beitrag fast unter den Biertisch zu fallen. „Auch bei uns an der Rheintalautobahn gibt es eine Tote, die Auto stoppt!" meldete ein Jüngling, der von den Beisitzenden nickend Unterstützung gewann. Alle wußten darüber entweder Bescheid oder sonst irgend etwas. Denn, es sei ja ohnehin in der Zeitung gestanden. Der Forscher, der im Missionar schlummerte, forderte von den Umsitzenden mehr Informationen und von den Servierenden mehr Getränke. Dieser Abend mit Eingeborenen im fernen Ländle sollte also seine Folgen haben.

AKADEMISCHE REGELN UND JOURNALISTISCHER EIFER

So geschehen anno Domini 1986. Fast vier Jahre lang war nun der hauptberufliche Personaltrainer und nebstbei Hobbystudent der Völker- und Volkskunde mit der geheimnisvollen Autostopperin beschäftigt. Denn immer, wenn er zu diesen mehr-

125

wöchigen Lehrgängen für arbeitsuchende junge und ältere Menschen nach Vorarlberg, dem westlichsten österreichischen Bundesland, kam, betrieb er nebstbei, wie es fachlich heißt, diesbezüglich Feldforschung. Und dies erlaubterweise. Der Vorstand des Innsbrucker Volskundeinstituts, der noch dazu ein renommierter Erzählforscher war und ist, reagierte wohlwollend väterlich: Natürlich sei das Phänomen von „vanishing hitchhikers" ja bereits fast international bekannt, aber von dem in Vorarlberg habe er noch gar nichts gehört. Es gebe zwar derzeit etwas ganz Ähnliches an der Rosenheimer Autobahn in Bayern, allerdings sei es dort der Erzengel Michael, der nächtlich Autofahrer anhalte. Es handle sich dort also nicht um eine weibliche, sondern eine männliche Sagengestalt. Nein, er hätte nichts gegen Feldforschung in seinem Hoheitsgebiet, man möge ihn jedoch bei Gelegenheit informieren.

Der darob wieder informierte Wiener Dozent erteilte dem Forschungsvorhaben damit endgültig grünes Licht sowie die üblichen akademischen Auflagen und Erschwernisse. „Nehmen Sie als Referenzgeschichte gleich diese berühmte Sache mit dem billigen Luxusauto zu Ihren Forschungen dazu. Das muß ja in Vorarlberg an der Autobahn ebenfalls laufen", sprach der Dozent. „Und außerdem", der erhobene Zeigefinger des Hochschullehrers war förmlich hörbar, „versuchen Sie nie, ich wiederhole NIE, jemanden zu finden, der die Autostopperin wirklich gesehen hat. Sie werden immer nur auf Menschen stoßen, die es von jemanden erzählt bekommen haben, der es erzählt bekommen hat, der es wieder erzählt bekommen hat, ad infinitum. Wehe, wenn ich Sie bei journalistischen Arbeitsmethoden ertappe, ich erbitte mir eine rein wissenschaftliche Vorgangsweise."

Die Geschichte vom billigen Auto, einem Luxusschlitten, in dem einmal jemand verstorben und der deshalb um einen Spottpreis zu haben sei, weil der sanfte Leichengeruch sich nicht entfernen ließ, war ja jedem Liebhaber moderner Sagen hinlänglich aus der Literatur bekannt und wahrscheinlich so sattsam verbreitet, daß eine Untersuchung in Vorarlberg schlichtweg langweilig erschien. Außerdem hatte diese eine

Story mit der anderen von der mysteriösen Autostopperin im Grunde nichts zu tun. Aber so sind sie halt, die akademischen Bräuche: Nur nichts direkt anpacken, immer hübsch Vergleiche ziehen. Zähneknirschend nahm der Studiosus vorerst einmal die Auflagen an. Denn natürlich interessierte ihn nichts anderes als die mysteriöse Autostopperin.

Die geheimnisvolle Geschichte hatte im Kern ein Stereotyp. Nachts an der Rheintalautobahn wird ein Autolenker – immer männlich, immer allein im Auto – von einer Anhalterin gestoppt. Vor allem bleibt er deswegen stehen, weil es regnet und er mit der Frau am Autobahnrand so etwas wie Mitleid fühlt. Die Autostopperin spricht wenig bis nichts, ist aber nach einigen Kilometern der Fahrt urplötzlich aus dem fahrenden Auto – immer vom Beifahrersitz – verschwunden. Der geschlossene Sicherheitsgurt liegt nun leer auf dem Sitz. So einfach, so außergewöhnlich, so unerklärlich. Verständlich, daß die betroffenen Autofahrer nach diesem Erlebnis zutiefst erschrocken sind.

Bereits 1986 – wie sich herausstellen sollte, war das Phänomen im Frühling 1984 aufgetreten und im Juli desselben Jahres in einer Regionalzeitung bereits recht breit dargestellt worden – waren die Erzählformen durch Ergänzungen, Ausschmückungen und vielerlei Deutungen schon sehr variiert. Die Hauptaufgabe der Forschung war es ja, die Erzählformen, also die verschiedenen Arten der Weitergabe und der Darstellung des Spuks, festzustellen.

Da wurde von den meisten die geheimnisvolle Frau bereits als „Schwarze Frau" bezeichnet, viel weniger Erzählende nannten sie eine „Weiße Frau". Das Bild von einer Schwarzen Frau war einerseits klar an die angeblich dunkle Kleidung der Autostopperin gebunden, andererseits war sie offensichtlich mit der Vorstellung verquickt, daß die Autostopperin eine umgehende Tote sei. Und zwar eine auf der Autobahn durch Unfall zu Tode gekommene junge Frau. In vielen Erzählvariationen gab es dafür sogar einen konkreten Namen. Es sei „die Brigitte, eine junge Krankenschwester von der Landesnervenklinik, die mit ihrem Freund Krach gehabt hatte und unmittelbar danach mit ihrem Kleinwagen an einem bestimmten Autobahnabschnitt ohne erkennbares Fremdverschulden verunglückt ist". Als Autostopperin trete sie jeden Monat immer an ihrem Todestag auf. Und ihr Erscheinen sei für den betroffenen Autofahrer die Warnung vor einem persönlichen Unheil. Wenn er sie aber mitnähme, sei er vor diesem Unheil geschützt. Wenn er sie beim erstenmal an der Autobahn übersähe, würde sie einige hundert Meter weiter noch einmal auftauchen.

Die Erforschung der Erzählformen wurde sowohl durch direkte Befragung durchgeführt als auch durch stille Beobachtung und Mithören von aufflackernden Gesprächen und Erörterungen der Sache. Dazu genügte in den meisten Fällen, in irgendeiner geselligen Runde ein Stichwort fallenzulassen und sich dann so im Hintergrund zu halten, daß niemand mehr sagen konnte, wer denn dieses Thema eigentlich angerissen hatte. Für den Erforscher der Erzähltradition gab es während der folgenden Jahre einmal grundsätzlich ganz überraschende Erkenntnisse.

Die Sage von der geheimnisvollen Autostopperin war eindeutig eine Geschichte von und für junge Leute. Sie kursierte hauptsächlich in den Altersgruppen zwischen 20 und 35 Jahren. Dort wurde sie auch am meisten illustriert, abgewandelt, ergänzt und ausgeschmückt. Außerdem schien sie den meisten Erzählenden wie auch Zuhörenden im Kern glaubhaft.

Nebstbei stellte sich zur Verblüffung des Fragenden heraus, daß die überwiegende Mehrzahl der jungen Menschen im Lande Vorarlberg nicht nur ungeheures Interesse, sondern auch persönliche Experimente an und mit der damals gerade hochschwappenden Esoterikwelle hatten. Da wurde gependelt, kartengeschlagen, tellergedreht und tischchengerückt, daß es nur so eine Freude war. „Fachvorträge" von ins Ländle einreisenden Gurus, Schamanen, Wunderheilern, Spiritisten und -innen wurden nicht nur gut besucht, sie waren stets überlaufen. Kaum ein Kulturzentrum, das sich über Besuchermangel beklagen konnte. Nebstbei gab es eine florierende Heilerszene. Da gab es die alten Gesundbeter in den Tiefen der Gebirgstäler sowie neu- und selbsternannte Alternativapostel aller Art. Offensichtlich hatte keiner davon Beschäftigungsmangel. Eine geradezu funkelnde Gegenfacette zur allgemeinen Selbstdarstellung des Ländles: nüchtern, stockkonservativ in allen Lagern, wirtschaftlich sachlich, rein gewinnorientiert und über alles hinaus bieder und fromm.

Ganz anders zum Mythos der Autostopperin stellte sich die „reifere Jugend" des Landes. Bei den Menschen von 45 Jahren aufwärts war die Geschichte erstens viel weniger bekannt und verbreitet, zweitens wurde sie von ihnen als absolute Dummheit, als Zeitungsente, als in jeder Hinsicht unglaubwürdig und unglaubhaft eingestuft.

Auch saisonal gab es Schwerpunkte. Die Geschichte wurde – fast scheint es logisch – vor allem im Frühjahr jeden Jahres, aber auch im Herbst besonders gepflegt. Wer die Rheintalautobahn kennt, weiß, daß zu diesen Jahreszeiten viel Regen und Nebel dort nachts die Scheinwerfer der Autos wie auch andere Lichter verschwimmen läßt. Der Asphalt glänzt, die Phantasie wird durch das angestrengte Schauen zuerst einmal zurückgedrängt, damit aber angeregt. Zu diesen Zeiten war es damals fast üblich, daß an Tankstellen, auf Parkplätzen oder in Imbißstuben die Frage, ob heute jemand die Autostopperin gesehen habe, im kurzen Alltagsgespräch ganz selbstverständlich eingebunden wurde. Und – er hat es seinen Hochschullehrern nie eingestanden – auch der forschende Studiosus machte sich oftmals nächtens auf den Weg, um mit dem Auto die Strecke zwischen Feldkirch und Bregenz in beiden Richtungen mehrfach abzufahren. Die Autostopperin hat sich ihm nie gezeigt.

Schon nach einem Jahr, nach Auswertung mehrerer Dutzend ausführlicher Interviews, war es dem sogenannten Feldforscher langweilig geworden. Nicht der Geschichte wegen, die war ja immer spannend und heiß, sondern wegen der geforderten eingeengten Arbeitsmethode. Außerdem hatte er schon längst den Zeitungsbericht aus dem Juli 1984 gefunden. Im *Volksboten* hatte es unter anderem geheißen:

Ein Gerücht geht um im Land: Geheimnisvoller Geist auf der Autobahn?

Zwischen Dornbirn-Nord und Ausfahrt Feldkirch soll eine ge-
heimnisumwitterte Frau des Nachts Autos stoppen . . .
Redet man sie an, ist sie verschwunden.
Auf die Worte: „Sie haben aber Glück, daß Sie zu dieser Zeit
noch jemand mitnimmt", entgegnet die Frau: „Nein, Sie haben
Glück, daß Sie mich mitnehmen."
Findet angeblich immer um den 22. jeden Monats statt . . .
Soll angeblich ein junges Mädchen sein, das im Februar auf der
Autobahn in Höhe Götzis tödlich verunglückte . . .
Viele kennen die Sagen von „armen Seelen", die Leute er-
schrecken oder warnen . . .
Die „Schwarze Frau", wie sie von einigen schon genannt
wird . . .
Beim Gendarmeriekommando Dornbirn sind zwischen Mitte
April und Anfang Mai drei Anrufe eingegangen, die davon
berichten . . .
Eine angebliche Anruferin wird nicht gefunden, ihre Adresse
gibt es nicht . . .
Der Volksbote spürte einen Zeugen auf, der nach seiner Angabe
die Autostopperin mitgenommen hat.

Woraus sich vieles der unterschiedlichen Erzählformen direkt
ableiten ließ. Hatte doch schon der berichterstattende Journalist etliches an Fakten untersucht, einiges vermutet, manches
festgestellt. Und vor allem behauptete er, einen persönlichen
Zeugen dieses Vorfalls gesprochen zu haben. Dies zu hinterfragen kitzelte nun den Ehrgeiz des Forschers besonders. Also
beschloß er, alle akademischen Regeln und Vorhalte zu mißach-
ten und sich wie ein Jagdhund auf die Spur nach einem der
möglicherweise mehreren Erlebnisträger zu setzen. Dabei
mußte natürlich vorsichtig und subtil vorgegangen werden.
Denn selbstverständlich konnte man mit einer Recherche dieser Art Menschen auch brüskieren, ja sogar verletzen. Das –
gute Journalisten haben auch eine Ethik! – durfte natürlich
nicht passieren. So dauerte es eineinhalb Jahre vorsichtiger
Spurensuche, sensiblen Schriftverkehrs und etlicher langer Telefonate, bis einer der persönlich Betroffenen nicht nur ausge-

forscht, sondern auch überzeugt war, daß er dem Suchenden vertrauen durfte. Insofern nämlich, als dieser die Geschichte so weit bei sich behalten werde, daß der Erzählende absolut anonym und geheim bleibe. Und nach einigen Sicherheitsmaßnahmen konspirativer Art kam es dann endlich zu einem Originalinterview über das ursprüngliche Auftreten der geheimnisvollen Autostopperin.

DER ZEUGE

Das folgende Gespräch wurde aus mitgeschriebenen Notizen rekonstruiert. Der Interviewte hatte nämlich darum gebeten, das Interview nicht auf Tonband aufzuzeichnen. Spezielle Wendungen und Phrasen der regionalen Sprache wurden sinngemäß übersetzt.

Das Gespräch fand im Frühherbst 1989 in der Wohnung des Zeugen statt – ein junger, sehr sympathischer Mann, ungefähr Mitte der Zwanzig, der soeben die Meisterprüfung für sein erlerntes Handwerk abgelegt hatte und im Begriff stand, eine eigene Werkstätte zu eröffnen. Wie erbeten, war es ein Gespräch unter vier Augen. Der Interviewte machte während der ca. zweistündigen Unterhaltung einen völlig konsolidierten, ausgeglichenen und somit im allgemeinsten Sinn des Wortes „normalen" Eindruck. Abgesehen von den begreiflichen kleinen Erregungen, die mit dem Aufgreifen des Themas automatisch verbunden waren.

Wann ist Ihnen das mit der Autostopperin nun wirklich passiert, und in welcher Situation befanden Sie sich damals?

„Es war im Frühling 1984. Entweder Ende April oder Anfang Mai. An diese Zeit kann ich mich noch genau erinnern, denn ich habe im Februar 1984 den Führerschein gemacht. Es kann also nicht früher gewesen sein."

Könnte es am 22. April gewesen sein?

„Ich weiß, was Sie meinen. Das, was da in der Zeitung gestanden ist, daß die Frau immer am 22. des Monats auftaucht, das ist wahrscheinlich Unsinn. Ich bin mir ziemlich sicher, daß es erst nach dem 22. April geschehen ist, ganz am Monatsende, und möglicherweise erst in den ersten Maitagen. Und zu meiner Situation: Ich war damals durchaus gestreßt. Und zwar aus ganz privaten Gründen. Erstens war mein Vater im Spital, und da macht man sich halt so seine Sorgen, zweitens hatte ich mit meiner Mutter immer wieder Auseinandersetzungen und Streitereien, weil ich damals aus der Kirche austreten wollte. Und da war meine Mutter ganz extrem dagegen. Weiters war es eine schwierige Zeit für mich, denn es bahnte sich gerade die Trennung zwischen meiner damaligen Freundin und mir an. Und damit hängt auch das Erlebnis an diesem Abend zeitlich zusammen."

Wie ist das also in dieser Nacht im Frühling 1984 vor sich gegangen?

„Ich war am Abend mit meiner Freundin in F. ins Kino gegangen. Der eigentliche Grund des Rendezvous war die anschließende Aussprache mit ihr, die ich vorhatte. An den Film kann ich mich nicht mehr erinnern, aber es war sicher kein Horror- oder Gespensterfilm gewesen. Wahrscheinlich ein Krimi oder ein Western. Nach dem Kino haben wir uns in eine Wirtschaft gesetzt und lange über uns diskutiert. Getrunken haben wir Kaffee und vielleicht ein oder zwei Gläser Wein. Vorweg gesagt, ich war nachher keineswegs alkoholisiert, stand auch nicht unter Drogen oder irgendwelchen Medikamenten. Das Gespräch ist nicht so gut gelaufen. Es war dann klar, daß wir uns trennen. Nach elf Uhr, aber sicher noch vor Mitternacht, bin ich nach Hause gefahren. Ich hatte mir das Auto meines Vaters ausgeborgt, einen Porsche. Ich fuhr zur Autobahnauffahrt Richtung R., wo ich ja damals noch bei meinen Eltern wohnte. Genau dort, wo man entweder auf die Autobahn hinauffährt oder die Abzweigung zur Bundesstraße nach R. nimmt, stand am Straßenrand eine Frau. Da es leicht geregnet hat, bin ich stehengeblieben und habe sie aus dem Auto heraus angesprochen und gefragt, ob ich sie ein Stück mitnehmen soll."

Hat die Frau dieses berühmte Zeichen zum Autostoppen gemacht?

„Jetzt, wo ich darüber nachdenke, erinnere ich mich: Nein. Sie hat nicht gewinkt, sie ist nur dort gestanden. Ich habe mir aber gedacht, daß sie Auto stoppen will. Auf wen hätte sie denn sonst dort warten sollen? Diese Stelle liegt ja nicht im besiedelten Gebiet, dort ist es völlig menschenleer."

Und wo wollte sie hin?

„Sie hat gesagt, sie möchte nach G. Das war zwar für mich ein kleiner Umweg, aber ich dachte mir, du hast ja Zeit und darauf kommt's jetzt auch nicht mehr an. Ich habe daher von innen die Autotür geöffnet, und sie ist auf der Beifahrerseite eingestiegen. Ja, und dann bin ich auf die Autobahn aufgefahren."

Alle reden von der Schwarzen Frau. Wie hat sie denn ausgesehen, wie alt war sie?

„Das sind auch wieder so erfundene Geschichten. Die Frau war ziemlich jung. So 23, 24 oder 25 Jahre alt, aber das kann ich nicht genau bestimmen. Sie war schlank, mittelgroß. Sie hat einen hellen Regenmantel angehabt und ein gemustertes Kopftuch getragen. Irgend etwas Modisches, ich kann mich an das Muster nicht erinnern. Darunter hat sie zwar Kleidung in gedämpften Farben getragen, die in der Nacht dunkel aussehen, aber ich kann nichts wirklich Exaktes darüber sagen, außer daß es ganz bestimmt nicht schwarz war. Sie hat einen Rock getragen, eine Hose wäre mir nämlich aufgefallen, und das hätte ich mir gemerkt. Haarfarbe, Augenfarbe, das habe ich alles nicht richtig sehen können."

Was hat die Frau gesagt?

„Nichts. Nichts, außer dem Ort, wo sie hinwollte. Ich glaube, ich habe auch nichts gesagt. Es kam zu keinem Gespräch. Was dann später behauptet und geschrieben wurde, daß die Frau irgendwelche Andeutungen oder Prophezeiungen gemacht hätte, das ist einfach nicht passiert. Die Frau war eine ganz normale, einfache, junge Frau in normaler Kleidung, die sich in keiner Art und Weise merkwürdig benommen hat. Nach einigen Minuten Fahrt, schon auf der Autobahn, ist mir eingefallen, daß mein Vater immer ein Säckchen Bonbons oder eine Packung Kaugummi im Handschuhfach mitführt. Also dachte ich mir, daß ich mir davon nehme und meiner Begleiterin auch etwas anbiete. Ich habe mit der rechten Hand zum Handschuhfach hinübergegriffen, um es zu öffnen. Und genau in diesem Moment bin ich zu Tode erschrocken. Denn die Frau war nicht mehr da. Einfach weg."

Wie haben Sie in diesem Moment reagiert?

„Ich habe spontan eine Notbremsung hingelegt. Glücklicherweise war weit und breit kein anderes Auto, sonst hätte das böse Folgen haben können. Jedenfalls bin ich dann auf dem Parkplatz vor der Frutzbrücke endgültig stehengeblieben und aus dem Auto gesprungen. Ich bildete mir zuerst ein, daß mir die Frau aus dem Wagen gefallen sein könnte, und bin total verstört so ein oder zwei Kilometer auf dem Pannenstreifen zurückgelaufen. Aber da war natürlich niemand. Dann bin ich wieder zum Auto zurück und habe gesehen, daß ja die Beifahrertür wirklich geschlossen war. Außerdem hätte es mir doch auffallen müssen, wenn während der Fahrt diese Tür aufgeht. Und gleichzeitig habe ich gesehen, daß der Sicherheitsgurt am Beifahrersitz noch immer geschlossen war. So wie ihn sich die Autostopperin nach dem Einsteigen vorschriftsmäßig angelegt hatte. Da war mir klar, daß sie nicht aus dem Auto gefallen oder gesprungen sein kann. Wie sie aber verschwunden ist, das konnte ich mir damals und das kann ich mir auch bis heute nicht erklären."

Was haben Sie daraufhin getan?

„Ich glaube, ich bin fast eine halbe Stunde dort stehengeblieben, bis ich mich wieder beruhigt hatte. Mein Herz hat geklopft, das können Sie sich gar nicht vorstellen. Und immer wieder mußte ich mit der Vorstellung kämpfen, daß ein schwerer Unfall passiert sei. Und immer wieder mußte ich mir sagen, daß dies doch nicht möglich sei. Also ich war total fertig. Zuletzt bin ich, noch immer tief schockiert, nach Hause gefahren. Ich glaube, ich habe in dieser Nacht überhaupt nicht geschlafen."

Haben Sie diesen unerklärlichen Vorfall der Gendarmerie gemeldet?

„Nein. Sogar in meiner damaligen Panik war mir klar, daß die Polizisten mich für irr oder total besoffen halten würden. Ich habe niemandem Meldung gemacht, auch später nicht. Was in der Zeitung steht über die verschiedenen Meldungen und die Tatsache, daß man eine Frau, die das gemeldet hat, nicht finden konnte, das hat mit mir überhaupt nichts zu tun. Entweder die Leute haben sich das aus den Fingern gesogen oder sich bei der Gendarmerie einfach nur wichtig gemacht, oder es ist anderen auch so etwas passiert. Aber davon weiß ich nichts."

Aber Sie haben dann doch mit jemandem darüber gesprochen . . .

„Dummerweise ja. Ich habe das nicht für mich behalten können und in der Arbeit zwei meiner Kollegen davon erzählt. Die haben mich natürlich ausgelacht und in der Folge auch damit gehänselt. Dann war scheinbar Ruhe. Aber 14 Tage später ist es losgegangen. Wahrscheinlich haben es die Kollegen wiederum weitererzählt, obwohl sie es mir gegenüber geleugnet haben. Möglich, daß die Geschichte auch von jemand anderem unters Volk kam. Aber ich merkte, daß es im Kern meine Geschichte war, die da herumerzählt wurde und schon mit allen möglichen Ausschmückungen und Ergänzungen ausgemalt worden war. Natürlich sind auch einige auf mich zugekommen und haben mich „angebohrt", ob denn nicht ich das sei, der da . . . Es war richtig ekelhaft, und ich bekam Angst, für verrückt oder sonstwas gehalten zu werden. Also habe ich alles unternommen, um die Geschichte von mir wegzubringen. Ich habe alles abgeleugnet und für baren Unsinn erklärt. Als das dann in die Zeitung gekommen ist, war ich erst recht erschrocken. Jetzt hat den Unsinn jeder lesen können, und ich habe befürchtet, daß wieder alle Details auf mich hindeuten. Der Journalist hat so geschrieben, als ob er mit mir geredet hätte. Das war keineswegs der Fall. Erstens hätte ich solche Sachen nicht gesagt und zweitens ihm überhaupt kein Interview gegeben. Er muß die Informationen von irgendeinem anderen, vielleicht von meinen Kollegen, haben. Gott sei Dank ist die Sache, was mich betrifft, dann eingeschlafen. Nicht die Geschichte an sich, sondern die Vermutung, daß ich das gewesen sei. Was ich ja tatsächlich war. Jedenfalls reden mich jetzt seit ca. drei Jahren diesbezüglich keine Leute mehr an und stellen dumme Fragen."

Haben Sie je versucht herauszufinden, wer diese geheimnisvolle Autostopperin wirklich ist? Sie sind doch möglicherweise der einzige, der sie tatsächlich gesehen hat.

„Nein. Ich war froh genug, daß ich mit mir selbst in dieser Sache ins reine gekommen bin. Ich hatte und habe keine Lust, auch noch Detektiv zu spielen. Außerdem, auch wenn man mir Fotos zeigen würde, ich glaube, ich könnte sie nicht mehr identifizieren. Erstens war ja wirklich Nacht, und ich habe das Gesicht dieser Frau nie so hell beleuchtet gesehen, daß ich es beschreiben könnte. Außerdem war, und ich wiederhole das nochmals, an dieser jungen Frau nichts Außergewöhnliches, das mir aufgefallen wäre. Ich denke, wenn sie jetzt irgendwo auf der Straße an mir vorbeiginge, ich würde sie nicht wiedererkennen. Ich habe auch gar nicht versucht, in G., wo sie hinfahren wollte, nachzuforschen. Eine genaue Adresse in ihrem Zielort hat sie mir ja ohnehin nicht genannt. Ich kann diese ganzen Geschichten, daß es sich um eine Verstorbene oder ein Unfallopfer handelt, das an der Autobahn umgeht, sowieso nicht glauben. Aber andererseits zerbreche ich mir nun seit drei Jahren den Kopf, wie es möglich ist, daß eine Autostopperin vom Beifahrersitz während der Fahrt auf der Autobahn urplötzlich spurlos verschwindet."

Gibt es eigentlich das Auto, den Porsche, noch? Haben Sie vielleicht daran Untersuchungen vornehmen lassen?

„Als mein Vater wieder aus dem Spital kam, habe ich dann doch auch meinen Eltern die Sache gebeichtet. Und da hat mein Vater dann den Porsche verkauft. Nein, nicht spottbillig, sondern zu einem sehr guten Liebhaberpreis."

Nachdem nun auch geklärt war, daß die andere mysteriöse Geschichte, hinter der der studentische Forscher, der forschende Student, hinterherhecheln sollte, die Geschichte vom spottbilligen Luxusauto, mit der vorstehenden gespenstischen Episode nichts zu tun hatte, schien vorerst alles erzählt, geklärt, aber keineswegs erklärt.

WISSENSCHAFTLICHE NACHSCHAU, HISTORISCHE RÜCKSCHAU
SOWIE DER VERSUCH EINER GESAMTSCHAU

Die Geschichte von der geheimnisvollen Autostopperin, der in der zweiten Hälfte der achtziger Jahre in und um die Rheintalautobahn in Vorarlberg nachgegangen wurde, ist weder ein Einzelphänomen noch etwas grundsätzlich Außergewöhnliches. Sie gehört, trotz ihrer besonderen Art, zu den vielen Sagen und Legenden, die es auch in unserer so rationalen und technischen sowie wissenschaftlichen Welt gibt, tatsächlich aber nie passiert sind und Zeitungsleuten im Sommerloch oder in der Sauregurkenzeit über die Runden helfen.

Die verschwindende Autostopperin, in der Fachliteratur als Phänomen des „vanishing hitchhikers" bezeichnet, hat als Erzähltypus für sich selbst eine recht interessante und überraschend lange Tradition und Geschichte. Zuerst scheint es einmal eine mit den GIs der US-Besatzungskräfte eingeschleppte Gespenstergeschichte aus den USA zu sein. Denn 1943 publizierten Richard K. Beardsley und Rosalie Hankey in einer Fachzeitschrift in Kalifornien zwei Aufsätze über den „vanishing hitchhiker" und seine Geschichte. Die Autoren weisen darin eine ungeheuer reiche Sammlung von solchen Geschichten vor. Örtlich spannen sie sich von Los Angeles bis Chicago, von New York bis Texas, von Salt Lake City bis Hawaii, zeitlich von 1912 bis 1942. Die Autostopperinnen sind fast ausschließlich junge Frauen. Manche werden als sogenannte Warnerinnen beschrieben, aber die meisten sind bis zu ihrem geheimnisvollen Verschwinden in diesem Sinne „nichtssagend". Es gibt eine reiche Variationsbreite von schwarzgekleideten Ladys, aber genauso junge Damen in weißen Ballkleidern. Häufig ist Regen, Nebel, stürmisches Wetter mit den Situationen verbunden. In jedem Fall sind es aber Verstorbene, beziehungsweise Verunfallte, die sich hier als Autostopperinnen zeigen. In einigen Fällen werden ihre Grabstätten gefunden, verborgte und mit den Autostopperinnen verschwundene Regenmäntel finden sich dann säuberlich gefaltet auf den Grabsteinen abgelegt. Die Autoren ordnen alle diese Berichte der sogenannten „Folklore" zu und geben damit zum Ausdruck, daß es sich ihrer Meinung nach um Geschichten handelt, die nicht wirklich geschehen sind, sondern die als Legenden quer durch die USA weitergegeben und variiert werden. In ihrer historischen Betrachtung stammen nun diese Erzählformen wiederum offensichtlich aus

Europa. Das wird mit den Geister- und Gespenstergeschichten aus Mitteleuropa erklärt, insbesondere aus Deutschland und Frankreich um die Mitte des neunzehnten Jahrhunderts. Da trat sowohl in der Volkstradition als auch in der Literatur eine entscheidende Wende ein. Ab der Antike zeigten sich nämlich Geister und Gespenster als ebendiese – deutlich als Spuk gekennzeichnet und zu erkennen. Kein gutes altes Gespenst hätte sich je als realer Mensch ausgegeben. Um 1850 begannen aber Spukgestalten zu entstehen, die in Menschengestalt auftraten und erst durch ihr geheimnisvolles Verschwinden oder andere Abnormitäten „rückblickend" als solche zu erkennen waren. Zum Beispiel: Bram Stoker läßt den Vampir Dracula nicht als transparenten Unhold durch Schlösser und Landhäuser wanken, sondern als realen, smarten Adeligen und Gentleman, der seine untote Natur nur bei der Nahrungsaufnahme und bei allfälligen Fluchtmanövern erkennen läßt. Ein böses Gespenst, aber zum Angreifen.

Die Modellgeschichte der toten Frau, die nochmals ins Leben tritt, ist nach den amerikanischen Autoren eine Geschichte aus der Französischen Revolution, die literarisch erst 1824 veröffentlicht wurde. Der Autor Washington Irving läßt in den Revolutionsjahren einen Studenten nachts auf einem Platz in Paris, wo eine Guillotine steht, eine schöne, junge, adelige Dame finden. Diese schwarzgekleidete Frau mit einem samtenen Schal um den Hals – stürmische Nacht selbstverständlich – ist todtraurig bis verzweifelt. Der Student nimmt sie zu sich, verbringt mit ihr eine galante Nacht. Am nächsten Morgen will er ein größeres Quartier für sich und seine neue Geliebte finden. Aber als er wieder in seine alte Bude zurückkommt, liegt die Schöne leblos im Bett. Der Student holt eilends die Polizei, und der kommandierende Polizeioffizier fällt angesichts der Toten fast in Ohnmacht. Denn er weiß, daß diese Frau am Vortag guillotiniert worden ist. Er nimmt der Leiche den Samtschal ab, und siehe da, das zarte Haupt fällt auch prompt ab. Den amerikanischen Wissenschaftlern folgend, scheint man hier auf die literarische Wurzel der verschwindenden Autostopperinnen gestoßen zu sein.

Im deutschsprachigen Raum werden von dem Erzählforscher Leander Petzoldt, Professor für Volkskunde an der Universität Innsbruck, zwei Autostopperinnen-Gespenster-Geschichten dokumentiert. Eine schon Ende der siebziger Jahre in Oberschwaben, eine Beginn der achtziger Jahre in den Gebieten Pinzgau und Pongau in Salzburg, eine mysteriöse Schwarze Frau, die die Autofahrer erschreckt haben soll. Das Auftreten des „vanishing-hitchhiker"-Phänomens an der Rheintalautobahn in Vorarlberg im Frühling des Jahres 1984 schließt sich hier zeitlich an.

Was noch zu berichten bleibt

Der nunmehrige Ex-Missionar und Ex-Forscher erinnert sich daran, daß er nach dem Interview mit seinem Erlebniszeugen vor einer schweren Entscheidung stand. Er hatte versprochen, den jungen Mann unter allen Gesichtspunkten vor weiteren Befragungen und Interviews und vor allem vor einem Outing zu schützen und zu bewahren. Würde er die vorgesehene Arbeit, den „Autostopperinnen-Forschungsbericht" nun schreiben und seinem Dozenten in Wien vorlegen, so konnte er sich ausrechnen, daß es Krach geben würde. Weil, so schließt die Wissenschaft scharf, nicht sein kann, was nicht sein darf. Und es war ihm doch verbindlichst gesagt worden, daß es keinen wirklich unmittelbar Betroffenen gebe. Entweder würde also der Studiosus der „journalistischen Unwissenschaftlichkeit" gezogen werden, oder er hätte Nachweise zu führen, die seinen Zeugen womöglich vor wissenschaftliche Tribunale zögen. Wie immer, er käme wahrscheinlich in Teufels besonders akademische Küche . . .

Also faßte er einen der wenigen mannhaften Beschlüsse seines Lebens: Er stellte die Forschungen ein, verschloß und versiegelte die Beweisstücke, lieferte nie einen Bericht, geschweige denn eine Arbeit ab. Und hielt so sein Versprechen der Verschwiegenheit.

Wieso dann dieser Bericht geschrieben werden konnte?

Weil im fernen Ländle, das der Forschende noch immer gern

besucht und wo er viele gute Freunde hat, die Geschichte von der gespenstischen Autostopperin heute niemanden mehr aufregt. Nur ganz selten, wenn es besonders heftig regnet und dicke Nebelschwaden über die Rheintalautobahn ziehen, murmelt einer der Ältergewordenen: „Da isch amaal gsi . . ." Denn die Autostopperin ist schon lange nicht mehr da. Sie ist wahrscheinlich zu anderen interessanten Autobahnen dieser Erde weitergezogen.

Die Wiener Hofburg

„Ich bin Wissenschaftler, und mit solchen Dingen will ich mich gar nicht beschäftigen. Nein, es tut mir leid, ich kann Ihnen nicht mit Auskünften dienen. Hier gibt es keine Gespenster!"
Der verärgerte Beamte einer in der Wiener Hofburg angesiedelten Bundesdienststelle legte den Telefonhörer grußlos auf.
„Nein, es tut mir sehr leid, aber Sie müssen verstehen, darüber rede ich nicht mit Ihnen. Und für ein Buch schon überhaupt nicht. Nein, solche Erlebnisse sind etwas ganz Intimes. Das erzählt man bestenfalls der Nachbarin, also der Frau Ingrisch. Nein, wirklich nicht. Auf Wiederhören!"
Die ansonsten sehr liebenswürdige alte Dame lehnte ebenso entschlossen, wenn auch aus einem anderen Grund, ab. Über Gespenster spricht man nicht mit jedermann. Und schon gar nicht über die Gespenster in der Wiener Hofburg.
In der Bundesdienststelle sollte dem Vernehmen nach eine Weiße Frau gesehen worden sein. In der Privatwohnung – und solche gibt es in der alten Wiener Hofburg eine ganze Menge – soll nächtlich Kaiser Maximilian, unklar, ob der Erste oder der Zweite, in strahlendem Glanze erschienen sein. Wahrscheinlich war es der Zweite gewesen, denn der hatte im Gegensatz zum Ersten nicht nur viel länger, sondern auch viel lieber in der Burg zu Wien gewohnt. Jedenfalls wollte die betroffene Zeugin selbst darüber nicht Auskunft geben und war auch auf die Referenz und persönliche Vermittlung durch Frau Lotte Ingrisch, ihre Nachbarin, nicht bereit einzulenken.
Den Tip, daß es in der Wiener Hofburg eine Weiße Frau gäbe und vielleicht noch den einen oder anderen Spuk, hatten die Suchenden und Forschenden im Völkerkundemuseum erhalten. Der Leiter dieses Hauses war telefonisch gefragt worden, wie das so in seinen Depots und Ausstellungsräumen sei. Ob da nicht exotische Masken oder importierte Dämonen vielleicht Schabernack trieben. Nun befindet sich ja das Wiener Völker-

kundemuseum im äußersten Flügel der neuen Wiener Hofburg. Und der freundliche Chef des Hauses gab den auslösenden Hinweis.

So führte der Weg auch logischerweise zu Lotte Ingrisch. Denn diese ist nicht nur eine der bekanntesten Schriftstellerinnen Österreichs, sondern auch auf vielfältige Weise mit dem Jenseitigen und dem Übersinnlichen vertraut und verbunden. Außerdem hat sie auch in der Wiener Hofburg eine Wohnung.

„Aber ja", erzählt sie, „da gibt's schon allerhand interessante Sachen. Ich habe einmal ein bißchen herumexperimentiert, also in meiner Wohnung mich in eine sanfte Trance versetzt, und plötzlich hatte ich einen mir völlig unbekannten Soldaten zu Füßen liegen. Dieser hat ganz verzweifelt geweint und immer wieder beteuert, daß er unschuldig sei. Daß er nicht die Krankenschwester vergewaltigt habe. Es war richtig herzzerreißend. Ich habe mich dann später dafür interessiert, was das für ein Soldat gewesen sein könnte, der so eine tragische Situation erlebt hat. Und ich bin draufgekommen, daß hier in diesen Räumen und in diesem Trakt der Hofburg im Ersten Weltkrieg ein Lazarett gewesen ist. An der Uniform des von mir gesehenen Mannes hätte ich die Zeit nicht feststellen können, weil bei Uniformen kenne ich mich nicht aus. Mehr konnte ich aber über dieses Rätsel nicht herausbringen.

Ja, Spuk gibt's da viel. Vor allem bei den Lernet-Holenias, die auch hier gewohnt haben, war allerhand los. Er, der Dichter Lernet-Holenia, war ja so oft und auch spätabends außer Haus. Sie wissen ja, er war ein großer Damenfreund. Und wenn er dann nach Hause aufgebrochen ist, hat das seine Frau genau zum selben Zeitpunkt in der Wohnung gehört. Seine Schritte, das Öffnen und Schließen der Tür, die Geräusche an der Garderobe und so weiter. Die hat sich so gefürchtet, daß sie jedesmal aus der Wohnung gelaufen ist und unten auf der Straße auf ihn gewartet hat.

Ach, solche Phänomene sind in Norwegen weit verbreitet und allseits bekannt? Na schau, das hab' ich ja gar nicht gewußt. Ja, man lernt nie aus. Und die arme Eva hat sich so gefürchtet . . ."

Der älteste Teil der Wiener Hofburg stammt aus dem dreizehnten Jahrhundert und wurde entweder vom Babenberger
Herzog Leopold oder vom Böhmischen König Przemysl Otto-
kar an der höchsten Stelle der Stadt erbaut. In den folgenden
sechs Jahrhunderten hat jeder Herrscher, der die imposante
Burg bewohnt hat, das ihm notwendig Erscheinende zubauen
lassen. Und so wuchs die ursprüngliche Festung mit den vier
Ecktürmen zu einer recht verwinkelten, riesigen Anlage mit
neunzehn Höfen und achtzehn Trakten. Heute beträgt die
Gesamtfläche des Hofburgareals 240.000 Quadratmeter. Die
Spanische Hofreitschule ist darin untergebracht, die Österreichische Nationalbibliothek, das Museum für Völkerkunde, Mi-
nisterien, Ämter, Universitätsinstitute, ein Kongreßzentrum
und nicht zuletzt der Sitz des Bundespräsidenten.
Von den 2.600 Zimmern der Hofburg sind auch etliche an das
sogenannte gemeine Volk vermietet. Die Wohnungen liegen
zumeist hoch oben, dort, wo zu Kaisers Zeiten das Dienstperso-
nal untergebracht war. Hofratswitwen und höhere Beamte
wohnen darin, Maler und Opernsänger und immer wieder
Menschen mit prominenten Namen. Der legendäre Oberst
Podhajsky, Leiter der Spanischen Hofreitschule, war darunter
und der Komponist Gottfried von Einem, Lotte Ingrisch, seine
Witwe, wohnt nach wie vor dort. In Notzeiten waren immer
auch Bedürftige einquartiert worden, in Kriegszeiten verwundete Soldaten, in der Nachkriegszeit hatte die russische Besat-
zung hier ihre Zelte aufgeschlagen und im Mezzanin des
Schweizertrakts eine Kantine errichtet.
Verwaltet wird die Burg von der Burghauptmannschaft, und
die freundlichen Damen am Telefon wissen über prominente
Bewohner der Burg bestens Bescheid. „Ach, die Weiße
Frau ... Ja, die gibt es bei uns. Nein, ich kenne sie nicht
persönlich, aber vor zwei Jahren hatten wir einen Korrespon-
denten der *Süddeutschen Zeitung* zu Gast, der wollte sie unbedingt kennenlernen. Er ist eine Woche lang mit den Männern
von der Feuerwache durch die ganze Burg marschiert, fast Tag

und Nacht. Am Schluß war er ziemlich geschafft, denn das war in diesem schrecklich heißen Sommer. Er hat alles besichtigt, vom Keller bis zum Dachboden. Es ist dann auch ein großer Artikel erschienen, nur die Weiße Frau hat er nicht gefunden, leider. Aber wir hatten eine Zeitlang etliche Beschwerden – ihretwegen. Die Herren vom Bundesdenkmalamt haben protestiert, weil es nachts oft so laut war. Doch die Ruhestörung ist nicht in unserem Bereich gelegen. Und dann ist unter dem Bild der Kaiserin Elisabeth immer wieder ein Fleck aufgetaucht. Am Tag wurde er entfernt, am Abend war er wieder da. Wenn ich mich recht erinnere, hat sich auch einmal jemand von der Theaterwissenschaft beschwert, die sind drüben, auf der Batthyánystiege. Sie haben sich gestört gefühlt, weil spätabends über ihnen Möbel gerückt wurden. Wir konnten aber nicht herausfinden, wer oder was diesen merkwürdigen Lärm erzeugt hat. Ich weiß all diese Dinge natürlich nur von Berichten, selbst habe ich diesbezüglich noch nichts erlebt. Aber ich glaube, da ist noch ein zweiter ausführlicher Artikel erschienen, vielleicht können Sie den auftreiben . . ."

Es war im August 1987, da publizierte die Wiener Journalistin Senta Ziegler in der *Wochenpresse* einen großen Bericht über die Gespenster der Wiener Hofburg. Es war eine, wie es heißt, „typische Sommerlochgeschichte", ein Bericht für die „Sauregurkenzeit", wie sich der Chef des Blattes erinnert. Wie sonst könnte sich eine seriöse Zeitschrift auch mit Gespenstergeschichten abgeben?

Der Artikel ist nicht nur interessant zu lesen, sondern für die Fragenden und Berichterstattenden auch sehr informativ, denn alle, die mit den Gespenstern in Kontakt gekommen waren, werden namentlich erwähnt. Sofort machen sie sich auf die Suche nach den genannten Augenzeugen. Aber, obwohl die Reportage erst zehn Jahre alt ist, ist kein Interviewpartner mehr aufzutreiben. Einer der Herren will nichts mehr von der Geschichte wissen, lange genug hat er unter den Hänseleien der anderen gelitten. Die anderen aber sind mittlerweile verstorben. „Der Hauptzeuge, Herr G.", so erzählt sein Vorgesetzter, „war halt ein äußerst sensibler Mann. Was immer der gese-

144

hen hat, ist seine Sache, ich weiß von alldem nichts. Kurz nach dem Interview ist er in Pension gegangen und bald darauf verstorben."

Die letztberichteten Vorfälle begannen im Februar des Jahres 1987. Einer der Wachebeamten, Herr E., hatte seinen Rundgang durch die Gänge der Hofburg begonnen. Mit einer starken Lampe und einem elektronischen Gerät, das anzeigt, wo sich der Träger aufhält, marschierte er auf der etwa dreieinhalb Kilometer langen Strecke, die durch Keller und über Dachböden führt. Fledermäuse hat er hier schon oft gesehen, auch Marder, die in den alten Gemäuern ihre Wohnung eingerichtet haben. Die langen, dunklen Korridore erscheinen sensiblen Naturen schon bei Tag fremd und ein wenig unheimlich. Wer hier also bei Nacht seine Arbeit tut, darf nicht ängstlich sein. In dieser Nacht aber sieht und hört Herr E. etwas, das sein Leben verändert. Irgend etwas hat ihm den Schreck in alle Knochen fahren lassen. Was immer es war, er spricht nicht darüber. Aber nie wieder, das sagt er, wird er in der Hofburg eine nächtliche Runde drehen. Das tut er sich nicht mehr an. Er kündigt.

Herr E. war nicht der einzige, der etwas Merkwürdiges erlebt hat. An allen Ecken der Burg, vor allem aber im ältesten Trakt, dem Schweizertrakt, klagen Menschen in diesen Monaten über nächtliche Störungen. Schritte sind zu hören, Klopfgeräusche, Ächzen und Stöhnen. Herr Oberoffizial G., Sekretär im Bundesdenkmalamt, der seit 1948 im Haus arbeitet und oft abends Überstunden macht, erzählt, daß er selbst schon oft Geräusche wahrgenommen hat, solche von Schuhen mit spitzen Absätzen, wie sie früher die Kavaliere getragen haben. Tock, tock, tock, habe es auf dem Flur gehallt. Und obwohl er wußte, daß alle anderen Kollegen längst heimgegangen waren, habe er ständig das Gefühl gehabt, jemand stünde hinter ihm. Gesehen allerdings hat er nie jemand. Trotzdem wurden Dinge verrückt, Kleinigkeiten wie Zigaretten oder Schreibstifte von einer Seite des Schreibtisches auf die andere geschoben. Ein Kammersänger, der ebenfalls im Schweizertrakt eine Wohnung hatte, etwas höher, im zweiten Stock, beklagte sich über einen unsichtbaren

Störenfried, der seine Bodenvasen umgeworfen hatte. Und ein Wissenschaftler des Bundesdenkmalamtes hatte gehört, wie jemand seufzend auf das Sofa niedersank, konnte aber keinen Menschen sehen. Der Innenminister, der damals von den Behörden kontaktiert wurde, erteilte den Rat, den Gespenstern in der heißen Sommerzeit doch etwas vom guten selbstgebrannten Schnaps, dem Slivovitz, anzubieten, da sie sicherlich durstig seien. Ansonsten hat er der Geschichte keine große Bedeutung beigemessen. Er wohne selbst in einem vierhundert Jahre alten Haus, ließ er wissen, und auch da gehe es nicht immer mit rechten Dingen zu.

Lotte Ingrisch, die Schriftstellerin mit der starken Beziehung zu Wesen aus dem Jenseits, hat von alldem gehört. Für sie ist das nichts Aufregendes, sondern etwas Selbstverständliches. „In der ganzen Hofburg wurlt es förmlich" (was auf gut deutsch soviel wie überquellen bedeutet), sagt sie. „Ich habe einmal bei mir zu Hause gependelt. Das war, nachdem mir in der Nacht dieser Soldat erschienen ist, da wollte ich wissen, ob hier auch noch andere Tote sind. Das Pendel hat überhaupt nicht mehr aufgehört sich zu drehen. Das Haus ist voll von Menschen, die auch nach ihrem Tod hiergeblieben sind."

Warum aber wird dann ständig von der Weißen Frau in der Hofburg gesprochen und nicht von den Burggespenstern? Bei den erwähnten Spukphänomenen berichtet nur selten jemand davon, eine Gestalt gesehen zu haben. Wie also kam es zur Legende von der Weißen Frau? Die Weiße Frau dürfte noch aus der Zeit stammen, als die Habsburger hier residierten. Immer wieder vor einer drohenden Katastrophe soll nachts eine Frau, die ein einfaches, weißes Kleid trug, dem jeweiligen Kaiser erschienen sein, um ihn zu warnen. Von Joseph II. bis zum Kaiser Franz Joseph I. soll sie alle kontaktiert haben, das weiß zumindest die Legende. Fachleute aus dem Esoterikbereich vermuten, es könnte eine der vielen jung verstorbenen Kaiserinnen oder Herzoginnen sein, die hier als warnender Schutzgeist geblieben ist. Andere tippen auf eine Adelige, die aufgrund ihres Geschlechts in der Erbfolge übergangen wurde und daraufhin in den geistlichen Stand wechselte. So wird das

weiße Kleid erklärt, es wäre das Ordenskleid der – nicht aus
eigenen Stücken – frommen Frau.

Die Hofburg selbst war auch oft Ort spiritistischer Treffen und
nächtlicher Séancen. Kronprinz Rudolf, der Sohn der berühmten Kaiserin Sisi, hatte einen starken Hang zum Übersinnlichen. Und auch seine Mutter trat gerne mit geliebten Verstorbenen in Verbindung, vor allem ihren Cousin, den bayrischen
König Ludwig II., bat sie öfters zu nächtlichem Besuch. Ihr
Schreibmedium, dessen Hand die Botschaften aufzeichnete,
soll die Gräfin Paumgarten gewesen sein.

Wie auch immer, in einem Gebäude, in dem jahrhundertelang
so viele bedeutende und meist auch katastrophale Entschei-
dungen über das Wohl und Wehe eines Vielvölkerstaates getroffen worden sind, muß sich wohl von Zeit zu Zeit zum
Ausgleich etwas Geistiges zu Wort melden. Und wo immer die
Schwingungen herkommen, die sensible Naturen empfangen
können, ob von verstorbenen HabsburgerInnen, hingerichte-
ten Soldaten oder den Spuren kaiserlicher Séancen, wer dafür
offen ist, kann sie fühlen. Lotte Ingrisch, die in der Hofburg zu
Hause ist und die alten Gemäuer liebt, hat mit ihrem herzlichen Wesen auch den – im Vergleich zum Haus – modernen
Lift angesteckt. „Der ist wirklich ein lieber Kerl", sagt sie. „Nie
brauche ich ihn zu rufen. Immer, wenn ich das Haus betrete,
fährt er von selbst herunter und holt mich ab. Sehen Sie, da ist
er schon." Spricht's, steigt ein und fährt mit freundlichem Winken nach oben.

DIE LUSTIGSTEN VÖGEL DER PFALZ

Neustadt an der Weinstraße in der Pfalz ist das in Realgröße gebaute Modell eines Ortes aus guten alten Märchenbüchern. Denn der historische alte Stadtkern mit seinen Fachwerkhäusern, seinen Giebeln, Türmchen, Plätzen und Gassen empfängt den Besucher so, als würde ein altes Märchenbuch mit Illustrationen von romantischen Städtchen aufgeschlagen. So hübsch ist Neustadt an der Weinstraße. Das geschäftige Leben und Treiben der Neustädter ist jedoch zeitgenössisch real und modern.

Die Eintretenden haben am Rathausplatz beim Brunnen schon den ersten komischen Vogel gesehen. Der steht dort allein, aber um so aufmerksamer, in Bronze. Mit scharfem Blick auf die schmucke Ratsfassade. Nicht allzuweit ist dann der Weg zu einem noch merkwürdigeren Brunnen. Hier sind die Wasserspiele opulent, und die Zahl der herumstehenden metallenen Vögel, die sich auch gegenseitig anspritzen, im Brunnen baden und scheinbar auch noch ganz andere merkwürdige Dinge treiben, ist groß. Groß ist auch die Labsal des Brunnens in der Sommerhitze, denn er verbreitet durch seine reichen Wasserspiele eine sehr angenehme Kühle.

Die höchst eigenwilligen, etwas befremdlichen Vogelskulpturen, diese im wahrsten Sinn des Wortes komischen Vögel, das sind der Pfälzer Lieblingstiere.

Es sind die Elwetritschen – richtig ausgesprochen mit der Betonung auf der ersten Silbe – die wahren Wappenvögel und der zentrale Mythos in und um den Pfälzer Wein. Der Weinanbau hat hier in der Pfalz schon seit zweitausend Jahren Tradition. In dem beinahe südlich milden Klima an der Haardt fühlen sich die Rebstöcke besonders wohl, die pfälzischen Winzer keltern edle Tropfen mit merkwürdigen Namen wie *Mußbacher Eselshaut, Haardter Herzel* oder *Gimeldinger Meerspinne*. Aber auch Edelkastanien und sogar Mandelbäume gedeihen hier. Und eben jene merkwürdigen Tiere, die schon lange als die Nationalvögel der Pfälzer gelten, die Elwetritschen, manchmal auch Elwetrittche oder Elwedritsche genannt. Die Suchenden und Forschenden betreten zuallererst die große Buchhandlung beim Elwetritschenbrunnen, decken sich mit Fachliteratur ein und beginnen zu schmökern.

Der Artenreichtum unter den geheimnisumwitterten Tieren ist groß. Es gibt den gängigen Typus der Pfalz-Tritschen, die großfüßige grüne Wasgau-Tritsch, die taubenblaue Schwimmhaut-Tritsch oder die burgunderrote Wein-Tritsche, um nur einige zu nennen. Manche der Vögel werden als schweigsam beschrieben, andere wieder als kommunikationsfreudig, mit hellen, lauten Stimmen. Elwetritschen sind – ähnlich wie die humanoiden Pfälzer – gesellige Tiere, sie treten gerne in Scharen auf und leben friedlich miteinander. Nur wenn sie verliebt sind oder gar eifersüchtig, werden sie rauflustig. Mit zunehmendem Alter, so sagt man, werden die Elwetritschen oft bösartig.

Elwetritschenjäger, so das eherne Gesetz, müssen in der Pfalz geboren und im Besitze eines speziellen Elwetritschen-Jagdscheins sein. Für Nichtpfälzer, die sich an der Jagd beteiligen wollen, herrschen ganz besondere Ausnahmeregeln. Die Jagdzeiten sind genau geregelt, beginnen aber nie vor zehn Uhr abends und enden meist um vier Uhr früh. Nur in speziellen magischen Nächten wie zum Beispiel der Walpurgisnacht oder zur Sommersonnenwende, darf die ganze Nacht gejagt werden.

Von den Informationen beeindruckt, begeben sich die Besucher in die Badstubengasse, wo eine der spezialisiertesten Tritschologinnen der Gegenwart ihr Verkaufsatelier hat. Ingrid Zinkgraf ist Keramikerin, betreibt seit über fünfzehn Jahren eine eigene Werkstätte, in der sie neben Gebrauchskeramik auch Objekte in modernem Design anbietet. Ihre Spezialität aber sind kleine, merkwürdige Keramikvögel, die sie skurril, schrill und mit hintergündigem Humor formt und gestaltet – die Elwetritschen. Ihnen gehört nicht nur ihre Liebe, sie sind auch eine der Haupteinnahmequellen von Ingrid Zinkgraf geworden. „Ohne die Vögel könnte ich dieses Atelier hier im Zentrum der Stadt sicher nicht halten", gesteht sie. Ingrid Zinkgraf war die erste, die die

Fabelwesen aus Ton formte, mittlerweile haben sich bereits Nachahmer gefunden. „Der erste Vogel war eine Auftragsarbeit", erzählt Frau Zinkgraf. „Anfangs war das gar nicht leicht für mich, denn eigentlich bin ich Scheibentöpferin, aber dann hat mich der Ehrgeiz gepackt, und ich habe zu modellieren begonnen. Als ich mit dem Vogel fertig war, sagte die Kundin überrascht: ‚Das ist ja eine Elwetritsche!' Damit war der eigentliche Anstoß zur Produktion gegeben. Mittlerweile kann ich nicht mehr von den Tieren lassen. Das Thema ist so schön, ich kann die Phantasie spielen lassen, und was immer ich mache, es ist richtig. Flügel haben alle meine Elwetritschen, manche haben auch Hände, manche mehrere Füße. Es gibt Vögel mit menschlichen Gesichtszügen, mit mehreren Köpfen, mit weiblichen Brüsten. Ich mache männliche und weibliche Tritschen, auch Küken, die gerade aus dem Ei herauskriechen, und ganze Familien. Ich denke, wenn jemand hier bei uns in der Pfalz einen Vogel modelliert, so wird letzten Endes immer eine Elwetritsche daraus. Der Mythos liegt einfach in der Luft. Die Keramikvögel stehen dann bei den Leuten zu Hause, in den Schrankwänden und auf den Blumenfenstern, manche haben sie auch auf dem Fernsehgerät stehen. Nicht nur einen, sondern oft gleich einen ganzen Schwarm.

Wir haben ja hier in Neustadt auch eine Elwetritsche, gleich vorne, beim Brunnen auf dem Marktplatz. Die steht dort und paßt auf, daß die drinnen im Rathaus keine Dummheiten machen. Unsere Elwetritschen haben durchaus auch politischen Charakter, sie sind aufmüpfige Vögel. Der aufkommende Tourismus und die ständige Jagd auf sie hat nur bereits dazu geführt, daß man schon ein Reservat einrichten mußte. Andererseits haben wir dadurch auch schon wieder neue Arten entdeckt, weil man ja immer tiefer in den Wald eindringen muß, um neue Fangplätze zu erschließen. Die Elwetritschen passen sich ihrer Umgebung wunderbar an. Denken Sie nur an die Weinberg-Tritsche, deren Vorderbeine etwas kürzer sind als die Hinterbeine. So kann sie besser in den Weinbergen stehen und Trauben essen. Die Elwetritsche nützt jede ökologische Nische aus."

Fasziniert lauschen die Suchenden und Forschenden der dyna-
mischen Künstlerin. Ingrid Zinkgraf mischt gekonnt Information und Legende, Volkskundliches und Witziges und verwirrt
ihre Zuhörer vollends, was sie mit fröhlichem Schalk in den
Augen befriedigt zur Kenntnis nimmt. „Normalerweise", so
erklärt sie, „sollte man nur abends über Elwetritschen reden,
und am besten nur dann, wenn jeder mindestens einen Schoppen Wein getrunken und einen vor sich stehen hat. Dann kann
man unheimlich viel über die Vögel erfahren. Und wenn dann
auch noch der eine oder andere neugierige Tourist am Tisch
sitzt, kann die Nacht lang werden, dann geht's auf die Jagd."
Frau Zinkgraf bemerkt das steigende Erstaunen der Besucher
und sagt: „Ich werde es erklären, alles der Reihe nach. Bei der
Elwetritschenjagd ist es ganz wichtig, daß jemand dabei ist, der
neu ist, ein Nicht-Eingeweihter. Am Tisch, beim Wein, wird
der Vogel gigantisch aufgebaut. Es kann so beginnen, daß einer
der Weintrinker den Wirt fragt, ob noch etwas vom Elwetrit-
schenbraten da ist. ‚Nein', sagt der Wirt, ‚leider, der ist aus.'
Und dann beginnen die Pfälzer von der Zartheit des Tritschen-
fleisches zu schwärmen und von der Lust an der Jagd.
Sie müssen nämlich wissen, daß Elwetritschen nur mit Hilfe
eines Sacks gefangen werden dürfen. An ein Erschießen mit
einem Schrotgewehr darf nicht einmal gedacht werden. Die
gefangene Elwetritsche aber nimmt man ‚an der Gorgel' und
dreht ihr den Hals um. Die Touristen müssen mit all diesen
Gepflogenheiten erst vertraut gemacht werden, und irgendwann sagt dann jemand, daß doch gerade heute, in dieser
wunderbaren mondhellen Nacht, die Bedingungen zur Elwetritschenjagd geradezu ideal wären. Schließlich ist es dann soweit, daß die Gesellschaft zur Jagd aufbricht. Sie haben eine
Laterne mit und, das wichtigste, den Sack. Ein Paar – meist
sind das eben die Fremden – wird dazu auserwählt, den Sack zu
halten, neben dem Sack wird die Laterne aufgestellt. Die El-
wetrischen werden nun von den anderen auf den Sack zugetrie-
ben. Es hat sich übrigens herausgestellt, daß es vor allem die
schielenden Vögel sind, die gefangen werden. Denn das sind
jene, die das Licht mit dem Sack verwechseln. Sie laufen auf

die Laterne zu, verirren sich und landen daher im Sack. Während der ganzen Zeit machen die Treiber die Elwetritschenlaute nach, um die Vögel anzulocken. Und nach einer Weile machen sie sich still und heimlich auf den Weg ins Wirtshaus und lassen die beiden Fänger mit Sack und Laterne im Wald zurück. Irgendwann kommen die drauf, was es mit der Jagd auf sich hat und daß sie geleimt wurden. Danach treffen sich alle beim Wein, und der Abend wird meist lang und lustig. Also eigentlich ist diese Elwetritschenjagd ein Scherzbrauch. Den Sack aber müssen stets ein Mann und eine Frau halten, und ich denke, die ganze Jagd hat auch viel mit der Balz- und Partnerwahl zu tun. Japaner haben mir einmal erklärt, daß es bei ihnen einen ähnlichen Brauch gibt, bei ihnen müssen Mann und Frau, bevor sie heiraten, in der Nacht gemeinsam einen bestimmten Fisch fangen. Bei uns in der Pfalz ist das Elwetritschenfangen sowohl in der Stadt als auch auf dem Land üblich. Auf dem Land vielleicht noch ein wenig mehr. Ab dem dritten Schoppen Wein gibt es so gut wie keine Möglichkeit mehr, an den Elwetritschen vorbeizukommen.

In diesen Geschichten ist auch der ganze Pfälzer Humor verpackt. Wir sind ja grundsätzlich der Ansicht, daß der Bundesadler, also der Vogel im Wappen der Republik, in Wahrheit eine mutierte Elwetritsche ist. Es wäre ja auch weiter kein Wunder, ist doch der Langzeit-Bundeskanzler Kohl ebenfalls ein Pfälzer. Und wir behaupten auch eiskalt, daß der Wolpertinger, das heimliche Wappentier der Bayern, nichts anderes ist als eine Elwetritsche, die sich seinerzeit, als Bayern noch zur Pfalz gehört hat, in Bayern niedergelassen hat. Sie ist dort geblieben und zum Wolpertinger mutiert.

Hier in Neustadt haben wir einmal im Jahr das Elwetritschenfest, ein riesiges Ereignis, bei dem auch aus den Elwetritschen am Brunnen statt Wasser Wein fließt. Natürlich findet dann auch in der Stadt eine Jagd statt. Ich habe einmal bei so einem Fest eine lebende Elwetritsche in einem Sack präsentiert. Natürlich saß ein Mensch in diesem Sack, aber der hat die abstrusesten Laute von sich gegeben und die Leute ziemlich erschreckt. Wenn aber jemand neugierig war und auf den Sack zugegangen ist, hat er Bonbons herausgeworfen. Nur als der Bürgermeister kam, gab es eine Ladung Wasser aus der Spritzpistole. Selbstverständlich werden dann in den umliegenden Wirtshäusern auch Elwetritschenspeisen angeboten, gerne in der Art eines Rumpsteaks auf pfälzische Art, seltener als Gulasch, weil Paprika den zarten Geschmack des Elwetritschenfleisches überdeckt. Meist wird Pfälzer Bauernbrot dazu gereicht, es sollte aber etwa eine Woche alt sein, weil dadurch die Zartheit des Fleisches noch mehr zur Geltung kommt."

Mit Scherzen und Gelächter geht das Gespräch zu Ende. Bevor sich die Besucher verabschieden und Ingrid Zinkgraf sich wieder ihrer Arbeit zuwendet, sagt die Künstlerin: „Übrigens nehmen nicht alle Menschen diese Geschichte mit Humor. Es gibt auch ein paar Überkritische, die hinter all diesem Spaß etwas viel Tiefsinnigeres bis Bösartiges vermuten. Aber das alles scheint mir doch etwas zu weit hergeholt."

Damit hat sie die Besucher aber erst recht neugierig gemacht.

Zur Mythologie und Dämonologie
der pfälzischen Neckvögel

Tatsächlich gibt es über die Elwetritschen in einigen echten wissenschaftlichen Fachwerken Interessantes, Merkwürdiges und Geheimnisumwittertes nachzulesen. Das erste zu untersuchende Rätsel gibt einmal der eigentümliche Name dieser Geschöpfe auf. Das allgemeine Lexikon der Dämonen von Leander Petzoldt nennt den fabelhaften Vogel aus der Pfalz Elbentritsch, auch Ilbetritsch, Elfetritsch, Elbertrötsch oder Trilpetritsch, und verweist auf die sprachliche Verbindung zu den Elben, das sind in der heutigen Sprache die Elfen. Und unter diesen sind auch die Dunkelelben, die keineswegs nur als freundliche Geschöpfe anzusehen sind. Es gibt hier die sprachliche Verbindung zum Alb, und der zweite Bestandteil des Namens könnte von dem Wort Trut oder Drud abgeleitet werden, das ist jener nächtliche Druckgeist oder Nachtmahr, der sich dem Schlafenden schwer auf die Brust legt und ihm sogar Atembeschwerden verursacht.

Der Sprach- und Mythologieforscher Jacob Grimm hat in seinem umfassenden Werk über die deutsche Mythologie aufgezeigt, daß der Begriff Elbentritsche früher nicht nur in der Pfalz, sondern auch im Oberhessischen, und zwar als Ilmedredsche, gebräuchlich war. Und im Schwäbischen wurden Geschichten von einem Wilden Jäger namens Elbendrötsch erzählt. Um einen Menschen zu schmähen, verwendete der Dichter Hans Sachs die Worte du ölp, du dölp!, und Jacob Grimm erklärt, daß die Bezeichnungen ölp, ölpern und ölpetrütsch – in vielen Variationen bis zu elpentrötsch – einen Menschen benannten, dem die Elben etwas angetan hatten.

Im Wiener Dialekt gibt es das Wort an'tritschkert. Das wird heute noch für den Zustand des Betrunkenseins verwendet, aber auch für geistige Verwirrtheit bis zur Blödheit. Kein Zweifel, die Bilder gleichen einander – wenn auch von verschiedenen Ursachen abgeleitet – verblüffend.

Professor Petzoldt führt zu den Elbentritschen noch besonders aus: „. . . möglicherweise steht hinter den Elbentritschen eine ältere dämonische Gestalt, die im Laufe der Zeit nicht mehr verstanden wurde und so zum Neckgeist herabsank."

Der Volkskundler Helmut Seebach hat eine Sagensammlung über Geister, Hexen und Teufel aus der Pfalz zu Buche gebracht. Vorweg einmal erzürnt sich der Autor über die Tatsache, daß ihm die zuständigen Stellen eine Subvention verweigert haben. Das ist zweifelsohne bedauerlich. Aber vielleicht ist die Ursache dafür auch, daß der wackere Mann beim Abschnitt über den Elwetritschenkult es seinen Landsleuten richtig heimzahlt. „Die Pfälzer haben einen Vogel", schreibt er, und dann fallen Begriffe wie „Fremdenhatz". Überhaupt ist das diesbezügliche Brauchtum nach Meinung des Sagenkundlers zum Fremdenverkehrsspektakel herabgesunken. Daher sieht er sich gezwungen, die lustigen Vögel im wahrsten Sinne des Wortes zu outen. Unter sorgfältiger Zitierung des gesamten wissenschaftlichen Backgrounds der Ethnologen und Etymologen weist er nach, daß es sich in Wahrheit um „eine dämonologische Gestalt" handelt, „deren Stammvater der mittelalterliche Teufel ist . . . Wenn wir die Entwicklungslinie weiter zurückverfolgen bis zu ihrem ursprünglichen Kern, verkörpert letzten Endes die Elwetritsche nichts anderes als den Teufel." Den Pfälzer Kulturverantwortlichen sei es somit zur Mahnung ins Stammbuch geschrieben: Wenn Zuwendungen und Subventionen für Kulturschaffende gestrichen werden, dann kann es passieren, daß auch aus den lustigsten Figuren plötzlich Teufelsgestalten werden.

DER WEHINGEN

Klosterneuburg bei Wien
9. September 1410
Später Nachmittag

Im halbdunklen Kreuzgang des Klosters sind nur wenige, zu innerer Einkehr oder im Gebet versunken, um die Wege. Aus dem südöstlichen Kreuzgangwinkel, wo die Familienkapelle der Herren von Wehingen liegt, tönen die harten Schläge der Steinmetzen. Denn die Grablegung des Bischofs Berthold ist dort vor kurzem zu Ende gegangen. Nun decken ein Meister und zwei Gesellen der Dombauhütte von Wien das Hochgrab des Bischofs, die Tumba, mit der Grabplatte aus feinstem roten Salzburger Marmor. Es ist das zweite Grab in der Familienkapelle der Herren von Wehingen. Der Ritter Reinhard von Wehingen, der Bruder des Bischofs, ist hier schon vor sechzehn Jahren – ebenfalls in einem Hochgrab mit roter Marmorplatte – zur letzten Ruhe gelegt worden.

Nicht weit davon wird der hochwürdige Herr Aloys, ein Augustiner-Chorherr, von Pater Bonifazius, einem durchreisenden Benediktinermönch, der auf dem Weg nach Ungarn hier einige Tage Station macht, am Ärmel gezupft.

„Ihr seht noch immer äußerst bekümmert aus, Hochwürdiger Herr und Bruder in Christo", wispert der Gast. „Hat Euch die Grablegung des ehrwürdigen Bischofs so ergriffen? Seid Ihr ihm nahegestanden, habt Ihr ihn persönlich gekannt?"

„Wer hätte denn nicht schon von ihm gehört, mein Freund. Ist doch sein Ruf weit über die Lande gegangen. Und seine Macht und sein segensreiches Wirken hat Wien und die umliegenden Länder vor allem in den letzten Jahren vor viel Zwist, Blut und Bürgerkrieg bewahrt. Aber wenn der Allmächtige den Schnitter schickt, dann helfen keine Würden und Insignien mehr, dann ist auch für ihn die Zeit gekommen. Wenn in Wien die

Seuch' umgeht, hält der Tod immer reiche Ernte. Seit Anfang August sterben Herren, Bürger und Bettelmann wie die Fliegen dahin, allein unter den Studiosi hat es über tausend Tote gegeben. Merkt Euch, Herr Pater, Vienna ventosa aut venosa, wie es im Lateinischen so heißt – in Wien, da weht der Wind oder es herrscht die Pest. Wird wohl oft genug Gottes Straf' sein. Sind schon ein Volk der Säufer und der Völlerei, wie auch der gotteslästerlichen Hurerei in den neumodischen Badstuben, diese Wiener. Wen wundert 's, daß es in solchem Sündenpfuhl nun sogar den frommen Mann, den Kanzler des Herzogs, trifft. Ihr habt ja gemerkt, daß nicht nur Weihrauch die Kapelle erfüllt hat. Da war noch ganz anderes Räucherwerk um uns, um die Ansteckung zu hindern und den üblen Leichengeruch zu decken. Und schön hat der hochwürdige Leichnam im vollen Ornat auch nicht mehr ausgeschaut. Hütet Euch, zu rasch nach Wien zu gehen, erst wenn die frühen Fröste kommen, wird sich der Todesengel aus den Mauern der Stadt wieder zurückziehen. Noch seid Ihr bei uns im Stifte sicherer."

Die beiden geistlichen Herren stecken die Hände in die Kuttenärmel und wandeln Seite an Seite durch den Kreuzgang.

„War aber mit seinen sechzig Jahren doch wohl schon ein würdiger Greis", holt der Bonifazius aus, um seinem Gesprächspartner weitere Informationen zu entlocken.

„Man merkt, Ihr habt ihn nicht gekannt", ereifert sich Herr Aloys. „Wohl gilt man ab fünfzig als Greis, doch der Berthold von Wehingen, das war ein schier eherner Mensch. Immer um seine wichtigsten Sachen besorgt, immer großmütig tätig und bereit zu handeln. Das muß schon in der Familie gelegen haben. Die Wehingen sind aus schwäbischem Geschlechte und haben alle zu Wien ihr Glück gemacht. Der Ritter Reinhard war so tüchtig, die Finanzen des Herzogs zu mehren, daß er die Bewilligung zur Heirat erhielt und hier in Klosterneuburg eine reiche Witwe ehelichte. Auch er war wie sein Bruder ein großzügiger Gönner unseres Klosters, der Herr sei seiner Seele gnädig. Und der Berthold, der war ein besonders großer Geist. Mit dreiundzwanzig Jahren hat er an der Wiener Universität als erster Magister das Studium der Artes liberales absolviert."

„Das Trivium, das Quadrivium, die Sieben freien Künste?"
„So ist es. Die Grammatik, die Dialektik, die Rhetorik, aber
auch die Arithmetik, Musik, Geometrie und Astronomie hat er
beherrscht, der Wehingen, so daß er Vorlesungen hielt und
sogar Rektor an der Artistischen Fakultät wurde. Aber noch im
selben Jahr ging er an die Alma Mater Carolina nach Prag, um
das Kirchenrecht zu studieren. Schon war er die nächsten zwei
Jahre Rektor des Prager Juristenstudiums. Er hat halt rechtzeitig verstanden, daß er für seine kommenden Aufgaben die
Jurisprudenz wohl mehr brauchen wird als die Theologie. Nach
seiner Rückkehr hat er als Kanonikus von Passau die Pfarre von
Großrußbach bekommen, was die beste Pfründ' ist, die man
sich nur denken kann. Hat aber den Wohlstand viel in seine
Förderungen fließen lassen. Vor allem die Wiener Universität
war ja ganz am Boden. Mit siebenundzwanzig Jahren ist er
schon Propst von Gurk in Kärnten geworden und hatte somit
den Rang, um in Wien Kanzler der Hochschule zu werden.
Jetzt konnt' die Neuordnung der Universität beginnen. Und
Herzog Albrecht III. hat ihn auch zu seinem Kanzler bestellt."
„War also schon in jungen Jahren von hohem Einfluß?"
Der hochwürdige Herr Aloys hebt zustimmend die Augenbö-
gen und wendet sich dem Gesprächspartner nun voll zu.
„Ist auch schon mit einunddreißig Jahren vom Heiligen Vater
Urban VI. zum Bischof von Freising in Bayern bestimmt wor-
den. War allerdings in Freising nicht sehr beliebt, der Wehin-
gen. Gleichwohl, der Herzog hat ihn ohnehin nicht von Wien
weggelassen. Und dann ist beiden Großes gelungen. Im Jahre
des Herrn 1384 hat der Papst der Universität zu Wien eine
Theologische Fakultät genehmigt. So hat der Wehingen als
großer Gönner und Förderer die Wiener Universität in kurzer
Zeit zu einem blühenden Zentrum des Studiums in Europa
machen können. Ja, der Wehingen, der war auch ein großer
Kunstfreund, und prächtige Kleidung und Ornate hat er auch
gehabt. Aber immer wohltätig und immer fördernd. Wird sein
Nachlaß wohl einen schönen Batzen Geld bringen."
Die beiden Herren nicken einander zu. Wohlwollend fährt
Herr Aloys fort: „Als unser Herzog Albrecht III. gestorben ist

und die großen Wirren begannen, da hat es nur der Wehingen geschafft, Wien aus blutigem Bürgerkrieg zwischen den verfeindeten Brüdern herauszuhalten. Da hat er sich sogar persönlich vor die Stände gestellt, um Ordnung zu schaffen. Wie aber der Herzog Ernst mit seinem Bruder Leopold IV. konkurriert hat, da wollte er vor allem den Wehingen als Kanzler weghaben. Denn hinter Ernst stand der Passauer Bischof Georg von Hohenlohe. Der hätt' gern Kanzler werden wollen zu Wien. Und als er abgeblitzt ist, war er so wütend, daß er den Berthold von Wehingen mit Kirchenstrafen und mit einer Exkommunikation beleget hat."

Der Pater Bonifazius bekreuzigt sich eilig. „Ein Bischof kann doch nicht einen anderen Bischof exkommunizieren, das ist doch wider das Kirchenrecht."

„So ist es. Und es hat auch niemanden geschert. Nur mag es den Wehingen wohl sehr geärgert haben. Obwohl niemand je davon geredet hat, und er selbst auch nichts dazu gesagt hat. Ist er also zuletzt bei unserem Herzog Albrecht V. noch immer Kanzler gewesen, da mag dem Hohenlohe der Schaum vor dem Mund gestanden haben. Doch sein Tod hat uns in schwere Verlegenheit gebracht. Das hatte er gemerkt, der Pater."

Pater Bonifazius neigt wißbegierig den Kopf. „Mir deuchte, es wären so wenig Leut' beim Begräbnis, weil doch die Krankheit eine Gefahr darstellte."

„Wir sind alle in der Hand des Herren", wischt der hochwürdige Herr Aloys den Einwand zur Seite. „Dem Wehingen wär' ein großes Begräbnis zugestanden. Mit allen Ehren, mit großem Zug, mit Hochamt, Requiem und Litaneien. Mit hohem Klerus, Adel und Volk. Aber wie hätten wir das tun sollen? Gehören wir doch zur Diözese des Passauer Bischofs, seinem Erzfeind, der ihn exkommuniziert hat. Der hätte uns das gesamte Begräbnis verbieten können, wenn zuviel Aufsehen gemacht worden wäre. Also mußten wir ihn still begraben."

„So ist aber doch sein Wunsch, zu Klosterneuburg begraben zu werden, in Erfüllung gegangen", begütigt der Bonifazius.

„Schon, schon", grübelt der hochwürdige Herr Aloys und beginnt seine Schritte erneut in Richtung der Stiftskirche zu lenken. „Nur fürcht' ich halt, und alle, die den Berthold von Wehingen gekannt haben, wohl mit mir, daß es ihm nicht gefallen hat. Der Allmächtige möge seine Seele gnädig aufnehmen und ihm den ewigen Frieden schenken. Aber wahrscheinlich wird der Berthold nicht gehen wollen. Nicht so, so still und bescheiden. Ich fürcht', wir werden noch viel von ihm hören . . . Nun aber eilet mit mir, Bruder in Christo, die Vesper und die Complet dürfen wir nicht versäumen!"

Die frommen Herren entschwinden im Dämmerlicht. Die Steinmetzen haben in der Kapelle Fackeln angesteckt, um ihr Arbeitspensum noch an diesem Tag erledigen zu können.

EIN GESPRÄCH IM BESUCHSZIMMER

Klosterneuburg bei Wien
Fast sechs Jahrhunderte später

„Es wird wohl so gewesen sein, daß unmittelbar bei oder kurz nach der Grablegung hier im Stift die Anschauung aufgekommen ist, daß der mächtige Bischof und Kanzler Berthold von Wehingen mit einem so verhältnismäßig bescheidenen Begräbnis sich nicht zufriedengeben würde. Nun, und so hat man eben geglaubt, daß er als Hausgeist, als Hauslegende, sich immer wieder bemerkbar mache. Immer wenn im Stift irgend etwas Ungewöhnliches geschehen ist, etwas verschwunden ist oder gepoltert hat, hat es geheißen, das sei ‚der Wehinger', wie man das halt sprachlich so bei uns sagt. Als ich selbst noch ein junger Kleriker war – und junge Kleriker stellen halt immer irgend etwas an – da war diese Redewendung gang und gäbe. Und so gibt es diese Legende auch heute noch."

Der hochwürdige Herr Floridus ist nicht nur ein Augustiner-Chorherr, sondern als Historiker und Hochschullehrer DDr. Floridus Röhrig, als Fachmann und Buchautor weit über die Grenzen Österreichs hinweg bekannt. Von ihm erwartet man, bei einem guten Gläschen Klosterneuburger Weines auch stets nicht nur die Geschichte zu hören, sondern auch viele – humorvolle – Geschichten.

„Der Wehingen war", bestätigt Herr Floridus nochmals, zu

seiner Zeit einer der mächtigsten Männer Österreichs und Bayerns. Und er war nicht nur der Universität Wien gegenüber ein großer Förderer. Auch für die Stadt Großenzersdorf hat er viel getan, das Stadtwappen trägt heute noch das Wappen der Wehingen eingebunden, ein silbernes W auf einem dunklen Bindenschild. Und der Wehingen war auch sicher eitel. Nur war das Stift Klosterneuburg bei seinem Tod wirklich in der Zwickmühle. Er hätte nirgends anders begraben werden können bzw. wollen. Weil aber der Passauer Bischof ihn exkommuniziert hatte – was ja zeitgenössisch wirklich niemand interessiert hat –, hätte dieser das Begräbnis aber verbieten können, da Klosterneuburg damals zur Diözese Passau gehörte. Und so kam nun die Legende auf. Nein, es ist nie berichtet worden, daß der Wehingen im Stift zu sehen gewesen ist. Oder daß er irgend etwas wirklich Unangenehmes getan oder bewirkt hätte. Vielmehr scheint er für das Stift eine Schutzfunktion übernommen zu haben. Das könnte man auch aus seinem letzten genannten Auftreten ableiten. Es war am 9. April 1939. Beim Begräbnis des Augustiner-Chorherren Norbert Bruno Stenta. Hier im Haus. Als der Sargdeckel geschlossen wurde, wurde ein geradezu furchtbares Getöse vernommen. Und selbstverständlich haben alle gemeint, daß das der Wehingen gewesen sei. Die Geschichte hat gezeigt, daß es damit etwas auf sich gehabt haben muß. Denn dieses Begräbnis war das letzte vor der Enteignung des Stiftes Klosterneuburg, die im selben Jahr noch von den Nazis vorgenommen wurde. Bis 1941 sind dann alle Chorherren nach und nach aus dem Kloster vertrieben worden. Der Wehingen, so sagt man, hat damals eben gewarnt. Ansonsten ist er natürlich durchaus noch da. Im 19. Jahrhundert wurde sein Hochgrab seitlich geöffnet. Dabei konnte man auch den Sarg öffnen und hineinschauen. Seine Knochen waren noch zu erkennen, auch ein roter Bischofsstab aus Holz. Das Holz war total vermodert. Nur die rote Lackhülle hat noch die Form erhalten gehabt. Bei der Sargöffnung ist sie allerdings durch die hinzutretende Luft auch zusammengefallen. Aber, wie gesagt, der Wehingen ruht noch in seinem angestammten Grab. Das ehemalige Hochgrab des Bruders, des Reinhard von

Wehingen, das ist abgesenkt worden. Die Deckplatte aus rotem Marmor ist jetzt mit dem Boden niveaugleich. Wir können uns das ja anschließend gleich ansehen. Auch von der Grabkapelle, die einmal die schöne Kapelle genannt wurde, ist nicht mehr sehr viel Originalsubstanz erhalten. Sie liegt jetzt direkt am Kreuzgang. Und man kann durch eine Gittertür hineinsehen. Wenn ich Sie dorthin führen darf . . .“

Die Suchenden und Fragenden lassen sich gerne vor Ort informieren, dann führt sie der würdige Historiker noch in die Stiftsbibliothek und ist beim Aussuchen einiger Werke behilflich, die vom Leben des Wehingen berichten. Irgendwo im Hintergrund der weitläufigen Regalschränke macht sich ein weiterer Stiftsgeist hör- und bemerkbar. Ein äußerst freundlicher und zuvorkommender. Und auch leicht zu erkennender, denn er trägt als Bibliothekar einen hellbraunen Arbeitsmantel.

Mächtig und eindrucksvoll thront das barocke Stift Klosterneuburg über der gleichnamigen Stadt und dem Donaustrom. Als Zeichen seiner Geschichte und seiner geistlichen wie auch irdischen Bedeutung trägt es auf der großen Kuppel über dem Dom in Stein den Wiener Herzogshut, die Krone der Babenberger Herzöge, die hier einmal ihre Residenz hatten. Das Stift wurde von Leopold III. dem Heiligen um 1107 gegründet und im achtzehnten Jahrhundert zu einer eindrucksvollen Barockarchitektur ausgebaut. Aus dem zwölften Jahrhundert stammt der berühmte Altar des Nikolaus von Verdun, der auch bei den Führungen durch das Stift gezeigt wird.

Herr Floridus hat sich schon längst entschuldigt und zurückgezogen. Er wird wohl zum Mittagsgebet geeilt sein. Als sich die Reporter aus der romantischen Helle der Stiftsbibliothek dankend verabschieden und über die weitläufigen Gänge und Stiegenhäuser des barocken Bauwerkes wieder zum Ausgang streben, hätten sie ihn wohl gern gesehen, den Wehingen. Oder zumindest gehört. Aber in Wirklichkeit war es wohl doch nur der entfernte Hall von einer mit dumpfem Laut zufallenden Portaltür.

VON UNDURCHSCHAUBAREN ZWERGEN UND EINEM LACHENDEN BAUM

Es regnet. Nein, es gießt. Nicht nur in Oberösterreich, in fast ganz Europa. Aber in Grünau, im wunderschönen Almtal, ganz besonders. Dicht neben dem Haus des Märchenerzählers schießt ein schäumender, jadegrüner Bach vorbei, der in den Almsee mündet. Jenen See, der dem Tal den Namen gibt. Dieser See- und Flußname hat aber nichts mit der alpinen Viehwirtschaft zu tun, mit den Hochgebirgsweiden, die Almen genannt werden. Er ist eine Verballhornung aus Alb, und damit aus Elb. Das ist die alte Bezeichnung für jene Wesen, die heute Elfen genannt werden. Es ist also das Elfental, in dem die Sommerfrische Grünau liegt. Und der Almsee, ein romantischer See von Trinkwasserqualität am äußersten Ende des Tals, in dem sich schon die Gipfel des Toten Gebirges spiegeln, ist daher auch vom Ursprung her ein Elfensee. Schon dies macht die liebliche Landschaft um Grünau in liebenswürdiger Art und Weise geheimnisvoll.

Sogar wenn es gießt.

„Also das mit dem Baum, das war eine ganz eigenartige Geschichte", erzählt Helmut Wittmann, der Berufsmärchenerzähler, seinen Gästen und Besuchern in der Stube am großen Bauerntisch.

„Das ist mir so passiert, ich telefoniere und bin ganz konzentriert auf das Telefongespräch und schau' zum Fenster hinaus. So wie man hinausschaut, während man etwas ganz anderes denkt und tut. Vor dem Fenster war ein Obstgarten, darin standen ein paar Bäume. Und urplötzlich habe ich es gesehen – ja sakra, denk' ich, mich lacht der Baum an. Ja, wirklich. Der hat gelacht. Und ich hab's gesehen. Mein Gott, im ersten Moment war ich natürlich sehr überrascht. Aber dann habe ich halt

163

zurückgelacht. Was hätte ich besseres tun sollen? Ja, mei, ich hab' das schon originell gefunden, wie mich der Baum angelacht hat: Haha, servus! Mehr brauch' ich gar nicht.

Aber ihr kommt's ja wegen der Zwergln? Jo, die gibt's bei uns schon. Da gibt's eine Menge Geschichten. Und ihr wollt's wissen, ob ich selbst auch Zwergln gesehen hab? Also, da gibt's eine Regel: Wer redet, der weiß nix. Und der was weiß, der redet nix."

Und weil er nix redet, halten ihm die Besucher vor, weiß er eben was. Und das sei der Beweis, daß es wirklich Zwerge gäbe.

Da lacht der Märchenerzähler. Ein merkwürdiges Lachen, ein außergewöhnliches Lachen. Wenn Helmut Wittmann lacht, und er wird es an diesem regnerischen Vormittag noch öfter tun, dann kommt das Lachen so von tief innen, ist im Ton und im Volumen so resonant, daß es mühelos auch größere Räume bis in die äußersten Ecken füllen könnte. Es ist ein fröhliches, ein herzliches und ein mächtiges Lachen.

Das Lachen eines Zwergenkönigs?

„No, seid's so guat und schreibt's, daß ich ein Zwergenkönig bin? Dann komm' ich aber über euch. Dann wär' ich bös."

Die Besucher schmunzeln in sich hinein. Denn Zwerge sind im Hause Wittmann omnipräsent. Vor dem Haus, heute im strömenden Regen, steht das ausgewachsene Modell eines klassischen Gartenzwergs. In der Ecke der Stube, in der in anderen Häusern vielleicht ein Herrgottswinkel wäre, steht ein Zwerg auf einem Wandbord. Und sogar die Visitenkarte des professionellen Märchenerzählers Helmut Wittmann ziert ein neckischer, kleiner Zwerg. Doch wie gesagt – wer redet, weiß nix, und wer was weiß, der denkt sich was.

„Also, i kann mir das ganz gut so vorstellen, wie der Jörg Mauthe das in seinem berühmten Roman *Die große Hitze* beschrieben hat. Vielleicht hat dieser österreichische Schriftsteller eben alles über die Zwerge gewußt."

Jörg Mauthes erster Roman, *Die große Hitze oder Die Errettung Österreichs durch den Legationsrat Dr. Tuzzi* aus der Mitte der siebziger Jahre, ist nicht nur eine der besten Satiren über Österreich, sondern wahrscheinlich auch der erste Fantasy-

164

Faction-Roman der neueren österreichischen Literatur. Es geht darin um die Fiktion, daß Österreich unter einer bereits mehrjährigen, nicht enden wollenden Hitzeperiode leidet. Durch mehrfache Verstrickungen und Wendungen kommt ein junger Beamter des Außenministeriums in die Lage, durch Aufnahme diplomatischer Verbindungen Österreich von dieser katastrophalen Hitzewelle zu befreien. Denn von höchster Stelle war neben dem politischen und diplomatischen Alltag, der in Österreich ja auch bei den absurdesten Wetterlagen stets derselbe bleibt, ein außergewöhnlicher Auftrag erteilt worden. Vorerst an den Ministerialrat Dr. Twaroch vom Gesundheitsministerium: Alle Möglichkeiten zu untersuchen, mit den Zwergen Kontakt aufzunehmen. Als der Legationsrat Dr. Tuzzi auf die Twarochschen Unterlagen stößt, ist letzterer allerdings sowohl unter der Belastung der Aufgabe als auch unter der immer mörderischer werdenden Hitze bereits zusammengebrochen und ins Krankenhaus gebracht worden. Die gesammelten Ausarbeitungen Twarochs – die sogenannte Twarochsche Hypothese – stellt sich dem Beamten in Kürze so dar:

Nachdem der Ministerialrat auf Aberdutzenden Seiten Konzeptpapier alle überlieferten Begegnungen, Kontakte, Sichtungen, also Märchenerzählungen, Mythen, Sagen gesammelt, datiert, kartographiert und damit eine Akte erstellt hatte, nachdem er alle zwergenähnlichen Lebensformen wie Liliputaner oder Pygmäen, Pseudozwerge und andere monströse Spielarten ausgeschlossen hatte, kam er abschließend zu folgender – natürlich hypothetischer – Schlußaussage:

Nichts steht also grundsätzlich der Annahme entgegen, daß es Zwerge tatsächlich gegeben hat. Für sie sprechen unzählige bis in unsere Tage hinein vorgebrachte Augenzeugenberichte, dagegen nichts als ein Vorurteil, demzufolge alle jene Zeugen Opfer eines Aberglaubens, Lügner oder Phantasten gewesen seien.

Ferner wäre auf Grund des bisher bekannten Materials eine Meinung nicht zu widerlegen, nach der es sich bei den sog. Zwergen um eine in jeder Hinsicht menschliche Rasse oder Art handelt(e), wiewohl wir über ihre Herkunft nichts wissen.

Waren sie vielleicht die Nachfahren einer vorgeschichtlichen und bereits höhlenbewohnenden Rasse, die eine ziemlich beachtliche Kulturstufe erreicht hatte und dann von den plötzlich auftauchenden Cromagnon- und Aurignac-Riesen überrannt und noch tiefer in ihre Höhlen getrieben wurde?

Und schließlich sehen wir keinen fundamentalen Widerspruch zu der theoretischen Annahme, daß, da es offenbar Jahrtausende hindurch an Zwergen nicht gemangelt hat, solche auch heute noch vorhanden sind und lediglich nicht in Erscheinung treten. – gezeichnet: Twaroch, Ministerialrat.[*]

Legationsrat Dr. Tuzzi bricht daraufhin in Richtung des nach Twaroch höchstwahrscheinlichen Hauptsitzes der Zwerge, dem Ötschergebiet in Niederösterreich, auf. Und tatsächlich kommt er in die unterirdische Zentrale des Zwergenreichs. Was allerdings ein Verdienst der Zwerge und nicht des Beamten ist. Diese Zwerge, wie Mauthe sie beschreibt, haben nichts mit den kleinen Wichtelmännern der Märchenbücher gemein. Sie haben die Größe kleinerer Erwachsener, sind breitschultrig, muskulös und haben so kräftige Hände, daß Mauthe sie als spatenähnlich beschreibt. Ihre Augen sind auffallend hell und klar. Ihre Kultur und ihre Technologie ist hoch entwickelt. Verbindungen zu den Menschen besitzen sie, wenn auch geheim, immer noch. Übrigens ist der oberste der Zwerge niemand anderer als ein dem Dr. Tuzzi bekannter ministerieller Amtsdiener namens Brauneis. Zwergisch wird er der höchst ehrenwerte Braons genannt. In Österreich haben eben Amtsdiener tatsächlich den besten Zugriff auf alle Informationen, und daher stellt die Einheit von einem Zwergenkönig und einem menschlichen Amtsdiener eine ungeheure Machtposition dar.

Kurzum, es gelingt Tuzzi, die Zwerge dazu zu überreden, den oberirdischen Menschen ihre unterirdischen Wasserreserven zu öffnen. Daraufhin tritt tatsächlich ein Klimawechsel ein, und aus der Hitzekatastrophe wird am Ende der Erzählung ein durch nicht enden wollenden Regen sich anbahnendes Hoch-

---

[*] Aus: Jörg Mauthe, *Die große Hitze*, Edition Atelier, Wien.

166

wasser-Desaster. Fazit: Das Zwergische an sich, wie Twaroch es definierte, ist also existent, aber höchst dialektisch.

„Und so ist das auch in allen anderen überlieferten Geschichten mit den Zwergen", sagt Helmut Wittmann. „Einerseits helfen die Zwerge den Menschen, andererseits gibt's Probleme. Die sind nicht leicht auszurechnen, die kleinen Leut'."

Und dann lacht er wieder, der Märchenerzähler.

„Bei uns im Almtal gibt es ja Zwergensagen in Hülle und Fülle. Von Zwergenmännern und -frauen, die bei der Arbeit mitgeholfen haben, beim Holzhacken, am Feld, im Stall. Das Almtal ist ein klassisches Zwergental. Wir haben auch Geschichten vom Zauberer und von Erdgeistern, aber obwohl wir diesen wunderbaren Almsee haben, gibt es keine Geschichten von Wasserwesen. Ich hab eine recht tiefe Beziehung zu den Zwergen, das wär' ja weiter kein Wunder für einen Märchenerzähler, bei so viel alten Zwergengeschichten. Aber wenn Sie von mir erwarten, daß ich einen Platz nenn', wo man hingehen kann, dann gibt es einen riesigen Kracher und die Zwergln kommen heraus, also das kann ich wirklich nicht sagen."

Der Märchenerzähler beginnt wieder herzlich zu lachen.

„Aber angenommen, da wäre jemand, der mit einem Zwerg Kontakt aufnehmen will, etwas erahnen, etwas spüren will, der sollte sich schon fragen, warum. Da kann man die Überlieferung hernehmen, die hier auch eine große Warnung ausspricht. Den Menschen, denen so ein Erlebnis zuteil wird, die dann auch etwas davon haben, denen passiert das meist aus einer Gnade. Und die, die in die Höhlen gehen, um die Zwerge zu suchen, weil sie, wie es in den alten Geschichten oft berichtet wird, einen Schatz heben oder ein Geheimnis erfahren wollen, diese Menschen zahlen dann meistens drauf. Also, wer in dieser Anderswelt etwas erleben will, der muß sich darauf einlassen. Alles andere würd' ich als sehr gefährlich ansehen. Oft, wenn Leute kommen und mit mir über Zwerge reden wollen, merke ich, die haben ganz fixe Vorstellungen davon, was passieren sollte, wenn da ein Zwergl daherkommt. Dadurch können sie auch bestenfalls an der eigenen Einbildung ansetzen, aber für eine echte Kommunikation mit Zwergen wären sie gar net fähig. Denn diese Wesen sind halt net nur lieb und schön, sondern mitunter schaurig und unheimlich. Wenn man das erleben will, muß man was riskieren."

Helmut Wittmann hat sich warmgeredet, aber die Fragen, wo denn die Zwerge heute wären und ob er selbst schon welche gesehen hätte, beantwortet er nicht. Und zwar konsequent und beharrlich. Aber kleine, versteckte Hinweise gibt er dann doch preis: „Wenn ich jemand wäre, der Zwerge suchen tät', dann ging' ich vielleicht ins Ausseer-Land, in die Pyhrn-Eisenwurzen oder sonst irgendwohin, wo es einfach schöne Plätze gibt. Und ich tät' mich in eine Höhle setzen, vielleicht ein Lied auf der Flöte spielen. Das ist sicher gut, weil man selbst auf eine ausgeglichene Frequenz kommt. Dann würde ich versuchen, völlig offen zu sein. Einfach dasitzen, schauen, was da kommt. Und alles, was kommt, hat man für sich, da hat man dann sein persönliches Erlebnis. Am besten ist, man redet gar nicht zu viel darüber, weil sonst halten einen alle für verrückt."

Der Märchenerzähler lacht. Die Vorstellung, für verrückt gehalten zu werden, scheint ihn nicht sonderlich zu schrecken. Und dann erzählt er von Menschen, die ihn besucht haben, weil sie die Feen und Waldgeister, die Zwerge und Elben sehen wollten. Und die dastanden und den Wald vor lauter Bäumen nicht sehen konnten.

„Wir haben früher höher oben auf dem Berg gewohnt, auf 900 Meter, der nächste Nachbar war eineinhalb Kilometer entfernt, und im Winter waren wir drei Monate eingeschneit. Dort oben haben wir oft Besuch bekommen von Menschen, die bei uns Naturgeister sehen wollten. Die sind aus ihren Autos ausgestiegen und haben fast einen Kulturschock erlitten, denn außer Vogelgezwitscher und dem Säuseln des Windes gab es dort nichts zu hören. Die Leute waren völlig überreizt, die haben nichts wahrgenommen. Selbst wenn ein riesiger Elb neben ihnen gestanden wäre, hätten sie ihn nicht gesehen. Die hatten keine innere Ruhe. Ich kenn' das ja von mir selbst. Ich hab' am Anfang noch nicht vom Märchenerzählen leben können, hab' nebenbei in Linz gearbeitet. Wenn ich da heimgekommen bin, war ich völlig überdreht. Ich bin in den Wald gegangen, um Schwammerl zu suchen, aber ich habe keinen einzigen Pilz gesehen. Sobald ich aber wieder entspannt war und offen, sind mich die Pilze förmlich angesprungen. Diese ständige Überreizung und Überflutung bringen es mit sich, daß wir schließlich gar nichts mehr sehen und wahrnehmen. In so einem Fall ist es das beste, eine Stunde durch den Wald zu gehen, dann ist man wieder fähig, mit den Bäumen, Steinen, Pflanzen, dem Wasser und dem Berg Kontakt aufzunehmen. Ansonsten fährt man wie ein Eisbrecher durch das Nordmeer. Der bricht das Eis auseinander, aber er hat weder mit dem Eis etwas zu tun noch mit dem Wasser.

Damals hab' ich oft so lachen müssen, da sind Leute gekommen, die nannten sich Lichtsucher. Aber was heißt das, wenn jemand Licht sucht, das heißt doch, daß er im dunkeln tappt."

Die Suchenden, die Fragenden, die Berichtenden versuchen noch einmal, den fröhlichen Märchenerzähler auf den Punkt zu bringen: Wenn es die Zwerge hier im Almtal immer gab, dann gibt es sie doch auch heute. Wo wären sie denn sonst hingegangen? Sind vielleicht auch heute die Zwerge noch dort, wo sie früher auch waren, nur die Menschen sehen sie nicht?

„Also, ich glaub', in einer intakten, ruhigen Bergwelt sind sie leichter wahrnehmbar als woanders. Aber das hängt damit zusammen, daß ich kein Stadtmensch bin. Ich kann mir aber vorstellen, wenn es jemand schafft, in der Stadt seine innere Ruhe zu finden, auf seine ganz bestimmte Art und Weise, worum soll er sie nicht auch dort wahrnehmen?"

Die Besucher erweisen sich jetzt als hartnäckig: „Aber Sie wissen, daß es Elfen und Zwerge gibt?"

Als Antwort kommt wieder ein herzliches Lachen.

Jetzt zeigen sich die Fragenden verständig: „Wir wissen schon, daß Sie's nicht sagen dürfen."

Nachdem der Märchenerzähler ausgelacht hat, sagt er: „Wenn ich nicht überzeugt wär', tät' ich ja nicht erzählen. Aber tut's mich nicht auf ein traditionelles Zwergenbild festlegen. Zwerge sind jahrhundertealte Wesen, denen man mit einem gewissen Respekt begegnen muß. Man schlagt ja schließlich auch nicht dem Großvater auf die Schulter: Na, was ist, Alter?

Und andererseits gibt es unter den Zwergen, wie bei allen anderen Wesen auch, freundlich gesinnte, aber auch hinterlistige. Grundsätzlich gilt der alte Spruch: Wie man in den Wald hineinruft, so schallt es heraus. Ich tu' mir mit den Esoterikern und den Spiritisten schwer, mit denen kann ich nichts anfangen. Da werden so banale Dinge aufgebauscht, da wird bei Selbstverständlichem getan, als wäre es etwas Großartiges: Fähigkeiten, die vor fünfzig Jahren noch jede Großmutter gehabt hat, Dinge, die viele gekannt und gekonnt haben. Damals hat das kein Mensch für etwas Besonderes gehalten. Ich denk' mir oft, wie eng muß der Wirklichkeitsbegriff vieler Menschen sein, wenn jemand, der etwas wahrnimmt, etwas erkennt, etwas heilt, nicht etwas Selbstverständliches ist, sondern eine Sensation. Das Problem bei all diesen Kontakten mit der Anderswelt ist: Man muß damit umgehen können. Da muß man sehr aufpassen, und es ist gut, daß so etwas manchen Menschen erspart bleibt. Und den Menschen, die Erlebnisse haben, mit denen sie nicht fertig werden, geht es ähnlich wie dem Zauberlehrling des Herrn Goethe: Die Geister, die ich rief, die werd' ich nicht mehr los!

Für mich selbst ist das alles nicht so wichtig. Ich bin kein ‚Naturgeisterjäger‘, sondern ich will möglichst flexibel und offen für alle Erscheinungen dieser Welt sein.“

Die Besucher bleiben noch eine Weile beim Märchenerzähler. Helmut Wittmann berichtet von seinen nächsten Terminen. Ein Märchenabend für Erwachsene, ein Nachmittag für Kinder, auch während einer Rundfahrt auf dem Märchenschiff am Traunsee wird er Sagen und Geschichten aus der Gegend erzählen. Harmlose Geschichten, wie er sagt, keine zum Fürchten. Aber vielleicht werden die Zuhörer doch ein bißchen sensibilisiert, bekommen einen anderen Blick für all das, was es sonst noch gibt in dieser Welt.

Das fröhliche Lachen des Erzählers wirkt ansteckend. Und während es draußen noch immer in Strömen regnet, hat sich, so scheint es, jemand unter die Zuhörer gemischt. Äußerlich ist alles wie zuvor. Aber daß hier jemand beim Zwergenfreund zu Gast ist, das können sogar die Besucher spüren.

Wochen nach diesem Gespräch im wunderschönen Almtal fällt
den Suchenden und Fragenden eine Zeitungsmeldung in die
Hände. Da wird davon berichtet, daß sich in Grünau im Almtal
ein Forschungszentrum befindet, das nach dem großen Nobel-
preisträger Konrad Lorenz benannt ist. Mit großer Mühe und
äußerst verdienstvoll haben dessen Mitarbeiter einen in Europa seit 350 Jahren in freier Wildbahn ausgestorbenen Waldbe-
wohner wieder angesiedelt. Es handelt sich um einen besonderen Vogel. Der Waldrapp ist ein aufrecht laufender, 75 Zentimeter großer, dunkel gefiederter Vogel mit kahlem roten Kopf.
Eigentlich gehört er zu den Ibissen und wird auch Glatzenibis
genannt. Es scheint gelungen zu sein, eine kleine Kolonie von
sechs Exemplaren im Almtal heimisch zu machen. Zwar fliegen
die Tiere weite Strecken, bis zu hundert Kilometer nach Süd-
deutschland und Tschechien hinein, aber das Almtal ist ihre
Heimat geworden, und sie kehren immer wieder zurück.
Nun aber kommt das Besondere: Die Verhaltensforscher meinen, damit auch ein Stück Kulturgeschichte wiederhergestellt
zu haben. Denn sie vermelden, daß der Ursprung der vielen
lokalen Wichtel- und Zwergensagen in der früheren Existenz
dieser Tiere liegt. Diese seien nämlich von den Menschen des
Waldes immer wieder für Zwerge gehalten worden. Und dies
erkläre die Häufigkeit der entsprechenden lokalen Sagen.
Welch ein – typisch wissenschaftlicher – Begradigungsversuch.
Das unterstellt doch, daß die Menschen des achtzehnten Jahrhunderts nicht unterscheiden konnten zwischen einem Wald-
vogel und einem Wichtelmann. Welch eine verhaltensforsche-
rische Arroganz!
Denkt man an die Twarochsche Hypothese, wäre es doch eher
wahrscheinlich, daß sich der eine oder andere zauberkräftige
Zwerg aus taktischen Rückzugsgründen in einen Waldrapp verwandelt hätte. Aber eine so billige Verwechslungsgeschichte
zwischen Natur- und Anderswelt?
Da lachen ja die Zwerge.

DAS HEXENHAUS
VON KROTTENHILL

„Und da", erzählt die freundliche Dame des Hauses, „da haben sich alle getäuscht. Denn die haben wirklich darauf gewartet, daß ich eines Tages vielleicht kreischend aus dem Haus laufe. Mit grünem Gesicht und gesträubtem Haar. Die konnten hier ja nicht wissen, daß ich mit Spuk schon seit meiner Kindheit vertraut bin. Ich bin nämlich in Südtirol aufgewachsen, in einer Burg oberhalb von Klausen. Dort haben wir einen Hausgeist, zu Lebzeiten war er in der Gegend Scharfrichter. Und immer wenn sein Bild nicht so hängt, daß er mit dem Gesicht zum Kloster hinüberschaut, dann spukt er. Für meine Mutter allerdings war er stets eine Art Schutzgeist. Und oft, wenn sie in Nöten war, ist sie zum Bild gegangen und hat gesagt: ‚Du, hör jetzt, hilf mir da.' Meine Mutter hat in der Burg auch gesehen, daß ein Bilderrahmen zu glühen begonnen hat. Und eines Abends, als wir beisammensaßen und meine Mutter Geschichten vom Hausgeist erzählte, hat ihre beste Freundin, die gerade zu Gast war, Witze gemacht. Am nächsten Tag ist sie aufgewacht und hatte einen ganz stark geschwollenen Arm, und niemand wußte, woher. Aber wirklich bedrohlich ist dieser Hausgeist nie gewesen."

Ein Nachmittag bei Kaffee und Kuchen. Zu Gast in einem Hause, das von Frau S. und ihrer Familie aus einem alten Bauerngehöft zu einem wunderschönen und geschmackvoll eingerichteten Wohnsitz umgestaltet wurde. Als sie das Haus in Krottenhill, einem winzigen Dorf in der Gegend von Pfaffenwinkel, an der Grenze zwischen Oberbayern und dem Allgäu kauften, ahnten sie nicht, warum es so preisgünstig war. Aber daß die Dorfbewohner die zukünftigen Hausbesitzer ständig beobachteten, ist ihnen schon merkwürdig vorgekommen. Den Grund dafür sollten sie erst Monate später erfahren.

Im Oberbayrischen Alpenvorland, einer ausgesprochen reiz-
vollen Gegend, liegt nicht weit vom Starnberger See, an der
sogenannten Romantischen Straße, der Pfaffenwinkel. Es gibt
kaum einen Landstrich, in dem so viele Kirchen und Klöster so
eng beieinanderliegen. Neben der großen Zahl von Wallfahrts-
kirchen sind hier auch viele kleine, informative Museen zu
finden, vom Molkereimuseum in Bernbeuren, dem Bergwerks-
museum in Penzberg bis zum Stadtmuseum in Weilheim, eines
der ältesten in Bayern. In Peiting hat der rührige Altbürgermeister Karl Fliegauf mit viel Liebe zum Detail eine Geschichtsstub'n eingerichtet, die den Besuchern die Geschichte Peitings
vor Augen führt. Die Suchenden und Fragenden werden an
diesem sonnigen Morgen vom rüstigen Lokalhistoriker, der
bereits hoch in den Achtzigern ist, eingewiesen. Schon von
Jugend an ist ihm die Geschichte seiner Heimat ein Anliegen
gewesen, erzählt er. „Ich war der erste, der in dieser Gegend
davon gesprochen hat, daß hier einmal die Kelten heimisch
gewesen sein müssen. Damals war ja bei uns alles auf römische
Geschichtsschreibung fixiert. Heute weiß man, daß alle die
Sagen und Geschichten viel älter sind und auf die Kelten zurückgehen, damals hat mir das kein Mensch geglaubt."
Begeistert erzählt er, daß er auf seinen privaten Urlaubsreisen
alle für die Kelten wichtigen Orte in Frankreich und England
besucht hat. Und der Name Peiting, so vermutet er, dürfte vom
Wort Pedeius stammen, das ist der Name eines keltischen
Gottes.
Hier in Peiting hat sich Karl Fliegauf schon vor Jahrzehnten als
Hobbyarchäologe betätigt. Er hat vier bronzezeitliche Beerdi-
gungsplätze gefunden und eine keltische Viereckschanze mit
dreißig Hügelgräbern. „Auch einen römischen Beerdigungs-
platz gibt es hier", erzählt er. „Die Bauern haben zu dieser
Gegend gesagt ‚Im Welschland'. Sie hatten keine Ahnung, was
dort ist, aber daß dort ein besonderer Platz war, hat jeder
gewußt. Und jener Ort, wo der Friedhof aus der Zeit um 1500
vor Christus gefunden worden ist, hatte den Flurnamen ‚Im

Heiligen Winkel'. Einmal ein heiliger Platz, immer ein heiliger Platz", sagt der Herr Altbürgermeister. „Wir haben nur oft vergessen, worum es sich handelt. Zum Beispiel gab es in Peiting ein Gebiet, das hieß seit Menschengedenken ‚In der armen Leich'. Niemand hat gewußt, warum. Vor kurzem wurde genau dort eine Moorleiche entdeckt. Leider sind die Untersuchungen noch nicht abgeschlossen, daher wissen wir nicht, wie alt sie ist."

Als die Besucher nach den Gespenstern im Pfaffenwinkel fragen, meint Karl Fliegauf: „Bei den Gespenstern ist es nicht anders. Alle schweren Gewitter, die zu uns kommen, kommen vom Auerberg. Und genau aus dieser Richtung ist auch immer die Wilde Jagd gekommen. Zum Schutz vor der Wilden Jagd haben die Bauern früher Speisereste auf die Holzbank hinausgestellt, dazu ein Ei für das Pferd des Jägers. Auch von Höllenhunden ist bei uns viel erzählt worden, einer davon war der Gschnoadpudel, ein Hund mit glühenden Augen, dessen Jaulen zu hören war. In Wahrheit", so glaubt der Altbürgermeister, „waren das wohl die beiden Kolkrabenpärchen, die dort oben ansässig waren und im Frühjahr, zur Zeit der Balzflüge, so merkwürdig geschrien haben." Karl Fliegauf hat viele Sagen der Gegend aufgeschrieben, daß es Geister und Gespenster noch gäbe, will er nicht so recht hinnehmen. Er ist froh, daß sich das in der Gegend endlich aufgehört hat, die Sache mit dem Aberglauben. Sein Vater war hier Arzt, und der ist oft wütend geworden, wenn Bauern, die Schwierigkeiten mit dem Vieh gehabt hatten, eine Frau aus dem Dorf als Hexe bezeichneten. „Wir leben ja hier in einem Gebiet, in dem ganz schlimme Hexenprozesse stattgefunden haben", erzählt der Heimatforscher. „Gleich daneben, in Schongau, gab es den furchtbaren Hexenprozeß, bei dem dreiundsechzig Mädchen und Frauen umgebracht worden sind. Heute machen die Schongauer ein Hexenspektakel daraus, ein riesiges Fest. So etwas macht mich zornig. Ich kann gar nicht verstehen, daß man das schlimmste Ereignis, das in einem Gemeinwesen passiert ist, als lustiges Spiel darstellt.

Zum Glück glaubt heute keine Mensch mehr solche Dinge.

Das ist vorbei. Allerdings habe ich in den vierundzwanzig Jahren, die ich Bürgermeister war, diesbezüglich allerhand erlebt. In den fünfziger Jahren ist einmal ein Bauer zu mir gekommen: ‚Burgermaster, du mußt was tun. Wann die eine Frau vorbeigeht – ich sag' jetzt keine Namen – da ist bei uns was los, da tut sich was, besonders im Stall. Die kann etwas.' Darauf hab' ich gesagt: ‚Red nicht so saudumm daher, das ist eine brave, fleißige Frau, und du bist ein Hanswurst. Goscht hoam und gibst a Ruah mit so an Zeigs!' Man hat übrigens auch von Männern gesagt, daß sie hexen. Aber ich nenn' keine Namen. Die Jungen glauben das heute zum Glück nicht mehr, aber ich hab' das noch erlebt."

Die Malerin, die die Suchenden und Forschenden zum Altbürgermeister begleitet hat, erinnert sich, daß auch noch in ihrer Jugendzeit hier in Peiting von Hexen oder Hexern die Rede war. „Es war so in den sechziger Jahren", sagt sie, „da hat uns der evangelische Pfarrer erzählt, daß in der Freistraße eine Frau wohnt, die sei eine Hexe. ‚Die arbeitet noch', hat er gesagt. Und die Bachstraß' in Peiting, das war die Hexenstraße."

Ein pensionierter Bergmann, der sich gerade in der Geschichtsstub'n umsieht, hat die längste Zeit aufmerksam zugehört. Nun mischt er sich ins Gespräch: „Meine Vorfahren haben in der Bachstraß' gewohnt, da kenn' ich mich aus. Da kenn' ich allerhand Geschichten. Es hat Bauern gegeben, die ihre Kühe beim Melken nicht angefaßt haben, sie haben ein Handtuch um die Hände gewickelt und so gemolken. Damit die Viecher nicht verhext werden."

Der Altbürgermeister zeigt sich verärgert über den Gesprächsverlauf. „Das sind nur Geschichten, die die bösen Leut' erzählt haben, weil sie anderen etwas anhängen wollten. Wir haben Leut' gehabt, die haben, wenn sie eine neue Haustür bekommen haben, einen Hahn unter der Tür eingegraben, so abergläubisch waren die. Ich bin froh, daß das ein End' hat."

„Ja, ja", sagt der Bergmann. „Schwarze Kunst, hat man damals gesagt. Bei uns im Dorf war einer, der hat Meerschweinchen in seinem Stall gehabt, weil das Tiere sind, die die Krankheit anziehen. Und dann haben wir den ‚Guguru' gehabt, das war einer, der hat in seiner Werkstatt Turteltauben gehalten. Der hat auch was können."

„Zwischen Hexen und Gesundmachen ist halt schon ein Unterschied", sagt der Altbürgermeister. Und er erzählt, daß er während der Kriegszeit mit dem ältesten Buben zum alten Spenglermeister, dem Guguru, gegangen ist. Der Bub hatte die Finger erfroren, jede Woche mußte die Frau mit ihm ins Schongauer Krankenhaus gehen, die mußten ihm sogar die Fingernägel ziehen, und es ist nicht besser geworden. Wie er dann auf Urlaub daheim war, hat er den Buben zum Guguru gebracht, der hat ein paar Kräuter in den Mörser gegeben, etwas gemischt und dem Kind die Finger eingerieben. ‚Zieh dem Buben ein paar Tage Handschuhe an', hat er gesagt, ‚dann wird es wieder gut.' Und es hat gestimmt. Später hab' ich erfahren", sagt Karl Fliegauf, „daß er ein altes Buch besessen hat. Seine Tochter hat es mir erzählt. Aber der hat wirklich was können, der alte Mann."

Der alte Hexenglaube im Pfaffenwinkel, die fürchterliche Geschichte der spätmittelalterlichen Hexenverfolgungen und der Massenhinrichtung völlig schuldloser Menschen, das hat tiefe historische Zusammenhänge und Ursachen. Und vor allem soziale und ökologische. In einer Bauerngesellschaft galten der Hof und das Vieh als das am höchsten zu schützende Gut, dann kamen die Frau und zuletzt die Kinder. Denn das Vieh war der unmittelbare Besitz, Frauen als Arbeitskräfte und Produzentinnen von Kindern konnten ja nachbestellt werden, und die Kinder als heranwachsende kostenlose Arbeitskräfte waren ebenfalls ohne Geldnachweis nachproduzierbar. Daraus resultierte die bis heute sehr eigenartige bäuerliche Mentalität. Im bayrischen Pfaffenwinkel hat sich diese übrigens nicht entscheidend gewandelt. Gewährsleute versichern, daß die Beschreibungen der Menschen, wie sie der Schriftsteller Oskar Maria Graf in seinen Heimatgeschichten gibt, noch immer richtig sind. Es überwiegen Hartnäckigkeit, Verschlossenheit und Mißtrauen und eine geradezu instinktive Abneigung gegen neue Gedanken. Über Geld reden die Bauern hier nicht einmal mit ihren eigenen Ehefrauen. Gemütlich sind die Menschen höchstens im Wirtshaus.

Die oft „fundamentalistische Haltung" war natürlich ein gefundenes Fressen für die spätmittelalterliche katholische Kirche, die ihr Machtstreben ohnehin auf dem Aberglauben und der Teufelsfurcht der Menschen aufbaute. Den letzten Ausschlag für solche Hysterie bringt dann allerdings noch die Umweltsituation. Wo Gefahr von Hagelschlägen, Blitzschlag, unerklärlichen Viehseuchen, Ernteausfällen durch Schädlingsbefall und so weiter ständig gegeben war, konnten die Menschen früherer Jahrhunderte sich dies nur als Werk des Bösen vorstellen. Der Mythos vom bäuerlichen Menschen, der in und mit der Natur harmonisch lebt und sie daher auch versteht, ist bis heute falsch. Der klassische Bauer achtet ja meist nicht auf die Natur, sondern vor allem auf seinen Gewinn.

Wo also früher diese explosive Mischung aus Mentalität, Kirche, Mißtrauen, Neid und Habgier zusammenkam, da mußten immer Schuldige gefunden werden. Und Hexen gab es daher im Pfaffenwinkel nach Belieben und rabiatem Volkszorn. Dies gilt übrigens nicht nur für das schöne Alpenvorland, sondern auch noch für viele, viele andere Gegenden in und außerhalb Europas.

Bis heute ist es daher so, daß unerklärliche Phänomene in dieser Region als Hexenzauber benannt werden. Kein Wunder, daß der Besuch in Krottenhill am gleichen Nachmittag sprachtypisch einem sogenannten Hexenhaus gilt.

IM HEXENHÄUSL

„Ich kann nicht behaupten, daß der Spuk, den es hier im Haus gibt, etwas mit einer oder mehreren Hexen zu tun hat. Und ich weiß auch nicht, wo die ursprünglichen Hintergründe und Zusammenhänge liegen. Wir haben nur nach dem Kauf dieses Anwesens, soweit es ging, die Geschichte zurückverfolgt."

Frau S., Hausfrau und Besitzerin des sogenannten Hexenhauses von Krottenhill, macht nicht den Eindruck eines Menschen, dem nächtliche Geister den Schlaf rauben. Ruhig, freundlich

177

und ausgeglichen erzählt sie von den Merkwürdigkeiten, die hier im Haus passiert sind oder passiert sein sollen.

„Also, alles schön der Reihe nach. Mein Mann und ich haben in Wiesbaden gewohnt und wollten im Süden Deutschlands ein Haus kaufen. In der *Süddeutschen Zeitung* haben wir die Annonce gelesen: ‚Haus in schöner Alpenlage zu verkaufen‘. Wir sind hierher gefahren, haben es besichtigt und uns innerhalb einer Stunde dafür entschieden. Das Haus war damals noch bewohnt, von einem alten und einem jungen Ehepaar. Kurze Zeit später kamen wir wieder, um den Kauf beim Notar abzuschließen. Wir hatten uns in der Gaststätte hier im Dorf einquartiert, und es ist uns etwas merkwürdig vorgekommen, daß uns die Einheimischen so komisch angeschaut haben. Irgendwann hat dann einer gesagt: ‚Ich will Ihnen ja nicht dreinreden, aber an Ihrer Stelle tät’ ich auf diesem Grundstück lieber ein neues Haus bauen.‘

‚Das wird nicht gehen‘, haben wir gesagt, ‚wir wollen nämlich gleich einziehen.‘

Ich muß dazu sagen, daß ich überhaupt keine Schwierigkeiten habe, auf Menschen zuzugehen. Ich kann mich auch der jeweiligen Mentalität und sogar der Sprache recht gut anpassen, und im Kontakt mit den Leuten im Dorf habe ich nie Probleme gehabt.

Bald darauf, es war im Jahr 1972, bin ich allein eingezogen. Mein Mann hatte damals noch in Mainz zu tun. Die Leute im Dorf haben mich gleich zu Beginn verwundert gefragt: ‚Ja, wohnen Sie denn ganz allein im Haus? Schlafen Sie da ganz allein?‘

Irgendwie ist mir das dann schon sonderbar vorgekommen.

Und dann sind tatsächlich auch sonderbare Dinge geschehen. Zum Beispiel war ich oben im Flur. Alle Fenster und Türen des Hauses waren geschlossen, ich war allein im Haus und ich hatte kein Haustier. Auf einmal fiel die Tischlampe vom Tisch, und ich wußte nicht, warum. Interessanterweise war die Lampe danach nicht kaputt. Ein anderes Mal hörte ich Geräusche auf der Treppe, ich hatte das Gefühl, es geht jemand hinauf. Es war eigenartig, aber es hat mich nicht wirklich betroffen gemacht.

Dann ist folgendes geschehen: Wir hatten auf dem Anwesen eine große Scheune. Mein Bruder war aus München gekommen und hat in der Garage sein Auto repariert. Ich bin mit der Vorbesitzerin des Hauses in der Küche gesessen, wir haben Kaffee getrunken und geplaudert. Es war hellichter Nachmittag, und auf einmal hat es einen Rumpler gemacht, daß wir geglaubt haben, es muß irgend etwas passiert sein. Es hat geklungen, als wäre in der Scheune ein großer Balken heruntergebrochen. Auch mein Bruder hat das gehört, ist hereingelaufen, und gemeinsam sind wir in die Scheune gegangen. Aber dort war nichts zu sehen. Er ging wieder hinaus, wir saßen wieder in der Küche und plauderten, und plötzlich war derselbe Krach noch einmal zu hören, laut und dröhnend. Da habe ich zur Vorbesitzerin gesagt: ,Also, schön langsam glaube ich wirklich, in dem Haus geistert's. Das ist doch nicht mehr normal, diese Geräusche.'

Und ich habe sie gefragt: ,Ich hör' immer vom Hexenhaus in Krottenhill – welches Haus ist denn das Hexenhaus?'

Da bekommt die Frau einen knallroten Kopf und sagt: ,Dieses Haus hier.'

Na gut. Mich hat das nicht wirklich aufgeregt. Aber in der nächsten Zeit habe ich mich dann bei den Nachbarn erkundigt, was hier so alles vorgefallen sein soll. Die Nachbarn haben mir dann auch einen Zeitungsartikel gebracht, in dem einiges drinnenstand. Es war nämlich so, daß der alte Bauer, der hier gelebt hat, sehr abergläubisch gewesen sein soll, und er soll alles mögliche getan haben, um sich vor bösen Geistern zu schützen. So soll er den Menschen nur die linke Hand gereicht haben, und er hat auch, was hier absolut unüblich ist, einen hohen Zaun um sein Grundstück gezogen. Im Garten stand ein Apfelbaum, und in den Ästen dieses Baumes soll sich nach Ansicht des Bauern eine Hexe aufgehalten haben. So lange er ihr diesen Platz überläßt, so lange läßt sie sein Haus und sein Anwesen in Ruhe, das soll, laut Berichten, der Bauer gedacht haben. Die Familie hatte zu den anderen Dorfbewohnern keinen guten Kontakt, und als dann die Tochter geheiratet hat, haben sich die Dorfjugendlichen einen bösen Scherz ausgedacht. Sie sind während der Hochzeitsfeier über den Zaun geklettert und haben den Baum umgesägt. Das war nun eine gemeine Sache. Der Bauer hat sie verklagt und recht bekommen, die Burschen mußten Strafe zahlen. Aber selbstverständlich wegen Sachbeschädigung. Das war aber für den Bauern nicht das Wichtige. Für ihn war es schlimm, daß die Hexe nicht mehr im Apfelbaum wohnen konnte und ihm daher ins Haus kommen würde. Danach waren seine Kontakte mit den Dorfbewohnern noch viel stärker belastet, er hat praktisch niemanden mehr ins Haus eingelassen und alle mit seinem Mißtrauen verfolgt. Die Tochter, die unter all diesen Dingen sehr gelitten haben dürfte, hat das Haus geerbt und dann verkauft.

Wir haben von all dem nichts gewußt. Uns hat dieser Platz sofort gefallen, und ich weiß nicht, ob wir uns von den Geschichten abschrecken lassen hätten. Es ist aber so, daß tatsächlich im Haus immer wieder etwas Ungewöhnliches zu bemerken ist. Was immer es ist, irgend etwas oder irgend jemand hat hier seinen Platz. Meine Schwägerin zum Beispiel will nicht bei uns übernachten, weil sie sagt, das Haus ist so merkwürdig. Auch meine Schwiegermutter hat das gleiche Gefühl, sie spürt, daß jemand im Raum ist, den sie nicht sieht. Dieses Gefühl habe ich auch an manchen Tagen, daß jemand da ist, daß jemand die Treppe hinaufgeht. Ich höre sogar ein eindeutiges Geräusch von Füßen, die nach oben gehen. Ich bin ein Ohrenmensch, also ich höre den Unterschied, ob meine ältere oder die jüngere Tochter die Treppe herunterkommt. Die Phänomene, die ich höre, gehen allerdings immer von unten nach oben.

Eine Zeitlang hatte ich im Schlafzimmer den Eindruck, hier tut sich allerhand. Da war eine Unruhe im Raum. Es war nicht nur ein Wesen da, sondern mehrere. Und schön langsam hatte ich das Gefühl, die machen hier bei mir eine Party. Dann habe ich sie hinausgeworfen."

Die Suchenden und Fragenden schauen die Hausherrin erstaunt an. Sie wollen wissen, wie man so etwas macht, Geister des Raumes zu verweisen.

„Ganz einfach. Ich habe laut gesagt: ‚Raus jetzt, ich will meine

Ruhe haben.' Und das hat funktioniert. Also, wenn die Toleranzgrenze überschritten wird, muß man dem schon ein Ende machen. Dann schlage ich auch mit der Hand auf den Tisch und werfe den ganzen Spuk lauthals hinaus. Und die gehen wirklich. Von Zeit zu Zeit räuchere ich auch die Räume aus, am liebsten mit Weihrauch.

Meine Töchter sind auch sensibel auf diese Dinge, aber mein Mann hat keine Wahrnehmungen im Haus gemacht, er hört gar nichts. Dabei ist er Ostpreuße, und dort gibt es ja auch viele Geschichten. Seine Großmutter war eine sehr handfeste, praktische Frau, trotzdem hat sie immer Weiße Frauen gesehen. Schon in Ostpreußen hat sie, wenn jemand gestorben ist, gesagt: ,Draußen im Garten steht wieder die Weiße Frau.' Der Großvater meines Mannes hat meiner Schwiegermutter immer solche Geschichten erzählt, und sie hat stets gesagt: ,An solchen Hokuspokus glaube ich nicht.' Daraufhin hat er zu ihr gesagt: ,Du wirst sehen, das gibt es. Wenn ich gestorben bin, komme ich zu dir.' Und tatsächlich – er ist längst gestorben –, sobald meine Schwiegermutter nach Krottenhill kam, war immer irgend etwas. Deshalb kommt sie jetzt gar nicht mehr. Meist sind es Polterphänomene, ganz heftige, es klingt, als würden ganze Steine aus der Kaminmauer herausbrechen, und all das passiert am hellichten Tag.

Manche Menschen können solche Dinge nicht ertragen, aber mir macht das nichts aus. Ich erinnere mich, zu Hause in Südtirol hatten meine Großeltern immer Schwierigkeiten, Personal zu bekommen. Alle sind ihnen davongelaufen, weil es gespukt hat. Es war immer zwischen zwei und drei Uhr morgens, da stand ein gutaussehender, gutgekleideter älterer Herr am Fußende der Betten. Er hat nichts getan, er stand bloß da. Die Bediensteten haben sich aber fürchterlich erschreckt. Meine Mutter hat auch nie ein Kindermädchen bekommen, das über Nacht geblieben wäre. Tagsüber schon, aber nachts wollte niemand in der Burg bleiben.

Hier im Haus haben wir sehr lange und sehr viel umgebaut. Bei den Arbeiten sind oft atemberaubende Dinge passiert, und irgendwann haben wir versprochen: Wenn niemand dabei zu

Schaden kommt, errichten wir eine Kapelle. Das haben wir dann auch gemacht.

Mit den Gespenstern im Haus leben wir im Grunde sehr gut. Ich habe nie versucht herauszufinden, wer das ist, der hier seinen Platz hat. Ich denke, das ist einfach eine unglückliche Seele, die keine Ruhe finden kann. Davor muß ich mich nicht fürchten. Ich habe auch nie versucht, die Geister loszuwerden. Vielleicht kommt irgendwann einmal der Zeitpunkt, wo sie von sich aus den Wunsch haben zu gehen."

Als sich die Besucher von Frau S. am Gartentor verabschieden, taucht nochmals die Frage auf, ob es ihr nicht doch recht wäre, wenn sie ihren Hausspuk endgültig loswerden könnte.

„Nein", sagt Frau S. nach kurzem Nachdenken. „Mir würde etwas fehlen."

Von der Liebe der Toten

Der Tag ist sonnig und warm. Die blonde Frau in dem Sportwagen genießt die Fahrt in dem neuen Auto. Die Kurve sieht
sie rechtzeitig. Sie steigt vom Gaspedal und bremst. Das heißt,
sie will bremsen. Aber nichts tut sich. In Panik greift sie nach
der Handbremse, aber in diesem Moment verläßt der Wagen
bereits die Straße und rast auf einen Baum zu. Als die Frau
wieder zu sich kommt, bemerkt sie, daß sie Zeugin eines Unfalls geworden ist. Neben einer alten Eiche liegt ein roter
Sportwagen auf dem Dach, die Räder drehen sich noch. Es
raucht. Mitten in der Wiese sieht sie eine seltsam verkrümmte
Frauengestalt liegen. Es dauert lange, bis die blonde Zeugin
des Unfalls begreift, daß sie selbst es ist, die dort liegt. Und daß
sie soeben gestorben ist. Die Polizei kommt und auch die
Ambulanz, und schließlich wird der Leichnam abtransportiert.
Währenddessen schwebt die längst verstorbene Mutter der
gerade Verunfallten herbei und heißt ihre Tochter im Club der
Engel herzlich willkommen.
So beginnt, kurz nacherzählt, der Roman mit dem Titel *Engel
lieben tödlich*. Ein Jahr lang hält sich Rita, die tote Heldin des
Buches, noch auf Erden auf, und sie bringt ihre Familie dabei
ganz schön durcheinander. Am Ende wünscht sich der untreue
Gatte nichts sehnlicher, als endlich wieder mit seiner Frau
vereint zu sein.
Die bayrische Autorin Margerithe Saiko hat mit ihrem Debüt-
roman eine Geschichte geschrieben, in der sich Diesseits und
Jenseits miteinander verbinden. Kein Zweifel, daß sie damit in
einer Zeit, in der mystische und esoterische Geschichten boo-
men, einen großen Leserkreis anspricht. In einem Gespräch
mit einer Redakteurin des Saarbrücker Radios *Salü* wurden die
Suchenden und Fragenden auf Margerithe Saiko aufmerksam
gemacht. „Die sollten Sie unbedingt anrufen", meinte die Redakteurin. „Die schreibt solche Geschichten nicht nur, die hat

auch selbst so etwas erlebt. Ich habe ein Interview mit ihr gehört, in dem sie von sich selbst sagte: Ach, ich habe meine eigenen Gespenster!"

Margerithe Saiko lebt mit ihrem Mann und ihren fünf Kindern in einem niederbayrischen „Hexenhäusel" in der Nähe von Landshut. Eine blonde, lebenstüchtige Frau Ende Dreißig, in Jeans und Lederjacke. Das erste ihrer außergewöhnlichen Erlebnisse hatte sie mit neunzehn Jahren. Sie lebte damals in München.

„Ich war sehr verliebt und frisch verlobt", erzählt sie. „Mit meinem Verlobten war ich auf einem ausgesprochen lustigen Fest gewesen, und wir kamen fröhlich nach Hause. Auch daheim haben wir noch mindestens eine halbe Stunde gelacht und gealbert. Plötzlich, als wir zu Bett gingen, fing es an. Mit einem Mal konnte ich die Augen nicht schließen. Ich sah meinen Onkel, den Bruder meiner Mutter. Meine Mutter war das älteste von dreizehn Kindern gewesen, er das jüngste, und ich sah ihn in unserem Apartment in der Ecke stehen. Er war vollkommen sichtbar, aber wie auf einem Dia, das man auf einer Leinwand zeigt. Er hatte ein weißes Operationshemd an, sein Kopf war verbunden, und er hat mich angegrinst. Ich bin erschrocken und habe zu schreien begonnen. Ich denke, mein Schreien konnte man noch über fünf Stockwerke hinweg hören. Mein Verlobter hat das zum Glück sehr ernst genommen, obwohl er selbst nichts gesehen hat. Er war an Psychologie sehr interessiert. Er hat mir dann geraten, ich solle zu beten beginnen. Das habe ich auch gemacht. Ich muß dazu sagen, daß ich sehr christlich erzogen worden bin. Und während ich betete, kam der Onkel immer näher. So etwa im Lauf einer halben Stunde hat er sich immer dichter an mich heranbewegt. Und auf einmal wurde mir furchtbar kalt, ein Schauer, eine Angst hat mich überkommen, die ich so noch nie erlebt hatte, und die ich auch nicht erklären oder beschreiben kann. Mein Freund hat gemeint: „Das ist ein Toter, der jetzt immer dichter an dich herankommt. Schließe die Augen und bete, was das Zeug hält und wehre das ab." Ich wollte es zuerst nicht glauben, denn mein Onkel war erst fünfunddreißig Jahre alt, warum sollte er tot sein? Ich schloß also die Augen. Das war kurz nach Mitternacht, in der berühmten Geisterstunde. Und dann fing auf einmal die Decke zu schimmern an. So, als ob sie mit tausend Diamanten bestückt wäre. Da war ein Gleißen, und alles war wunderbar. Ich habe tief durchgeatmet, und damit war die Angst weg und die Kälte, und auch der Onkel war verschwunden. Da wußte ich, er ist gestorben, und zwar in diesem Augenblick. Und wenn das nicht stimmt, so hab' ich mir gesagt, dann melde ich mich morgen freiwillig im Irrenhaus, denn dann bin ich mit Sicherheit psychisch krank.

Ich muß sagen, das war auch meine schlimmste Angst, ich könnte verrückt geworden sein, psychisch krank sein, Wahnvorstellungen haben, eine gespaltene Persönlichkeit oder was auch immer. Ich habe noch einmal die Augen geschlossen und wollte einschlafen. Und da habe ich die Brücke gesehen. Einen Fluß und ein Auto, das Auto war von der Brücke gestürzt und hing in einem Baum. Und da waren zwei Personen.

Am nächsten Morgen bekam ich die Verständigung, daß der Onkel in der Nacht gestorben war, kurz nach Mitternacht, an den Folgen eines Schädelbasisbruchs. Meine Mutter wußte allerdings noch nicht, daß er einen Unfall gehabt hatte. Ich habe ihr erzählt, was ich gesehen hatte. Daß es ein Autounfall gewesen war und daß noch eine zweite Person dabeigewesen sein mußte. Das hat dann auch tatsächlich gestimmt. Auch mein Cousin war im Auto gesessen, aber er hat überlebt.

Das war mein erstes Jenseitserlebnis. Interessanterweise hatte ich gar keine besonders innige Beziehung zu diesem Onkel, meine Mutter aber schon. Und der Onkel war es auch, mit dem sie kurze Zeit vor diesem Unfall ein intensives Gespräch über mich geführt hatte, denn meine Mutter und ich hatten damals einige Probleme miteinander. Und er war es, der zu ihr gesagt hat, mach dir mal keine Sorgen, das Mädel ist verliebt, das wird schon wieder.

Meine Mutter hat mir in der Kindheit manchmal von ähnlichen Erlebnissen, die sie gehabt hatte, erzählt, aber ich habe das nicht wirklich ernst genommen. Solchen Dingen gegenüber

185

hatte ich stets ein gesundes Mißtrauen. Und dann mußte gerade mir so etwas passieren.

Beim zweiten Mal war es noch komplizierter, da ging es um meinen Vater. Ich muß dazu erklären, daß wir schwierige Familienverhältnisse hatten. Mein Vater hatte ein zweitesmal geheiratet. Ich mochte seine Frau nicht besonders und sie mich auch nicht. Es gab sehr große familiäre Auseinandersetzungen. Noch dazu war viel Vermögen im Spiel, und das wollte die Stiefmutter vor uns leiblichen Kindern in Sicherheit bringen. Die beiden sind sehr oft umgezogen und haben uns nicht wissen lassen, wo wir sie erreichen konnten. Eines Tages hat mir mein Vater eröffnet, daß er Lungenkrebs hat. Er meinte damals, er hätte nur mehr drei Monate zu leben. Genau in dieser Zeit ist die Stiefmutter wieder mit ihm umgezogen und ich wußte nicht, wohin. Ich habe alle Hebel in Bewegung gesetzt, um seine Adresse zu finden, aber ich konnte meinen Vater einfach nicht ausfindig machen. Und ich wußte doch, daß er einen inoperablen Bronchialkrebs hatte, und ich hätte ihn so gerne noch einmal gesehen. Zu diesem Zeitpunkt war ich zum erstenmal schwanger. Mein Vater hatte noch gesagt, er würde so gerne sein erstes Enkelkind sehen. Und ich wollte ihm sagen, daß es jetzt bald soweit sei. Für mich war das sehr bedrückend, daß ich ihn einfach nicht finden konnte.

Ich war im siebten Schwangerschaftsmonat, da hatte ich mit einem Mal das Gefühl, mein Vater läuft hinter mir her. Am Tag und bei Nacht. Das war überhaupt nicht grauenvoll, es war nur lästig. Ständig hatte ich das Gefühl, jemand steht hinter mir, und dieser Jemand war eben konkret mein Vater. Schließlich bin ich zu meiner Mutter gegangen und habe ihr gesagt: ,Der Vati ist ständig und dauernd hinter mir und neben mir, ich kann mich sogar mit ihm unterhalten. Ich bin sicher, daß er jetzt gestorben ist.' Meine Mutter meinte nur, nein, der muß ja schon längst gestorben sein, der hatte doch bloß noch drei Monate zu leben, jetzt ist schon ein Jahr um.' Aber ich konnte das nicht glauben. Drei Tage später war meine Mutter völlig mit den Nerven runter. Es hatten ihr nämlich Verwandte mitgeteilt, daß sie den Vater in der Leichenhalle in Landshut, das ist meine Geburtsstadt, aufgebahrt liegen gesehen hatten. Und zwar genau zu jener Zeit, als er stets um mich gewesen war. Damals hat mich das nicht mehr so geängstigt, da dachte ich, irgendwie mußt du eben in diese Richtung ein bißchen Draht haben und sensibel sein. Und ich dachte, das sind Dinge, die sind eben existent. Man darf bloß nur nicht zu laut davon erzählen. Ich habe auch wirklich mit kaum jemandem darüber gesprochen, weil ich Angst hatte, als übersensibel oder gar übergeschnappt eingeordnet zu werden.

Das dritte Erlebnis, das ich hatte, war eigentlich das schönste. Es hat meine Schwiegermutter betroffen, die Mutter meines ersten Mannes. Sie war Sizilianerin, und ich habe sie sehr geliebt. Ich konnte damals fast kein Italienisch und sie fast kein Deutsch. Trotzdem haben wir stundenlang miteinander geplaudert. Sie war eine hervorragende Großmutter und ein ganz lieber Mensch. Als sie vierundfünfzig Jahre alt war, bekam sie ganz plötzlich, man könnte fast sagen, über Nacht, Blutkrebs. Es war eine sehr aggressive Form, und sie ist innerhalb von Wochen daran gestorben. Damals war ich wieder einmal schwanger, und ich hatte keine Möglichkeit, zu ihr nach Palermo zu kommen. Ich habe ihr Sterben aus Deutschland völlig hilflos und verzweifelt mitverfolgt, und in Gedanken war ich immer bei ihr. An dem Abend, als sie starb, war auch mein Mann, also ihr Sohn, zu Hause. Ich ging in die Küche, um etwas zu holen. Genau in diesem Moment ging das Licht an. Ich habe mich umgedreht, weil ich dachte, das hat mein Mann gemacht. Aber der lag zwei Zimmer weiter gemütlich auf der Couch. Das Licht ging dann auch wieder aus, und nun kam mir das schon seltsam vor. Und plötzlich war sie wieder da, diese Kälte. Das ist immer dasselbe Symptom, diese grausame Kälte, die einen förmlich auffrißt. Nur hatte ich diesesmal keine Angst. Ich weiß nicht, warum. Auf einmal sah ich die Schwiegermutter auf der Eckbank sitzen. Und ich habe mit ihr gesprochen. ‚Ich weiß‘, sagte ich, ‚du bist jetzt gestorben. Es ist gut so, da hast du es hinter dir.‘ Danach bin ich ins Wohnzimmer zurückgegangen und habe eine Kerze angezündet, aber ich habe nicht darüber gesprochen. Am nächsten Tag aber hatte mein Mann ein Erleb-

nis. Ich muß dazu sagen, er ist ein sehr realistischer Mensch, ja
eigentlich ist er unsensibel, man könnte fast sagen, ein Holz-
klotz von einem Menschen. Und er kam nach Hause und war
leichenblaß. Er war in seinem Auto gefahren, da hatte er plötzlich seine Mutter am Straßenrand stehen und winken gesehen.
Um ein Haar hätte er einen Unfall verursacht, so erschrocken
war er. Damals ist mir das auch klargeworden, daß sie gekommen war, um sich von uns zu verabschieden. Ich finde das sehr
schön. Es hat mich gefreut, weil ich mir dachte, sie ist nicht
wirklich tot. Sie hat die Möglichkeit, sich bei mir zu melden.
Also, das Erlebnis mit meiner Schwiegermutter war das harmo-
nischste von den dreien. Trotzdem hoffe ich, daß es das letzte-
mal in meinem Leben war, daß ich so etwas erlebe. Das
Schreckliche daran ist, daß diese Erlebnisse jedesmal mit einem Todesfall verbunden sind. Das ist das einzige, was mir
daran nicht gefällt. Grundsätzlich habe ich keine Probleme mit
dieser meiner Fähigkeit, weil ich mir sage, auch die Urvölker
haben ihre gesunden Instinkte leben lassen und auch ihre Ge-
fühle. Ich gehe im Moment relativ locker damit um und habe
nicht den Wunsch, das psychologisch oder tiefenpsychologisch
zu hinterfragen. Wissen Sie, ich denke einfach, daß das Universum nichts verliert. Wenn ein Mensch stirbt, dann ist das für
mich nicht, wie wenn man etwas zur Müllverbrennung bringt,
und damit ist es weg. Ich denke, der Mensch wandelt sich nur.
Für mich ist auch das Universum in seiner Gesamtheit unter
der Obhut von irgend jemand, wie immer man diese oder
diesen nennen mag, aber es geht nichts verloren. Insofern
kriege ich das ganz gut auf die Reihe mit diesen Erlebnissen.
Eigentlich erscheint es mir logisch, daß sich diese Menschen
mir zeigen wollten. Die Fähigkeit dazu hat jeder Mensch, denke ich. Nur viele lassen möglicherweise solche Botschaften
nicht mehr zu. Man muß bloß sein Herz öffnen.“

Über die Wassermänner

Den Suchenden, Fragenden und Nachforschenden war es während vieler Monate intensiver Umfrage nicht möglich, einen der letzten echten Wassermänner an die Angel zu bekommen. Wobei nie die Absicht bestand, solch eine Wesenheit wirklich mit Angel oder Netz zu tangieren oder gar zu verletzen. Aber sosehr Wassermänner im Sagengut weit verbreitet und repräsentativ enthalten sind, sowenig konnten lebende Zeugen gefunden werden, die von Sichtungen oder persönlichen Kontakten erzählt hätten. Einige wenige Taucher und Unterwasserforscher, auch solche, die auf das Tauchen in Gebirgsgängen spezialisiert sind, haben auf brieflichen Kontakt nicht einmal reagiert, bei telefonischer Anfrage sind diese offenbar blitzschnell untergetaucht, denn es war nie jemand zu erreichen.

Es muß hier nochmals festgestellt werden, daß die Suche vornehmlich den Wassermännern galt. Die Sagenwelt und vor allem die literarischen Schöpfungen kennen ja darüber hinaus eine Menge von Wassernixen. Einige davon sind regional berühmt, wie das Donauweibchen in Wien, dem ein Denkmal im Wiener Stadtpark gewidmet ist. Ein Donauweibchen-Denkmal gibt es auch zu Regensburg, es könnte sich um dieselbe Nixe im selben Fluß handeln. Eine Nixe aus Persenbeug an der Donau hat es immerhin zu einem österreichischen Briefmarkenmotiv gebracht. Und die Lorelei des Altvaters Rhein ist ja ohnehin zu einer literarischen Berühmtheit geworden. Nun sind aber diese nassen Mädels allesamt keine Adeligen des Wassers. Sie sind Töchter, wenn auch höhere Töchter von Wasserfürsten. Und an einigen Orten haben wir auch die Wasserbeherrscher, die Fürsten des Flußgrundes, die Wassermänner mit geradezu legendären Namen. Plvonka soll der Prager Wasserfürst heißen. Im Altausseer See soll es dem Vernehmen nach einen Herrn von Wasserthal geben. Dieser hatte sich schon vor etwa hundert Jahren umbenannt, weil er sonst verwechselt worden wäre. In

Altaussee lebte nämlich auch der berühmte österreichische Dichter Jakob Wassermann. Der war aber ein Landbewohner. Übrigens, jener Salzkammergutsee, der in jeder Beziehung einen Wassermann geradezu beinhalten muß, ist zweifellos der Hallstätter See. Diesbezügliche Nachfragen blieben aber fast erfolglos. Zwar konnten die Suchenden und Fragenden einmal in einer Sommernacht von der Mitte des dunklen Sees her ein rhythmisches Plätschern hören und dazu tiefen, schweren Männergesang. Ein Baßbariton gab zirka eine halbe Stunde lang alle aktuellen Schlager und bekannten Volksmusikmotive von sich. Wobei der Text nur bruchstückhaft und vermischt mit dem ständigen Wassergeräusch zu vernehmen war. Hier waren die Reporter schon fast sicher und überlegten, ob sie nicht in das auch im Sommer sehr kalte Wasser gehen sollten, um hinauszuschwimmen und ein Interview zu versuchen. Aber ein nächtlicher flanierender Hallstätter meinte dazu, es sei wohl nur ein gewisser Sepp, der da draußen volltrunken mit der Plätte am See seine Kreise ziehe.

Am nächsten Tag bestätigte der Heimatforscher Hubert Unterberger, Oberschulrat in Pension, daß es im Hallstätter See keinen Wassermann gebe. Obwohl dieser daran schuld sei, daß er, Unterberger, nie richtig schwimmen gelernt habe. Dies deshalb, weil seit alters die Hallstätter Eltern ihren Kindern etwas von einem Wassermann erzählten, damit diese nicht in den nicht ungefährlichen See leichtsinnig baden gehen. Der junge Unterberger wiederum hatte gerne vom Wassermann erzählt. Als er mit Cousinchen im Ruderboot an jener Stelle des Sees war, wo im Winter immer die Lawinen hineindonnerten. Dort konnte man nämlich am Seegrund unten die grünvermoosten, wild durcheinanderliegenden Baumstämme erkennen, die von den Lawinen in den See hineingerissen worden waren. Da hatte das Cousinchen gekreischt, wenn der schneidige Hubert noch mit dem Boot geschaukelt hatte. Und so war es halt damals auch schön gewesen . . . Aber ein Wassermann, der nachts auf dem See singe? Herr Unterberger schüttelte schmunzelnd, aber verneinend den Kopf.

Am Leopoldsteiner See bei Eisenerz in der Steiermark und am

Grundlsee im Salzkammergut sollen es die dort ansässigen Wassermänner gewesen sein, die die Einheimischen auf die reichen Bodenschätze der Gegend aufmerksam gemacht haben. Allerdings haben die Wassermänner diese Informationen nicht freiwillig gegeben, sondern erst, nachdem sie von Fischern in Netzen gefangen worden waren. Sozusagen als Lösegeld. Nun ist das schon viele Jahrhunderte her, und bis heute staunen die Fachleute aus dem Esoterikbereich, wieso ein mächtiges Wesen wie der Wassermann in den Netzen einfacher Menschen hilflos gefangen sein konnte. Aber die Geschichten werden noch heute oft und gern erzählt, wobei die Erzählenden beteuern, selbst noch nie einen Wassermann gesehen zu haben. Dennoch haben die Grundlseer ihrem Wassermann im neugeschaffenen Wappen der Gemeinde ein Denkmal gesetzt. Vielleicht gibt es hier doch noch heimliche Kontakte zwischen Wasser- und Landbewohnern?

Kehrt man aber von diesen lokalen und regionalen Sagengeschichten wieder in die flußdurchzogenen, städtischen Metropolen zurück, dann stellt sich erneut die Frage: Wo sind sie hin, die urbanen Wasserfürsten, die städtischen Wassermänner? Neben den vorhin erwähnten Provinzkaisern sind dies ja echte Monarchen der mächtigen Ströme mit großem Gefolge, mit schönen Töchtern und vielen umtriebigen Hilfsplantschern. Da ja früher, wie die Sagen erzählen, die liebreizenden Töchter gerne Menschen, vor allem stramme Fischerburschen, vor drohenden Gefahren wie Hochwassern, Eisstößen etc. warnten und dabei an Land gingen, darf vorausgesetzt werden, daß auch die allerhöchsten Flußgeister selbst ab und zu unter Menschen gehen. Wie können diese, die nun undercover einige Tage oder Wochen gerne innerstädtische Ausflüge unternehmen, von den Menschen vielleicht sogar erkannt werden? Dazu gibt es seit einiger Zeit und seit Einführung der Rasterfahndung die zweckdienliche Methode, ein Persönlichkeits- bzw. Erscheinungsprofil anzulegen.

Für Wassermänner könnte dieses so aussehen:

Ein in der Stadt wandelnder Wasserfürst ist keineswegs an Kleidung, Flossenhänden, Fischschwanz oder ähnlichem Unfug zu erkennen. Auf den ersten Blick ist es ein gutsituierter, bürgerlicher Herr, meist zwischen 60 und 65 Jahre alt.

Haltung und Gang sowie sein gesamtes Verhalten sind würdig bis freundlich. Klassische Wassermänner sind stämmige Herren von 1 Meter 80 aufwärts und neigen zur Altherrenfülle – Gewichtsklasse um 90 bis 100 Kilo. Trotz des bereits väterlichen Typus wirkt ein Wassermann immer wie ein zwar gereifter, aber noch aktiver Hochleistungsschwimmer: breitschultrig und mit ausgeprägter Armmuskulatur. Wer kein gutes Auge für den Bewegungsrhythmus beim Gehen hat, würde ihn für einen ehemaligen Ringer halten. Dazu hat aber der Wassermann ein viel zu gleitendes und elegantes Schrittmuster.

Kopfhaare und Bart sind glatt und fallen in seidiger Fülle, nie weiß, sondern eher flußgrau. Wassermänner neigen nicht zur Kahlköpfigkeit. Wenn ein Wassermann einen städtischen Coiffeur aufsucht, um sich die Mähne kürzen zu lassen, so ist der Haarschneider mehrfach von seinem Kunden angetan. Nicht nur von der Schönheit des Haupthaares, sondern auch von der Tatsache, daß sich die Haarspitzen immer feucht angreifen, und er daher die Kunst des Messerschnitts souverän anwenden kann, ohne mit Feuchtigkeitszerstäubern arbeiten zu müssen. Echte Wasserfürsten lassen sich in entsprechenden Salons auch gerne maniküren. Es wird später verständlich werden, warum.

Das Spektrum der Augenfarben reicht von hellem Grün bis zu sanftem Blau. Teint und Hautfarbe der Wassermänner sind auffällig rein und gesund. Trotz würdigen Alters sind sie, wenn man das Gesicht genau betrachtet, völlig faltenlos. Die Tönung der Hautfarbe scheint auf den ersten Blick eine sanfte Sonnenbräune zu sein. Auch im Winter wirken sie daher so, als kämen sie geradewegs aus dem nächsten Kosmetikstudio. Nur bei schlechter Beleuchtung, wie zum Beispiel bei den alten Leuchtstoffröhren, spielt die Hautfarbe sanft ins Grüne. Dies ist aber selten zu sehen, da Wassermänner den Aufenthalt in einer so beleuchteten Umgebung meiden.

Von schlichter Gediegenheit und ausgezeichneter Qualität ist die Kleidung. Wassermänner bevorzugen gedeckte Farben in Grün-, Blau- und Grautönen. Grelle und schreiende Farben sind ihnen unangenehm. Bei Landpartien oder Heurigenausflügen legen sie gern dezente Trachtenanzüge an. Das Schuhwerk muß weich sein, und es werden, wo immer es geht, Slipper bevorzugt. Obzwar Wassermänner auch Modetrends folgen, achten sie bei Sakko- und Hosenschnitt vor allem darauf, daß fließende Linien dominieren. Was die Accessoires betrifft, tragen Wassermänner keine Ringe oder Armbanduhren. Denn Metall, das ständig auf der Haut aufliegt, ist ihnen unangenehm. Für die Zeitmessung verwendet ein echter Wassermann eine Taschenuhr an einer dezenten, aber massiven Goldkette.

Wassermänner gehen vornehmlich vor, während oder kurz nach einer Regenperiode an Land. Sie brauchen dies für ihr Lebensgefühl – wegen der hohen Luftfeuchtigkeit. Wenn Wassermänner ausnahmsweise in Hitzeperioden Geschäfte in der Stadt abzuwickeln haben, halten sie sich am liebsten in Parks auf, wo es Springbrunnen gibt. Auch treffen sie ihre Verbindungsleute und Geschäftspartner am liebsten in Lokalitäten, die am Flußufer liegen. Das sind meist anerkannte und berühmte Fischspezialitätenrestaurants. Wassermänner wurden noch nie an Würstelständen gesehen, sie bevorzugen auch bei Fast food jenes aus der Nordsee. In Wien, aber auch in anderen europäischen Städten, besuchen Wassermänner sehr gerne Kaffeehäuser. Hier sind sie auffällig, weil sie zum Großen Braunen meist mehrere Glas Wasser bestellen. In Weinlokalen, in Wien vornehmlich beim Heurigen, trinken Wassermänner hauptsächlich trockene Weine, immer mit Wasser gemischt. Nicht, weil sie Wein nicht wollen, sondern weil sie auf unverdünnten Wein zu rasch alkoholisiert werden. Wassermänner vertragen hochprozentige Alkoholika überhaupt nicht, sie werden daher nie in Bars angetroffen. Vor der Trunkenheit haben Wassermänner gehörigen Respekt, sie wurden bei solchen Gelegenheiten schon öfter erkannt, übertölpelt oder gefangengenommen. In Gesellschaft ist ihr Verhalten trotzdem ein feuchtfröhliches. Sie sind charmant, humorvoll und lieben Damengesellschaft. Bringen sie diese selbst mit, handelt es sich natürlich um Nixen. Flirten Wassermänner mit Menschenfrauen jüngerer Semester, können diese zu solchen vorgenannten werden.

Meist können nur Zahnärzte, manchmal auch Gesprächspartner feststellen, daß Wassermänner etwas spitzere Augen- oder Eckzähne im Gebiß haben. Diese dürfen aber nicht mit Vampirzähnen verwechselt werden. Die spitzen Zähne hängen einfach nur mit der Grundsatzernährung unter Wasser zusammen. Weiters haben die meisten Wassermänner eine sogenannte „feuchte Aussprache". Sie wenden sich daher Gesprächspartnern immer mit etwas mehr Distanz als üblich zu.

Finger- und Zehennägel sind außergewöhnlich scharfkantig. Deswegen vermeiden Wassermänner, ihrem menschlichen Gegenüber die Hand zu reichen. Nicht, daß die Nägel Krallen wären – die Wassermänner lassen sich ja, siehe oben, gerne maniküren –, aber trotz aller Bemühungen bleiben sie hart und scharf.

Darüber hinaus fühlt sich die Haut des Wassermanns kühl und feucht an. Ihr Händedruck wird von vielen Menschen als „feucht" gefühlt und nicht immer als angenehm empfunden.

Überhaupt ist es so, daß Wassermänner, wenn sie länger an einem Sitzplatz oder Standpunkt verweilen, feuchte Spuren zurücklassen. Im Sinn von einigen kaum auffallenden Wassertröpfchen, manchmal einer kleinen Lache – völlig geruchsfrei. Nebstbei ist dies der Grund, warum Wassermänner gerne im Regen ausgehen und unterwegs sind. Die Spuren, die sie dann hinterlassen, werden entweder gar nicht bemerkt oder als „natürlich" empfunden. Ganz scharfe Beobachter können bei Wassermännern auch ein Merkmal erkennen, das mit ihrer Notverpflegung zusammenhängt. Sie führen nämlich in Jacken- oder Hosentaschen stets etwas getrocknete Algen mit. Dies sieht dann so aus wie bei den Altvordern, die ihren Pfeifentabak lose in der Jackentasche trugen. Wenn also ein Wassermann etwas aus der Tasche nimmt, hängen immer ein paar Krümel dran. Die Trockenalgen sind, in Wasser eingeweicht, eine bekömmliche Zwischennahrung.

Weiteres mögliches Indiz ist die Namensgebung der Fürsten. Da sie an Land selbstverständlich menschliche Namen führen müssen, verbinden sie diese wenigstens mit Wasserbegriffen: Bach, Fluß, Aquarius, See etc. Und sie tragen immer ein „von".

Der gewählte Namen ist natürlich so beschaffen, daß er im regionalen Kontext nicht auffällt. Der Wiener Wasserfürst ist sogar – dem Vernehmen nach – einmal in einem erstklassigen Wiener Hotel unter dem Namen Flußhelm Baron von Aquatschek-Bachhuber abgestiegen. Er wurde nach seinem Weggang als Wassermann erkannt, weil dem Zimmermädchen aufgefallen war, daß er mindestens sieben- bis zehnmal pro Tag die Badewanne aufsuchte. Trinkgeld – oder sollte man hier Badegeld sagen? – hat er aber reichlich gegeben und die gepfefferte Hotelrechnung selbstverständlich mit einer Golden Card bezahlt. Wassermänner sind Herren, keine Zechpreller. Der Portier des Hotels – selbst ein Fürst – ließ durchblicken, Baron von Aquatschek habe beim Verlassen des Nobelhotels noch wohlwollend bemerkt: „Es war sehr feucht, es hat mich sehr gefreut." Über den Zweck des nassen Besuchs im Hotel konnte nur Ungefähres in Erfahrung gebracht werden. Eine stadtbekannte Gesellschaftsreporterin behauptete, der Baron sei zu einem Geheimtreffen mit dem Hamburger Industriellen und Swimmingpool-König Welly Graf Strohmhar-Nordenschwamm in die Stadt gekommen. Der Hamburger Bäderfürst besitze in seiner Heimatstadt eine geradezu legendäre Villa, fast einen Glaspalast in der Alster. „An der Alster", korrigierte sich die Klatschtante, aber da war es schon herausgerutscht . . . Gewiß, es liegt hier ein breites Spektrum an Indizien und möglichen Erkennungsmerkmalen vor. Und es erfordert genaue Beobachtung und freundlichste Aufmerksamkeit, um einen der letzten Wasserfürsten zu erkennen. Die Autoren dieses Buches bitten um zweckdienliche Hinweise an den Verlag. Vor allem aber bitten sie bei Erkennen von Wasserfürsten, diese, ihrem Rang entsprechend, mit Respekt und mit größter Freundlichkeit zu behandeln. Plumpe Vertraulichkeiten oder persönliche Angriffe sind zu vermeiden. Denn obwohl der Zustand unserer Flüsse nicht mehr der beste ist, haben die Herren immer noch gewaltige Einfluß- und Machtmittel zur Verfügung. Und außerdem wäre es höchst langweilig und trostlos, wenn über unsere Flüsse nur mehr Strombauämter und Kraftwerksingenieure wachten.

SUSANNES MENTOR

„Weggegangen ist er", erzählt Susanne, „als die Geschichte mit dem Goldfisch passiert ist. Ich hatte in meinem Labor ein Aquarium mit Goldfischen. Kommt mit, ich zeige euch, wo das gewesen ist. Aber schaut euch nicht allzuviel um, weil ich habe da auch ein paar von meinen Betriebsgeheimnissen auf den Tischen stehen.

Hier an der Wand war es, das Aquarium. Es war zu klein. Weil mir so ein Feng-Shui-Berater eingeredet hat, daß es acht Gold-fische sein müssen. Und eines Tages hat es hier fürchterlich zu stinken begonnen. Ich habe nicht herausgefunden, woher die-ser Gestank kommt, bis ich nach zwei, drei Tagen entdeckt habe, daß einer der Schleiergoldfische offensichtlich aus dem Aquarium herausgesprungen ist und zwischen der Wand und der Luftpumpe für das Aquarium steckengeblieben ist. Dort ist er vor sich hinverwest. Ich habe sofort begonnen, dieses eklige Zeug wegzuputzen.

Und mitten in diesem Chaos ist er mir zuletzt erschienen. Der alte Herr war ganz verzweifelt, irgendwie traurig und kläglich. Seine Stimme hat gezittert und war ganz dünn. Ich muß jetzt gehen, hat er gesagt. Und ich war richtig ärgerlich, denn ich habe sofort begriffen, daß er mir sehr fehlen würde. ‚Was wird denn dann aus mir', habe ich ihm zugerufen. ‚Du wirst dir mit diesem Geschäft noch ein Haus verdienen', hat er gesagt. ‚Du wirst viel Erfolg haben im Leben. Aber ich muß jetzt gehen.'

Und dann ist er gegangen. Er ist mir nie wieder erschienen. Es war zwar sehr schön, was er mir zuletzt versprochen hat, reich bin ich bis jetzt allerdings nicht geworden. Aber das kann ja noch kommen."

Susanne ist Drogistin. Als solche Inhaberin und sehr hübscher Mittelpunkt eines entsprechenden Ladens in der Wiener Ler-chenfelderstraße. Die alternative Drogerie, hier in einer gedie-genen, bürgerlichen Wohngegend, paßt so zu Susanne, wie sie

zu ihren oft ganz außergewöhnlichen Erzeugnissen und Waren
paßt. Da gibt es zum Beispiel die Möglichkeit, sich je nach
Horoskop von Susanne ein ganz individuelles Parfum kompo-
nieren zu lassen. Die selbstkreierten Düfte sind seit über fünfzehn Jahren die große Leidenschaft der Drogistenmeisterin.
Sie hat ein umfangreiches Wissen und viel Erfahrung mit Kräutern und Blüten, stellt Öle her, mischt Tees, kennt ihre Wirkung und weiß über richtige Mischungen Bescheid. Befragt
nach dem Grund für die enge Beziehung zu Kräutern sagt
Susanne: „Pflanzen sind meine Cousinen." Und auch: „Ich habe ein großes Vertrauen in den Kosmos."
Zu Susannes bestgehüteten Geheimnissen gehört eine von ihr
entwickelte Mischung aus Kräutern und Duftstoffen, die den
Namen *Purity* trägt. Räume, die damit ausgeräuchert werden,
das ist erprobt, werden von unangenehmen Geistern oder lästigen Dämonen aufs gründlichste gesäubert. Susanne ist also
auch eine praktische Esoterikerin, die es mit üblen Kräften
aufnehmen kann, selbst wenn sie eher aussieht wie die gute
Fee aus dem Märchenbuch. Oder eine der legendären Großel-
binnen – eine Elfenfürstin –, wie sie die Kenner der feinstofflichen Welt beschreiben: groß und schlank, blond und blauäugig,
mit sanfter Stimme und weicher Gestik, in fließendem Kleid
und mit vornehm blassem Teint.
„Und das hier ist der alte Schrank, wo er mir zum ersten Mal
erschienen ist." Susannes Gäste bestaunen ein altväterliches
Monstrum von einem mehrteiligen Aufbewahrungsschrank mit
Aufsatz- und Schiebetüren. „Der steht auch schon seit der
Gründung des ursprünglichen Geschäfts hier", erzählt Susanne. „Ich habe auch noch einige Arbeitstische aus dieser Zeit.
Aber erschienen ist mir mein Geist da links oben, im Oberteil
des alten Schranks. So, jetzt muß ich euch das aber einmal ganz
genau und von vorn erzählen.
1988 habe ich dieses Geschäft eröffnet. Die Räume waren
ziemlich heruntergekommen und voll von Dingen, die die Vorbesitzer hier liegengelassen hatten, ich mußte zuerst einmal
ausmisten. Es gibt die beiden Verkaufsräume, und dort, hinter
dem Vorhang, sind noch zwei Zimmer. Ein kleines schmales,

197

das ich als Büro verwende, und ein großes, sozusagen mein Labor. Dort mache ich von Zeit zu Zeit Veranstaltungen in kleinem Rahmen, mit Vorträgen zu diversen Fachthemen. In der ersten Zeit ist es mir finanziell gar nicht gutgegangen. Ich habe daher kaum Möbel gekauft, sondern die Einrichtung, die hier war, weiterverwendet, hübsch lackiert, das war's schon. Im Grunde genommen war die alte Einrichtung sehr praktisch, vor allem die massiven Arbeitstische. Hier war nämlich einmal eine Werkstatt, in der Handschuhe und Lederhosen erzeugt worden sind. Das Lederhosengeschäft ist im Jahr 1870 eröffnet worden und, wie damals in den Großstädten oft üblich, es war zugleich Lebens-, Arbeits- und Wohnraum, sowohl für die Familie des Meisters wie auch für die Gesellen. Die großen Arbeitstische, die noch in meinem Labor stehen, haben vielen von ihnen als Bett gedient.

Nein, ich schweife nicht ab. Das alles ist Teil der Geschichte.

Ich habe also das Geschäft eröffnet. Die erste Zeit war sehr schwer, zeitweise wußte ich nicht, von welchem Geld ich die Miete bezahlen sollte. Ich konnte mir auch keine Hilfskräfte leisten, habe alles selbst erledigt. Abends bin ich in dem kleinen Büroraum gesessen und habe Buchhaltung gemacht. Dabei ist mir von Zeit zu Zeit aufgefallen, daß es im Schrank knarrt. Immer dann, wenn ich bei der Buchhaltung saß. Ich habe dieses Knarren als freundlich empfunden, ich weiß nicht, warum. Und eines Abends, als ich wieder bei den Rechenarbeiten war, habe ich ihn gesehen: Oben, im Schrank drinnen, saß ein alter Herr und beobachtete mich. Er war groß, schlank, hatte eine altertümliche Frisur mit Mittelscheitel und einen Schnurrbart. Er war fein gekleidet, trug einen Anzug und sah vielleicht ein klein wenig ländlich aus. Seine Beine habe ich nicht gesehen, denn er war nur bis etwa zur Hüfte sichtbar, so wie eine Büste.

Ob ich ihn dreidimensional gesehen habe? Es war, wie soll ich sagen, wie ein Film. Aber sein Gesicht hat sich bewegt, er hat geatmet. Und er hat mir bei der Büroarbeit zugeschaut. Ich hatte den Eindruck, er freut sich. Vielleicht darüber, daß in diesen Räumen wieder gearbeitet wird. Immer wieder ist er abends dort erschienen.

Zu dieser Zeit hatte ich Kontakt mit einer Nachfahrin des Geschäftsbesitzers, der hier die Lederhosenwerkstatt betrieben hatte. Ich habe ihr von meinem abendlichen Besucher erzählt, und sie hat gemeint, das könnte ihr Großvater sein. Sie hat ein Album mit alten Fotos mitgebracht, und da hat sich herausgestellt, daß es der Urgroßvater war. Und zwar jener Mann, der im Jahr 1870 dieses Geschäft gegründet hat. Ich habe hier viele Dinge gefunden, die noch von ihm stammen, sein Werkzeug zum Beispiel und auch seine Brille. Er muß ein bemerkenswerter Mann gewesen sein, ein lustiges Haus, wie man so sagt. Seine Urenkelin hat mir ein paar Schnurren erzählt. So ist zum Beispiel einmal ein Fremder durch das offene Werkstattfenster von der Straße hineingeklettert. Der Urgroßvater hat nur kurz von seiner Arbeit aufgeblickt und gesagt: ,Lieber Herr, wenn Sie etwas von uns wollen, kommen Sie das nächste Mal zur Tür herein.' Damit war der Fall für ihn erledigt.

Ich habe ihn nie als bedrohlich empfunden. Für mich war es ein gutes Gefühl zu wissen, daß er da ist. Ich hatte auch oft den Eindruck, daß er mich unterstützt. Einmal bin ich an einem der alten Zuschneidetische gesessen und habe eine Leinenhose genäht. Und plötzlich hatte ich das Gefühl, jemand hilft mir. Beim Zuschneiden, beim Nähen, es war, also würde jemand mit anfassen, damit ich schneller fertig bin. Noch nie in meinem Leben habe ich so blitzschnell an einem Stück genäht wie damals. Für mich war das eine große Freude und auch ein Spaß. Eigentlich habe ich nicht geglaubt, daß ich einmal jemandem von dieser Geschichte erzählen werde. Ich gestehe mir solche Dinge für mich zu, aber ich rede selten zu anderen Menschen darüber.

Außer mir hat ihn hier niemand gesehen. Eine Freundin hat ihn einmal wahrgenommen. Sie hat hier einen Vortrag gehalten, und an diesem Abend hat sie gespürt, daß noch jemand da ist, den sie nicht sehen konnte. An einem anderen Vortragsabend hat er sich auch bemerkbar gemacht. Wir saßen um den Tisch, hatten Kerzen und Blumen aufgestellt. Und auf einmal hat sich eine der Blumen langsam und ohne erkennbare Ursache gedreht. Eine der anwesenden Frauen hat aufgeschrieen, aber sonst hat niemand etwas bemerkt oder es einfach nicht gesagt. Später wurde nicht mehr davon gesprochen, wahrscheinlich haben sie das verdrängt.

An die sechs Jahre ist das so gegangen. Und dann kam jener merkwürdige Tag des Abschieds, von dem ich schon erzählt habe. Ich hatte eben gesehen, daß einer der Goldfische aus dem Glas gesprungen und verendet war. Und während ich ganz hektisch um einen Eimer Wasser und einen Schlauch gelaufen bin, weil ich das Wasser im Aquarium wechseln wollte, um die anderen Fische zu retten, hörte ich seine Stimme. Ganz dünn und weinerlich hat sie geklungen. Ich soll ihm helfen, ich soll ihm schnell helfen, hat er gesagt. Er will jetzt gehen. Der Tod vom Goldfisch hat ihm gezeigt, wo er hingehört. Und ich war so aufgelöst von dem Vewesungsgestank und dem Durcheinander, daß ich zuerst gar nicht darauf reagiert habe. Ich dachte nur, jetzt ist er so lange hiergewesen, da kann er die Stunde auch noch warten. Außerdem hätte ich mich noch gerne mit meiner Freundin besprochen, jener, die ihn gespürt hat. Schließlich ist so eine Situation für mich nichts Alltägliches. Ich habe also weiter Wasser gewechselt und mich um die Fische gekümmert, da hörte ich ihn noch einmal:

‚Bitte, es ist ganz dringend, hör mich an. Ich weiß jetzt, wo ich hingehöre. Ich bin schon zu lange da. Ich will jetzt wirklich gehen.‘

Da bin ich stehengeblieben und habe ihn gefragt: ‚Und was wird jetzt aus mir? Wer hilft mir? Dann bin ich allein mit dem Geschäft.‘

‚Mach dir keine Sorgen, es wird schon gehen. Du wirst noch ein Haus verdienen mit deinem Geschäft.‘

Daraufhin habe ich ihm geantwortet, daß ich ihn nicht hierher gerufen habe, und deswegen sage ich ihm, er kann in Frieden gehen. Und dann hat er mich gebeten, daß ich eine Zeitlang nicht an ihn denken soll und auch nicht vom ihm sprechen. Und jetzt, hat er gesagt, geht er.

Am nächsten Tag war der Raum anders. Die Energie des Raumes war völlig verändert, das war deutlich zu spüren. Es war leichter, befreiter, und auf einmal hab' ich gewußt, das Geschäft ist jetzt ganz meines. Wenn ich heute darüber nachdenke, fällt mir auf, daß ich ihn eigentlich nie um Rat gefragt habe. Manchmal hab' ich hallo zu ihm gesagt, aber nie: ‚Bitte, hilf mir.‘ Dabei bin ich sicher, ich hätte ihn fragen können. Mir ist es ja in diesen ersten Jahren wirklich nicht gutgegangen, weder gesundheitlich noch finanziell. So gesehen hätte er mich damals eigentlich mehr unterstützen können. Und als er sich verabschiedet hat, habe ich mich gewundert, denn ich habe ihn doch nicht eingeladen hierzubleiben. Aber als er mir sagte, du wirst ein Haus verdienen, dachte ich: ‚Okay, dann geh.‘" Jetzt muß Susanne herzlich lachen. Sie nimmt einen Schluck vom Tee, eine der köstlichen Sorten, die sie selbst komponiert, dann wird sie nachdenklich.

„Eigentlich kann ich das gut verstehen, daß jemand, der hier sein Geschäft gegründet und jahrzehntelang geführt hat, nicht gehen will. Ein Geschäft ist mehr als ein Wohnzimmer, das ist Wohnzimmer und Kreativität in einem. Und wenn du das liebst, dann erhält dich das am Leben. Daß er sich davon schwer lösen konnte, das kann ich gut nachvollziehen. Nein, er fehlt mir nicht. Aber er war eine Zeitlang sehr wichtig für mich, als jemand, der auf mich aufgepaßt hat, als eine Art Vaterfigur."

ZEITSPRÜNGE

Zu den Lustbarkeiten eines schönen Spätsommers gehört es, an einem sonnenwarmen Nachmittag im Garten zu sitzen. Auf Klappstühlen, an einem etwas wackeligen Campingtisch, auf einem grünen Rasenplatz. Kühle Getränke halten das Leben frisch, kleine Katzen, die durch den Garten huschen, machen die Szene munter.

„Derzeit habe ich elf Katzen hier im Garten rund ums Haus", sagt Karl Lamprecht. „Zu mir kommen sie immer aus der Umgebung, wo sie manchmal von Städtern ausgesetzt werden." Karl Lamprecht hat den Katzen an der Außenseite seines Hauses aus einer alten Tiefkühltruhe und anderen ausrangierten Behältern so etwas wie kleine Apartments gebastelt. Im Winter sind diese „Katzencontainer" elektrisch beheizt. Denn ins Haus dürfen die Tiere nicht. Da hat Frau Lamprecht etwas dagegen. Das Haus der Lamprechts steht in Deutschlandsberg, nicht im Stadtkern, sondern in einer Hügellandschaft mit alten und neuen Häuschen, mit Gärten, Weingärten, vielen Bäumen und oft unvermutet steil ansteigenden oder abfallenden Straßen. Deutschlandsberg liegt im Südwesten der Steiermark, am Fuß der Koralpe. Im milden und beständigen Klima dieser Landschaft reifen nicht nur Edelkastanien, sondern vor allem der weithin berühmte Schilcher, der regionaltypische Roséwein. So ist der Lamprechtsche Garten an diesem sonnigen Nachmittag ein Refugium der Ruhe und der Beschaulichkeit. Und er ist mit all seinen sinnlichen Eindrücken wie geschaffen für das Erzählen, das Plaudern, das Zuhören und das Nachdenken. Und als eines der naseweisen Katzenkinder am Hosenbein des Besuchers emporklettert, sich in seine Armbeuge hineinkuschelt und als wollig-schwarzes Fellknäuel dort sanft atmend entschlummert, werden Karl Lamprechts Erzählungen im Kopf der Zuhörer zu ruhigen, farbigen, plastischen und ungeheuer spannenden Szenen und Bildern.

Herr Lamprecht ist im Juli 1933 in St. Veit an der Glan in Kärnten geboren. Seine Mutter starb zehn Tage nach seiner Geburt, zwei Monate später ist der Vater verschwunden und hat keinen Kontakt mehr zur Familie gehalten. „Aufgewachsen bin ich", sagt Herr Lamprecht, „wie das Gemeindekind in den Erzählungen der Marie von Ebner-Eschenbach. Bei unterschiedlichsten Tanten habe ich eine Zeit meiner Kindheit verbracht, ein wirkliches Zuhause habe ich nicht gehabt. Mein Großvater, der sich sehr um mich gekümmert hat, ist 1939 gestorben, zwei Monate nach meinem Schuleintritt, ich war gerade sechs Jahre alt.

Finanziell ist es uns nicht schlechtgegangen, denn die Großmutter hat eine Wäscherei gehabt. Ich kann mich erinnern, wir haben jeden Sonntag Kalbsbraten gegessen, und der Bäcker ist in der Früh mit Semmeln und Kipferln gekommen.

Ich hab als Kind die Farben ganz anders gesehen, als ich sie jetzt sehe. Viel intensiver und auch andere Farben dazwischen, wahrscheinlich die ultravioletten. Ich glaube mich erinnern zu können, daß ich diese Fähigkeit ungefähr seit meinem vierten Lebensjahr hatte. Da bin ich nämlich einmal beim Spazierengehen an der Hand meines Onkels aus meinem Körper ausgetreten. Allerdings nur halb. Mein Onkel war ganz entsetzt, weil ich einige Minuten lang starr und steif geworden bin und kaum mehr geatmet habe. Aber ich habe wunderbar gesehen – mich selbst, alles andere und sogar in mein eigenes Gehirn hinein. Das hat in allen Goldfarben geleuchtet. Das ausgetretene Gesicht, mein zweites Gesicht, war aber kein Kindergesicht, sondern alt. Es war ein phantastisches Erlebnis, nur habe ich es als Kind überhaupt nicht verstanden. Und mein Onkel, der ja überhaupt nichts gesehen hat, der hat sich nur über meinen Starrkrampf fürchterlich erschrocken. Und seit dieser Zeit habe ich anders gesehen, ich habe die Aura der Menschen gesehen. Es war immer eine blaue Schicht um die Körper der Menschen. Das hat aber in der Volksschule aufgehört. Und zwar aus folgendem Grund: Es war Mitte Oktober, wir hatten Rechnen. Es war ein schöner Tag, die Fenster waren offen, die warme Luft des Föhns ist ins Klassenzimmer gekommen. Der

Wind hat die dürren Blätter vor dem Fenster vorbeigetrieben,
und ich schaue so verträumt hinaus, und auf einmal fragt mich
der Lehrer etwas. Ich war mit meinen Gedanken ganz woanders. Daraufhin hat er gesagt, komm heraus an die Tafel. Ich
war damals sechs Jahre alt, und ich glaube, ich war noch gar
nicht reif für die erste Klasse. Der Lehrer hat seinen Rohrstock
genommen, ich mußte die linke Hand hinhalten, die rechte
nicht, denn die braucht man zum Schreiben, und er hat mir mit
dem Rohrstock auf die Finger geschlagen. So heftig, daß die
Haut vorne geplatzt ist. Ich hab' furchtbare Schmerzen gehabt.
Vier Jahre lang in der Volksschule habe ich jeden Tag vorm
In-die-Schule-Gehen gezittert. Ich war ein sehr sensibles Kind.
Ab diesem besagten Tag hat das mit dem besonderen Sehen
der Farben und der Auren auch aufgehört. Diesen Lehrer
verfluche ich heute noch. Ich weiß noch, wir hatten eine
Schildkröte daheim, die hat direkt gestrahlt, gelb, rot, grün,
blau, in allen Farben. Das waren richtige Strahlenbündel, die
ich gesehen hatte. Und von diesem Tag an war das alles weg."

Gang durch die Zeit und Warnung im Traum

„Ich war sieben Jahre alt. Es gibt in St. Veit den sogenannten
Kalvarienberg, auf dem die Loretokirche steht. Von dort oben
hat man einen wunderbaren Ausblick auf die Stadt, man sieht
auch die Burg Hochosterwitz und die Ruine Taggenbrunn. Ich
habe mir gedacht, ich gehe hinauf, da finde ich sicher ein paar
Kinder zum Spielen. Es war aber niemand oben. Ich habe mich
also allein hingesetzt und im Sand gespielt. Die Kirche war
dunkel und versperrt. Auf einmal habe ich bemerkt, daß die
Kirche plötzlich innen hell beleuchtet war, ein rubinrotes Licht
war in den Fenstern zu sehen. Ich bin neugierig geworden, hab'
die Tür aufgemacht und bin hineingegangen. Drinnen waren
alle Kirchenbänke voll besetzt. Männer und Frauen in alter-
tümlichen Gewändern saßen dort mit gesenkten Köpfen. Als
ich eintrat, haben alle gleichzeitig den Kopf gewendet und
mich angeschaut. Ich habe diese Leute angestarrt, dann habe
ich mich umgedreht und bin schnell hinausgelaufen. Dann war

ich wieder neugierig und hab' mir gedacht, jetzt wart' ich, bis die herauskommen. Auf einmal war das rubinrote Licht im Fenster weg, da wollte ich die Tür noch einmal aufmachen und hineinschauen, aber die Tür war verschlossen. Ich bin nicht erschrocken, ich war nur verwundert, weil die Tür zuerst versperrt war, dann waren Leute in der Kirche, und dann war wieder die Tür versperrt. Das hat mich irgendwie verwundert. Ich glaube, die Leute drinnen waren genauso erschrocken, wie ich verwundert war.

Ich denke, das war eine Zeitverschiebung. Das war kein Spuk, sondern ich bin in eine andere Zeit gekommen. Die Menschen in der Kirche waren Männer und Frauen, aber keine Kinder. Ich stell' mir vor, es gibt ein paralleles Universum, und es findet alles gleichzeitig statt. Ich stell' mir einen Kreis vor, und ich bin in einen Sektor eingedrungen. In einen anderen Sektor der Vergangenheit eingedrungen, ohne daß ich es gemerkt habe. Ich hab' das damals nicht wirklich verstanden, erst später ist mir klargeworden, das muß eine andere Zeit gewesen sein. Ich hab' das auch niemandem erzählt.

Später, da war ich schon vierzehn Jahre alt, habe ich Warnträume gehabt. Ich war einmal oben am Dobratsch mit einem Freund. In der Früh, da war ich halbwach, ist ein Skelett zur Tür hereingekommen, der Tod mit einer schwarzen Sense. Er hat zu mir gesagt: ‚Heute will ich dich verschonen.' Auf dem Dobratsch ist durch ein Erdbeben im Mittelalter ein Teil des Berges abgerutscht, und es gibt dort eine 500 Meter hohe Felswand. In diese Wand sind wir dummen Kinder hineingestiegen. Unten war ein Schneefeld, und wir wollten uns dort sonnen. Um die Mittagszeit sind wir zurückgeklettert, ich wollte mich an einem Stein hochziehen. Der Stein war angefroren gewesen, durch die Sonneneinstrahlung ist aber das Eis geschmolzen, da ist er ausgebrochen. Ich bin zurückgefallen und ca. zwanzig Meter abgestürzt. Ich hab einen Salto geschlagen, bin aufgeprallt, dann noch einmal, bin auf das Schneebrett gefallen, weitergerutscht und schließlich kopfüber über dem Abgrund liegengeblieben. Ich hatte keine Verletzung, nur einen eingerissenen Fingernagel, das war alles. Ich konnte auch selber wieder hinaufsteigen. Mein Freund war ganz fertig, denn der hat das beobachtet. Damals war mir der Tod als Skelett erschienen, so wie man sich das als Kind vorstellt. Heute fürchte ich mich nicht mehr vor dem Tod, weil ich weiß, daß das Leben weitergeht. Das war ein Warntraum oder fast schon eine Erscheinung. Ich hab' mir damals nichts dabei gedacht. Ich war nur den ganzen Vormittag lang sehr mürrisch gewesen.

Ich war etwa fünfundzwanzig Jahre alt und habe mit meiner Frau in Graz gewohnt, in der Edelhofstraße, heute ist dort ein Bordell. Ich war im Halbschlaf, da kamen zwei Männer herein. Sie waren amerikanisch gekleidet, so wie die Gangster in den Filmen, mit schwarzen Anzügen und Hüten. Sie sind zu mir gekommen, auf mein Bett gestiegen und haben sich auf meine Brust gesetzt. Ich habe fast keine Luft bekommen, so haben sie mich bearbeitet. Es war kein Traum, ich habe sie real gesehen und erlebt. Vielleicht zehn Minuten lang haben sie mich gemartert. Dann hat einer der beiden gesagt: ‚So, jetzt sind wir fertig, aber wir kommen wieder.' Und dann sind sie zur Tür hinaus. Ich war allein im Zimmer. Sie sind nicht wiedergekommen. Damals hatte ich mir aber vorgenommen, wenn diese Erscheinungen wiederkommen, werde ich mich wehren. Und ich glaube, das ist der Grund, daß die beiden nicht mehr erschienen sind."

Karl Lamprecht, gelernter Mechaniker, übersiedelte nach Deutschlandsberg, wo er in einer Fabrik zu arbeiten begann. Warnträume, Visionen und Erscheinungen erlebte er auch an seinem neuen Wohnsitz.

„1986", erzählt Karl Lamprecht, „ist mir etwas passiert, das kann meine Frau bezeugen. Und zwar zu einem Zeitpunkt, wo der Reaktorunfall in Tschernobyl schon geschehen war, aber noch niemand in den Nachrichten davon erfahren hatte. Ich war im Halbschlaf, und plötzlich kamen von Osten her ganz schwarze Wolken. Eine Stimme sagte zu mir: ‚Schließt sämtliche Fenster und Türen, ihr werdet alle vergiftet.' Ich habe gesehen, wie die Wolken vom Dämmerkogel herkommen, ganz realistisch, aber die anderen haben sie nicht gesehen. Das war

eine Erscheinung nur für mich. Das ganze Gebiet war tief-
schwarz. Die Wolken sind immer näher gekommen, und dann
hab' ich die Stimme gehört. Einen Tag später hab' ich die
Nachricht aus dem Radio erfahren.

Eine meiner Nachbarinnen ist auch ein bißchen sensibel und
erlebt ähnliche Dinge. Zu der hat eine Stimme gesagt: Bleib
bei der Tür stehen, wart ein bißchen. Und im nächsten Moment ist eine Dachlawine heruntergekommen. Das hat ihr das
Leben gerettet."

BEGEGNUNGEN IM HAUS

„Da, wo wir jetzt sitzen", erzählt Herr Lamprecht, „stand das
älteste Bauernhaus von Deutschlandsberg. Im Brunnen steht
die Jahreszahl 1729. Den Brunnen benützen wir nicht mehr.
Wir leben hier auf dem Grundstück des Riegler Hansl, er hat
im 18. Jahrhundert gelebt. Später stand hier ein Gasthaus, aber
das ist verfallen, und wir haben diesen Grund sehr günstig
bekommen. Der Riegler Hansl ist mir einmal erschienen, im
Zimmer drinnen. Er hat ganz arm ausgeschaut, armselige, zer-
schlissene Kleider und einen zerfetzten Steirerhut hat er getragen. Bald darauf habe ich in der Firma erzählt, daß ich den
Riegler Hansl in der Nacht gesehen hab', und wie arm er war.
In der nächsten Nacht hab' ich ihn noch einmal gesehen. Er hat
einen eleganten Steireranzug getragen, dazu eine Uhrkette mit
schönen Silbertalern und einen schönen, großen, nagelneuen
Stainzerhut. Also hat er mir gezeigt, so arm war ich auch nicht,
wie du erzählst.

Wir hatten einen Elektriker, der hat mir nie geglaubt, wenn ich
so etwas erzählt habe. Er hat gesagt: ‚Du spinnst.' Einmal in der
Nacht ist mir sein Vater erschienen, er war ein halbes Jahr
vorher gestorben. Und er hat gesagt: ‚Pepi, mach die Loch' auf,
die Kohlen kommen.' Das hab' ich dem Sohn am nächsten Tag
gesagt. Er war ganz perplex und hat gemeint: ‚Na freilich, das
stimmt schon. In zwei Tagen krieg' ich die Kohlen geliefert,
und mein Vater hat immer zu den Kellerfenstern Loch gesagt.'
Aber trotzdem hat der Elektriker gemeint, das war ja doch nur

Zufall. ‚Und weißt du was, frag doch den Vater, was sein Leibgericht gewesen ist.' Bald darauf ist mir der Vater wieder erschienen, und er hat mir eine Schüssel mit abgeschmalzenen
Bohnen gezeigt. Da hab' ich dann dem Sohn gesagt, abge-
schmalzene Bohnen waren sein Leibgericht. Dann war er
sprachlos."

Seltsamer Spaziergang durch die Zeitachse

„Einmal habe ich meine Cousine in St. Veit an der Glan besucht", erzählt Herr Lamprecht. „Sie hat keine allzugroße
Freude gehabt, denn sie war gerade auf dem Weg ins Bad. Da
habe ich gedacht, ich gehe einstweilen spazieren und schaue
mir die Plätze an, wo wir als Kinder gespielt haben. Es gibt dort
einen aufgelassenen Steinbruch, von dem aus hat man eine
gute Aussicht. Als ich dort oben angekommen war, habe ich
den kleinen Kogel, das sogenannte Kögele, gesucht, aber ich
habe ihn nicht gesehen. Dort, wo das Kögele früher gewesen
war, stand jetzt ein Haus, und zwar ein schönes. Mich hat das
geärgert, denn ich dachte, jetzt ist wieder ein Teil von meiner
Kindheit verschwunden. Ich spaziere weiter und gehe den Weg
hinunter, an einem Haus vorbei. Es war ein großes Haus,
schwarz gedeckt und weiß gestrichen, eingezäunt, mit Obstgarten und frisch gemähtem Rasen. Aufgefallen ist mir nur, daß
man keinen Laut gehört hat, kein Vogel hat gesungen, es ist
kein Wind gegangen, alles war still. Ich bin weitergegangen,
kein Mensch ist mir begegnet. Dann bin in Richtung Kalvarienberg gegangen. Vis-à-vis steht auch ein Haus, das ist das erste,
das nach dem Krieg erbaut worden ist. Es ist renoviert und
verändert worden. Ich wollte mit der Frau reden, habe ange-
läutet, aber es hat sich niemand gemeldet. Es war menschenleer. Dann bin ich den Kalvarienberg hinauf bis zur Kirche, und
die war schon halb verfallen. Ich bin wieder hinuntergegangen
und habe die halbe Strecke lang keinen Menschen gesehen,
auch kein Auto, keinen Traktor, gar nichts. Das war ca. fünfzehn Minuten lang so, bis ich zur Gärtnerei gekommen bin. Ab
dort war wieder das normale Leben. Aber ich habe blöderweise

nicht mehr zurückgeschaut, weil ich mir noch nichts dabei gedacht habe. Nach dem Spaziergang bin ich nach Deutschlandsberg zurückgefahren. Ein paar Tage später, am Todestag meiner Mutter, bin ich noch einmal nach St. Veit gekommen und habe Blumen aufs Grab gelegt. Und habe mir gedacht, jetzt schau' ich mir die Gegend noch einmal an. Dieses Mal habe ich schon von weitem den Kogel gesehen, er war bewaldet mit Föhren, so wie früher, nur der aufgelassene Steinbruch war schon völlig verwachsen, mit Brombeerhecken. Aber das Haus, das ich zuletzt gesehen hatte, war verschwunden. Und jetzt kommt das Interessante: Ich bin denselben Weg hinauf zur Kalvarienbergkirche und habe keine Menschen gesehen. Es war auch kein Verkehr. Und die Kirche war so, wie ich sie in meiner Kindheit gekannt habe, fast verfallen, und der Putz ist abgebröckelt. Ich hab' mir noch gedacht, ich nehm' mir ein Stück vom Putz mit, hab' es dann aber bleibenlassen. Später hat mich das gereut.

Kurze Zeit danach bin ich wieder nach St. Veit gefahren und zur Kirche gegangen. Und da war die Kirche frisch verputzt. Das war mir verdächtig. Ich bin zu meiner Cousine, weil ich es wissen wollte. ‚Du, sag einmal, wann ist denn die Kirche renoviert worden?‘ Sie hat gesagt: ‚Schon vor zehn Jahren.‘ Also alle drei Zeitreisen waren immer am selben Ort, immer in St. Veit an der Glan bei der Kalvarienbergkirche. Und ich war offenbar einmal in der Zukunft, einmal in einer Vergangenheit und einmal in einer anderen Zeit. Anders ist das alles nicht erklärbar. Und diese letzten Zeitsprünge, die ich erlebt habe, waren 1994. Das Verwirrende an der Zeitverschiebung ist auch, daß man sie nicht merkt. Man merkt nicht, wenn man seine Zeit verläßt.‟

UND ALLERLEI ANDERE GESICHTE . . .

„Ich leide nicht unter meinen Fähigkeiten‟, sagt Herr Lamprecht, „ich weiß, woher es kommt. Und daß es ein Leben nach dem Tod gibt, ist für mich hundertprozentig sicher. Ich fürchte mich auch nicht, da kann es poltern im Zimmer, und es können

Gestalten kommen. Wenn die merken, daß man Angst hat, dann wird es nämlich noch ärger. Aber sie tun nichts. Sie sind nicht so stark, daß sie einem lebendigen Menschen etwas tun können, außer es ist einer, der sich fürchtet. Dann wird er besessen, wie man so sagt. Aber das können die Erscheinungen mit mir nicht, weil ich mit ihnen rede. Und wenn es mir zu arg wird, sage ich: ‚So, jetzt verschwindet.' Diese sogenannten Gespenster, das sind einfach Leute, die erdgebunden sind, die den Besitz nicht verlassen wollen, die dableiben und nicht durch die Schranke gehen. Früher hat man gesagt, das sind Unerlöste. Und ich glaube auch, daß das so ist. Denn wenn sich jemand nicht von seinem Besitz trennen kann – ich mein', er muß ja gehen –, dann bleibt er halt so lange da, bis es ihm einmal zu blöd wird, und dann geht er von selbst. Der eine sitzt auf seinem Geld, und hockt, wenn er gestorben ist, noch immer auf seinem Geld. Wenn er dann sieht, wie seine Nachfahren das Geld hinauswerfen oder verbrauchen, das ist eben dann seine Strafe. Das ist das Fegefeuer, das die Kirche beschreibt. Aber es ist kein Feuer, es ist ein seelischer Schmerz.

Es gibt natürlich auch viele Menschen, die in Frieden gehen können. Ich erinnere mich an den Tag, an dem mein Großvater gestorben ist. Er lag im Schlafzimmer, im Ehebett. In der Ecke dieses Zimmers stand mein Kinderbett. Knapp vor dem Sterben, es waren schon alle versammelt, schaue ich zum Plafond und sehe zwei Schnüre. Eine war silbern, eine war grau. Ich hab' nicht gewußt, was das ist. Und dann habe ich den Satz gehört: ‚Jetzt ist es aus.' Als jemand das gesagt hatte, sind die Schnüre verschwunden. Damals war ich sechs Jahre alt.

Übrigens können auch Tiere wieder zurückkommen. Das habe ich hier im Haus erlebt. Es war die Urgroßmutter unserer Katzen, sie hieß Uschi, und wir haben sie sehr lange gehabt. Leider hat sie dann eine Katzenkrankheit bekommen und ist daran auch gestorben. In einer der nächsten Nächte ist sie dann zurückgekommen. Sie ist auf mein Bett gesprungen, auf der Bettdecke gestanden und hat gezittert. Dann ist sie unter meine Bettdecke geschlüpft. Ich habe sie gespürt, ich habe sie im Arm gehalten und bin eingeschlafen. In der Früh war die Katze verschwunden. Also ist sie zurückgekommen, denn die Tiere haben genauso eine Seele und die Tiere leben genauso weiter wie wir Menschen.

Gewisse Dinge erlebe nicht nur ich, die sieht auch meine Frau. Einmal sind wir hier in den Weingärten spazierengegangen. Wir sind zu einem Stück Wald gekommen, und es ist uns ein Kind entgegengelaufen. Das Kind war dem Anschein nach etwa fünf Jahre alt und hatte wunderschöne Augen. Noch nie in meinem Leben habe ich so etwas Schönes gesehen. Die Arme hatte es links und rechts von sich gestreckt, als wollte es Flugzeug spielen. Das Kind ist ohne stehenzubleiben an uns vorbeigelaufen. Wir wollten ihm nachschauen und haben uns umgedreht, da war das Kind weg. Wie vom Erdboden verschluckt. Später hat mir jemand Kundiger erklärt, daß es sich offensichtlich um einen kleinen Elb, also um eine Elfe gehandelt haben muß. Und diese Elfe in der Abenddämmerung hat meine Frau genauso gesehen wie ich.

Andererseits ist es auch schon ein paarmal passiert, daß mir meine liebe Frau mitten in die schönsten Visionen hineingeplatzt ist. Da hatte ich einmal ein ganz besonders schönes Erlebnis. Ich bin zu Hause im Wohnzimmer gesessen und habe meditiert. In der Art und Weise, daß man auf einen Punkt schaut, der dann verschwindet. Und plötzlich hat sich die Wand aufgetan, und ich habe ein wunderschönes Bild gesehen. Da waren sieben Stufen, auf der obersten thronte ein weiß gekleideter, bärtiger alter Mann, offenbar ein Weiser. Rechts und links von ihm standen zwei junge Männer, ebenfalls weiß gekleidet. Ich bin diese Stufen hinaufstiegen, habe mich vor den alten Weisen hingekniet, und er hat mich gesegnet. Ich hatte ein Glücksgefühl wie noch nie in meinem Leben. Und genau in diesem Moment kommt meine Frau zur Tür herein. Husch, aus war es. Weg war die Vision. Das war um fünf Uhr nachmittags. Ich denke oft darüber nach, wer diese drei Männer gewesen sind. Vielleicht Engel, aber nicht in christlich-kitschigem Sinn, denn die hatten ja keine Flügel. Der Papst war es sicher auch nicht. Vielleicht ist der alte Weise derjenige, der mir die vielen Visionen zuteil hat werden lassen."

Herrn Lamprechts Gäste lassen sich daher die Bekleidung der drei weißen Männer näher beschreiben. Und dann taucht ein Verdacht auf. Haben nicht die Druiden der keltischen Völker solche weißen Gewänder getragen? Ist die Gegend um Deutschlandsberg in der Steiermark, die um St. Veit an der Glan in Kärnten, ist die ganze Region frühgeschichtlich nicht auch Keltenland gewesen? Mit vielen bedeutenden Funden und Bodenschätzen aus dieser versunkenen Zeit. Können die drei also Druiden gewesen sein . . .

Der Nachmittag im Garten des Karl Lamprecht klingt in noch vielen angeregten Diskussionen aus. Über Ufo-Sichtungen, über paranormale Radiostimmen, über Träume, die Karl Lamprecht zu anderen, parallelen Daseinserlebnissen geführt haben. Und zuletzt erfahren die Besucher noch, daß ganz nahe am Haus der Lamprechts vor kurzem die sagenhafte Schrekkensgestalt der Habergeiß gesehen wurde. Allerdings von einem etwa fünfzigjährigen Gymnasiallehrer. Im Lexikon der Dämonen des Professor Petzoldt wird die Habergeiß als dämonische Erscheinung beschrieben, die mit nächtlichem Gelächter, Kichern, Fauchen und Meckern Menschen erschreckt. Sie ist Kinderschreck und Totenvogel zugleich, und Begegnungen mit ihr enden meist unheilvoll. In Norddeutschland heißt die bayrisch-österreichische Habergeiß Klapperbock. Bis heute ist sie auch fixer Bestandteil der winterlichen Maskenumzüge.

„Das Gebiet, wo die Habergeiß gesehen wurde", erklärt Herr Lamprecht, „ist ein Graben, der ‚In der Sulz' genannt wird. Dort gab es früher Hexen. Der Hexenglauben ist in unserer Gegend bis heute noch lebendig geblieben. Es ist also kein Wunder, daß der Herr Professor ausgerechnet dort eine Habergeiß gesehen hat."

GEISTERSTUNDE

Die Geisterstunde ist zwar vorüber, aber trotzdem schreckt Dorothea plötzlich aus dem Schlaf hoch. Da war doch ein Geräusch! Ein Blick auf die Uhr beweist, daß es bereits zwei Uhr morgens ist. Wahrscheinlich nur eine Sinnestäuschung, denkt sie und will sich zur Seite drehen, um wieder einzuschlafen.

Da rasselt es wieder.

Das war keine Einbildung. Das Kettenrasseln war so deutlich, als stünde jemand mitten im Zimmer. Und Schritte sind zu hören. Die kommen aber vom Korridor. Es sind langsame, schlurfende Schritte. Und es hört sich an, als drücke jemand die Türklinke nieder. Langsam beginnen sich Dorotheas Haare zu sträuben. Sekundenlang bleibt sie fast regungslos, dann stößt sie vorsichtig den neben ihr schlafenden Ehemann an. Aber der grunzt nur und nimmt sein Sägewerk wieder auf. Peters Schnarchen macht Dorothea noch nervöser. Eigentlich sollte sie Licht machen, sollte Peter ordentlich aufrütteln, vielleicht schreien. Aber das getraut sie sich nicht, denn da würde sie vielleicht auch noch andere wecken, die in dieser Nacht auf Schloß L. in den Gästezimmern nächtigen.

Noch einmal dieses Rasseln. Dorothea starrt wie gelähmt ins Dunkel des Zimmers. Ist da nicht auch ein Lichtschein? Flakkert etwas vor den Fenstern? Bewegen sich die Vorhänge? Streicht nicht ein kalter Lufthauch durch den Raum?

Dorothea ist eine praktische und mitten im Leben stehende Frau. Doch die letzten fünfzehn Minuten war sie völlig paralysiert. Dann zieht sie die Bettdecke über den Kopf und beschließt, den Spuk einfach nicht mehr zur Kenntnis zu nehmen.

Es war ein angenehmer Abend auf Schloß L. gewesen. Ein Meeting im kollegialen Kreis. Ein Treffen von Auftraggebern und Auftragnehmern, von alten Kollegen und Freunden aus der Branche. Mit Ehepartnern selbstverständlich. Das Schloß-restaurant bot, was Küche und vor allem Keller an Erlesenstem zu bieten hat, und es wurde so richtig gemütlich. Neben den üblichen Schnurren aus der Geschäftswelt wurde auch dies und das über das alte Schloß und seine Geschichte erzählt. Später sollte sich herausstellen, daß diese Impulse immer vom Servicepersonal des Restaurants ausgingen. Da war von einer Gräfin die Rede, die in dunkler Vergangenheit vampirmäßig Jungfrauen aussaugte, von diesem oder jenem Unhold, der in schweren Ketten nachts durchs Schloß geistern sollte. Welches renommierte Schloß, noch dazu mit gediegener Restauration und kleinem Hotelbetrieb, könnte wohl auf einige unterhaltsame Schauergeschichten verzichten? Die Runde ließ sich die Desserts und einige Flaschen Rotwein um so mehr munden.

Kein Wunder, daß Peter vom nächtlichen Spuk überhaupt nichts mitbekommen hatte. Aber beim Frühstück am Sonntagmorgen war die Stimmung unter den fürs Wochenende verbliebenen Schloßgästen etwas sonderbar. Man hätte meinen können, daß einige verkatert waren. Aber dazu war wieder zuwenig vom guten Wein geflossen. Niemand wollte so richtig mit der Sprache heraus. Bis Dorothea ohne Rücksicht auf ihre Reputation von ihren nächtlichen Eindrücken berichtete. Da gestanden auch andere, das Rasseln und die Schritte gehört zu haben. Und daß dies keineswegs ein Spaß gewesen sei . . .

Als das Wochenende dann doch gut vorübergegangen war, begann Peter die Sache zu recherchieren. Als PR-Manager waren ihm Kanäle zugänglich, über die Informationen geholt werden können, die nicht jedermann bekommt. Und nach einigen Telefonaten war der nächtliche Spuk aufgeklärt.

Auf L. gab es eine Einrichtung, so einfach wie wirksam, mit der man Kettenzüge bedienen konnte, die in den schweren Schränken der Gästezimmer versteckt waren. Gleichzeitig machte sich der Hotelier auch die Mühe, mit besonderen Schuhen zum selben Zeitpunkt durch die Korridore zu schlurfen. In Summe gab dies einen höchst gespenstischen Spukeindruck, der durch die Überreizung der Nerven dann auch noch besonders wirkungsvoll war. Selbstverständlich hatte man am Abend darauf geachtet, daß Gespenstergeschichten auf den Tisch kamen. Alles in allem ein spezieller Service des Hauses.

Als Dorothea und Peter dies erzählten, ergab sich eine Diskussion, wie weit solche gastronomischen Scherze unerwünschte Wirkungen haben könnten. Aber es war anzunehmen, daß der Schloßherr zu L. bei herz-/kreislaufgeschädigten Gästen den Spuk wohl unterläßt. Trotzdem bewies die Geschichte, daß es ohne weiteres möglich ist, durchaus gefestigte Menschen mit ein bißchen Brimborium in Schrecken zu versetzen.

Gespenster, Geister, Spukerscheinungen kann es in einer rationalen, vollelektronisierten, klimatisierten und hochzivilisierten Gesellschaft nicht geben. Seit die Behauptung aufgestellt wurde, daß diese Welt rational zu erfassen und materialistisch zu definieren sei, kamen alle übernatürlichen Erscheinungen in die Mottenkiste des sogenannten Aberglaubens. Nur halten sich die Bewohner der Anderswelt nicht an die berühmte Vorschrift, daß nicht sein kann, was nicht sein darf. Zusätzlich wurden die alten Geister, die Hexen, die Magier, Feen, Elfen, Teufel und Dämonen von einer perfekten Unterhaltungsindustrie eingefangen. Sie kamen ins Kino.

Wahrscheinlich gibt es keinen Mythos, kein Märchen, keine Sage und keine Legende mehr, die nicht in irgendeiner Art und Weise bereits für Hollywood ausgewalzt worden wäre. Ob dann die Storys in der Vergangenheit, in der Gegenwart oder in der Zukunft eines Sternenkriegs abrollen, ist eigentlich nur mehr eine Frage der Mode. So wurde alles Gespenstische, alles Dämonische und auch alles Satanische von Anbeginn des Kinos an sichtbar gemacht. Und die Botschaft vom Leben nach dem Tode blieb nicht mehr den Weltreligionen vorbehalten, sie konnte in Komödien und melodramatischen Märchen mit wohltuendem Tränendrüseneffekt auf der Leinwand oder am Fernsehbildschirm beobachtet werden. Die technische Möglichkeit der Fotografie und ihrer vielseitigen Ausnutzung steht im Hintergrund dafür, daß uns kein Schutzengel, kein Vampir, kein germanischer Halbmensch und keine griechische Göttin mehr unsichtbar geblieben sind.

Nebstbei zeigen uns diese Medien, sei es täglich aktuell oder in gestalteten Geschichten und Dokumentationen, den wirklichen Horror dieser Welt. Denn was ist eine noch so gruselige Vampirgeschichte gegen einen Bericht von den Katastrophen, die reale Menschen jeden Tag auf dieser Erde ihrer Umgebung bereiten? Bei der Tagesschau ist – sachlich gesehen – wohl mehr Schaudern angebracht als beim übelsten Horrorfilm.

Welchen Grund gibt es überhaupt, sich zu fürchten, wenn ein lieber Verstorbener überraschend zu Besuch kommt, eine mitgenommene Autostopperin aus dem fahrenden Wagen verschwindet, eine unerlöste Seele um einen Gefallen bittet? Strenggenommen scheint dies alles harmloser, freundlicher und natürlicher zu sein als die Tatsache, daß auf dieser Erde so viele Kernwaffen bereitstehen, daß man damit die gesamte Weltbevölkerung an die vierzigmal vernichten könnte.

Sascha zum Beispiel liebt Actionfilme, in denen das Blut gedanklich und bildlich eimerweise über die Leinwand rinnt, und läßt keinen Horrorschocker ungesehen an sich vorüberziehen. Da zuckt er mit keiner Wimper, das macht ihm keine schlaflosen Nächte. Als der 25jährige Jüngling aber die eine oder andere – geradezu harmlose – Geschichte aus den vorstehenden Kapiteln erzählt bekam, wurde er eine Nacht lang von Alpträumen verfolgt.

Vielleicht hat unsere Gesellschaft ihre Gespenster schon so im Bildhaften kommerzialisiert, daß sie davon nicht mehr berührt wird. Aber dort, wo das eine oder andere merkwürdige Phänomen auf Menschen zukommt, dort tauchen plötzlich die alten Urängste auf. Weil die Welt eben nicht alles technisch erklären kann. Und weil hinter den Kulissen des Alltagslebens sich doch noch einige dunkle Gäßchen befinden, in denen wir nicht so selbstsicher und selbstverständlich wandeln, wie wir meinen.

Und da wir verlernt haben, mit unseren Partnern in der Anderswelt, die uns oft freundlich, aber oft auch kritisch gegenübertreten, zu leben, mit ihnen umzugehen, sie zu bändigen oder harmonisch in unser Leben einzubeziehen, genügen oft kleinste Anstöße, Erlebnisse und Begegnungen, um uns zu verunsichern.

Wohin aber dann?

Ohne Zweifel ist der Esoterikmarkt in den letzten Jahren kommerziell explodiert. Wer sich also auf diese Ebene begibt, riskiert, an geschäftstüchtige Menschen zu geraten, deren Hilfsangebote vom Eintritt in eine obskure Sekte bis zum Kauf merkwürdigster, aber dafür um so teurer Abwehrmittel reichen. Wer den Doktor aufsucht, wird oft wenig Verständnis finden, dafür aber vielleicht die Bereitschaft, ein Überweisungsformular für die nächste psychiatrische Klinik auszufüllen. Erfolgsträchtiger sollte da ein Gespräch mit einem vertrauenswürdigen Priester, Rabbi oder Imam sein. Allerdings gibt es auch hier schon so weit säkularisierte Geistliche, daß diese oft nicht anders reagieren als ihre Kollegen in den weißen Mänteln.

Oft genug finden diesbezüglich irritierte Menschen nicht einmal Zuspruch oder ernsthafte Anteilnahme im engsten Freundes- oder Familienverband. Wer sich also nicht auf die Hinterbeine stellen kann, um mit seinen Geistern, seinem Spuk oder seinen außersinnlichen Wahrnehmungen selbst fertig zu werden, der braucht im besten Sinne des Wortes fachmännischen Rat und oft genug auch Hilfe.

BERATUNG UND HILFE FÜR MENSCHEN
MIT AUSSERGEWÖHNLICHEN ERFAHRUNGEN

Am Institut für Grenzgebiete der Psychologie und Psychohygiene in Freiburg im Breisgau°, das 1950 gegründet wurde, gibt es einen Beratungsservice für Menschen, die Außergewöhnliches im Bereich der Parapsychologie erlebt haben. Die dort arbeitenden Psychologen halten außergewöhnliche Erfahrungen keineswegs für eine Seltenheit. Zusammen mit psychotherapeutisch ausgebildeten Kolleginnen und Kollegen von der Ambulanz des Psychologischen Instituts der Universität Freiburg haben sie 1996 eine Arbeitsgruppe gebildet, deren Aufgabe es ist, Menschen mit ungewöhnlichen Träumen, Erscheinungen, Gedankenübertragungen oder dem Gefühl, von uner-

---

° Wilhelmstraße 3A, D-79098 Freiburg i. Br.

klärlichen Kräften oder Energien beeinflußt zu werden, ernst zu nehmen. Jeder Rat- oder Hilfesuchende kann sich dort ohne Furcht, für „verrückt" gehalten zu werden, hinwenden. Das erste Beratungsgespräch ist übrigens kostenfrei.

Der 1944 geborene Diplompsychologe Eberhard Bauer, der seit Studententagen an diesem Institut tätig ist und als Experte für Fragen der Parapsychologie in dieser Gruppe mitarbeitet, gab im folgenden Gespräch höchst überraschende Auskünfte und Einblicke.

Wie viele Menschen wenden sich jährlich an Ihr Institut?

„Bezüglich der außergewöhnlichen oder paranormalen Erfahrungen haben wir etwa 800 bis 1.000 Anfragen in einem Jahr. Wir konnten eine Tendenz feststellen, daß der Anteil der weiblichen Klientel etwas überwiegt, und zwar ungefähr sechzig zu vierzig. Die Inanspruchnahme des Instituts ist steigend. Das hat vermutlich auch mit den kulturellen, gedanklichen, zeitgeschichtlichen und sozialen Bedingungen zu tun. Die letzten Umfragen stammen aus den Jahren 1990 und 1991, und die gehen davon aus, daß zumindest die Hälfte der Bevölkerung auch in den europäischen Industrieländern über Erfahrungen berichtet, die in die Kategorie der Parapsychologie fallen: Gedankenübertragung, Gedankenlesen, Hellsehen und Berichte über Kontakte mit Verstorbenen, also Spiritismus, wobei es in den einzelnen europäischen Ländern auch erhebliche Schwankungen gibt. Aus Deutschland habe ich eine Zahl, die im Rahmen einer sogenannten multinationalen Umfrage erhoben wurde. Aus dem damaligen Westdeutschland berichten 39 Prozent von telepathischen Erfahrungen, 17 Prozent vom Hellsehen und 30 Prozent von Kontakten mit Verstorbenen. Man kann davon ausgehen, daß diese außergewöhnlichen Erfahrungen im Leben dieser Menschen eine sehr große Rolle spielen.

Warum die Menschen in den Industrieländern so hellhörig auf dieses Thema reagieren, hat sicher auch zu tun mit dem Angebot der Industriegesellschaft. Es gibt ja einerseits das Angebot der Technik mit der Durchrationalisierung und Beherrschbarkeit, andererseits scheint dieser Bereich der Technik bestimmte Dinge eben nicht abzudecken, so daß wir – denken Sie nur an die Arbeitslosigkeit – auf ganz bestimmte Dinge und Probleme keine Antwort finden. Und insofern ist es verständlich, daß diese Erlebnisformen eine ganz wichtige Rolle spielen.

Auf der anderen Seite würde ich darauf hinweisen, daß all diese Phänomene kulturhistorisch zur Geschichte der Menschheit gehören und daß nur der Umgang damit sich im Laufe der Jahrhunderte sehr stark verändert hat. Im siebzehnten, achtzehnten Jahrhundert, mit dem Beginn der wissenschaftlichen Revolution wurden Tatbestände an den Rand geschoben, die vorher, im zwölften, dreizehnten Jahrhundert absolut verständlich waren, auch Phänomene wie Astrologie."

Können Sie uns einen Überblick über die wichtigsten Phänomene, die Ihre Klienten belasten, geben?

„Das ist schwierig zu beantworten, weil wir, was die Variationsbreite dieser Phänomene betrifft, bisher zu wenig Material vergleichend analysiert haben. Mein Eindruck ist folgender: Man kann drei große Kategorien unterscheiden. Die erste hat zu tun mit dem, was wir als subjektive, paranormale Erfahrungen bezeichnen. Es sind die klassischen PSI-Phänomene oder paranormalen Phänomene, wie Visionen, Gedankenübertragung, zweites Gesicht, Traumprophetie, Spukphänomene und dergleichen. Wobei ich Ihnen nicht sagen kann, wie diese einzelnen Phänomene untereinander gestaffelt sind. Aber dominierend sind Telepathie und Hellsehen. Sehr verbreitet sind erstaunlicherweise auch Wahrträume und bis zu einem gewissen Prozentsatz, ich sage jetzt vorsichtig etwa 10 bis 20 Prozent, sind Phänomene, die wir als Spukphänomene bezeichnen, also spontane Psychokinese. Die zweite Kategorie hat zu tun mit dem, was wir Psychohygiene oder die praktische Lebenshilfe im Rahmen des Okkulten nennen. Da geht es meistens um Erfahrungen – vorher oder nachher – mit den sogenannten Astrologen, Wünschelrutengehern, Geistheilern, Medien, Paragnosten und dergleichen; die Ratsuchenden wollen wissen, ob es so etwas gibt – ein zuverlässiges Medium, Astrologen, Geistheiler . . . Oder sie haben mit den entsprechenden Personen Erfahrungen gemacht und werden jetzt paradoxerweise diese Erfahrungen nicht mehr los. Daß z. B. jemand, der bei einem Geistheiler war, selbst nachdem diese Behandlung abgeschlossen ist, den Eindruck hat, daß der Heiler ihn in irgendeiner Weise nicht losläßt, also ihn fernbeeinflußt.

Die dritte Gruppe hat mit dem zu tun, was wir als Beeinflussungserlebnisse bezeichnen, die möglicherweise auch klinisch – psychologisch – relevant oder bedeutsam wären. Um Beeinflussungserlebnisse handelt es sich zum Beispiel, wenn die Menschen eine unsichtbare Präsenz im Raum fühlen oder glauben, daß andere Menschen dauerhaft auf sie Einfluß haben. Sie glauben, daß ihre Gedanken angezapft werden, oder sie hören Stimmen. Diese Beeinflussungserlebnisse haben eine bestimmte Verteilung, was die psychische Auffälligkeit betrifft. Hier gibt es unauffällige, auffällige, deutlich gestörte bis psychotische Menschen. Das ist ein weiteres Thema dieses neuen Projektes, hier einmal genauer diagnostisch und verlaufsanalytisch hinzuschauen.

Das wichtige bei allen diesen außergewöhnlichen Phänomenen ist herauszufinden, inwieweit die Betreffenden diese Phänomene integrieren können, oder sie eben als störend empfinden. Ich bin der Meinung, daß die meisten sich zunächst an das Institut wenden, weil sie einen Aufklärungsbedarf haben. Eine kurze telefonische Beratung genügt dann in vielen Fällen."

Gibt es noch das gute, alte, klassische Gespenst?

„Was bei uns dominiert, sind drei Phänomene, die sozusagen als Initialphänomene berichtet werden. Das Vernehmen von irgendwelchen Geräuschen, die man nicht einordnen kann, z. B. Geräusche, die sich anhören, als würde irgend jemand draußen im Korridor gehen, Schritte. Oder als würde man in der Küche hören, wie Geschirr herumfliegt. Man schaut nach, und niemand ist da. Das sind Geräusche, die den Eindruck erwecken, als ob eine Identität, eine Wesenheit sie hervorbringt. Die andere große Gruppe von Phänomenen ist das Bewegen von Gegenständen, daß Möbel umfallen, daß Türen sich öffnen und wieder schließen, ohne daß das vor einer sichtbaren Person getan wird. Und dann gibt es noch das Verschwinden und Wiederauftauchen von Gegenständen. Mitunter wird auch berichtet von Steinregen, daß eben Steine oder auch andere Gegenstände in einem Traum auftauchen und sich, wenn man sie anfaßt, warm anfühlen. Die sogenannte Anthropomorphisierung, das Rasseln mit Ketten und dergleichen haben wir in unserem Material nicht gefunden. Wir deuten diese Phänomene natürlich psychologisch oder psychodynamisch und fragen uns, welche Bedeutung sie im Leben der Betroffenen haben. Wir versuchen zuerst, psychologische Ursachen zu finden und zu schauen, wieweit diese Phänomene einen dauernden Platz im Leben der Betroffenen finden können. Nach unseren Erfahrungen sind es nur fünf bis zehn Prozent der Betroffenen, die darüber hinaus einer klinisch-psychologischen oder psychotherapeutischen Behandlung bedürfen."

Ist Ihre Tätigkeit auf diesem Gebiet für Sie besonders schwierig?

„Belastend finde ich diese Tätigkeit in dem Grenzbereich nicht, eher als eine große Herausforderung. Es passiert immer wieder Neues und Ungewöhnliches. Man hat mit ungewöhnlichen Menschen zu tun. Befriedigende letzte Erklärungen gibt es nicht, sondern man muß sich eben rein psychologisch damit auseinandersetzen und gewappnet sein, emotionale und kognitive Spannungen auszuhalten. Das sind die berühmten Dissonanzen, und wer die nicht ertragen kann, ist für diese Tätigkeit nicht geeignet. Eigene diesbezügliche Erfahrungen hatte ich in meinem Leben wenige. Aber einen Traum, den ich als telepathisch deuten würde, und dann ein oder zwei Erfahrungen aus dem persönlichen Umfeld, sozusagen spontane Gedankenübertragung."

Sind Menschen mit solchen Erlebnissen Menschen wie du und ich?

„Ja, das würde ich schon so sagen. Ich habe auch den Eindruck, daß dieses paranormale Erleben wirklich alltäglich ist, daß es weit verbreitet ist, und daß einfach die Art und Weise, wie die Gesellschaft mit diesen Dingen umgeht, unterschiedlich ist. Und da ist es eben auch wichtig, wenn man vernünftige Aufklärung betreiben kann. Was mich interessiert, ist die Zukunft dieser Grenzgebietforschung, und die hängt von zwei Faktoren ab. Erstens, ob es gelingt, einen wissenschaftlichen Nachwuchs zu fördern. Es müssen sich junge Wissenschaftler aus dem Bereich der Sozial- und Humanwissenschaften bereitfinden, sich auf diesem Gebiet langfristig zu engagieren. Diese Forderung hängt von den ökonomischen Rahmenbedingungen ab, ob diese Wissenschaft überhaupt förderungswürdig erscheint. Das ist die große Herausforderung für die nächsten Jahre oder Jahrzehnte."

DANKSAGUNG

Die Autoren danken für Ermunterung, Anregung, Unterstützung und für viele wichtige Hinweise und Informationen:

Propst Bernhard Backovsky, Claude Adam Brettar vom Kulturforum Saarbrücken, Edith Cap, Dr. Thomas Fillitz, Dr. Fleischmann vom Staatsarchiv Nürnberg, Dr. Gottfried Hierzenberger, Dr. Axel Hubmann, Hofrat Dr. Peter Kann, Eva Kern, Susanne Mair, Davut Mizrahi, Herrn Leo, Peter Mussek von der *Alpenpost,* Gabriele Sallaberger, Leo Prawitt von der Stadtbibliothek Saarbrücken, Karin Suckardt von Wallpach, Professor Wolfgang Stromer, Renate Wanninger von Radio *Salü,* Fride Wirtl, Dr. Senta Ziegler, den Universitätsprofessoren Dr. Károly Gaál aus Wien, Dr. Karl Jettmar aus Heidelberg, Dr. Leander Petzoldt und Ass.-Prof. Dr. Ingo Schneider aus Innsbruck, dem Heeresgeschichtlichen Museum Wien und der Kulturabteilung der Stadtgemeinde St. Veit an der Glan.
Ein besonderer Dank gebührt Lotte Ingrisch. Und allen Personen, die in den einzelnen Kapiteln namentlich genannt sind. Weiters jenen, die ungenannt bleiben wollen und allen, die nicht von jedermann gesehen werden können.

Literatur

Arrowsmith, Nancy: *Die Welt der Naturgeister.* Vito von Eichborn GmbH, Frankfurt am Main 1984

Erwemweig, W.: *Schloß Bernstein im Burgenland.* Bernstein 1927

Frischmuth, Barbara: *Die Mystifikationen der Sophie Silber.* Residenz Verlag, Salzburg 1976

Grimm, Jacob: *Deutsche Mythologie.* Band I bis III. Drei Lilien Verlag, Wiesbaden 1968

Hermann, Friedrich: *Höhlen der Fränkischen und Hersbrucker Schweiz.* Verlag Hans Carl, Nürnberg 1991

Ingrisch, Lotte: *Feenschrei.* Edition S, Wien 1991

Ingrisch, Lotte: *Nächtebuch.* Verlag Hermann Bauer, Freiburg i. Br. 1986

Landauer, Hannes: *Pfälzische Trittchologie.* Verlag Pfälzer Kunst, Landau 1982

Mauthe, Jörg: *Die große Hitze oder Die Errettung Österreichs durch den Legationsrat Dr. Tuzzi,* Edition Atelier, Wien

Naturhistorische Gesellschaft Nürnberg: *Kulturhöhlen – Funde – Deutungen – Fakten.* Grafische Werkstätte Graf, Fürth 1996

Petzoldt, Leander: *Kleines Lexikon der Dämonen und Elementargeister.* Beck'sche Verlagsbuchhandlung, München 1990

Ruis, Margot: *Naturwesen.* Anna Pichler Verlag, Wien 1994

Saiko, Margerithe: *Engel lieben tödlich.* Lesani Medienverlag, Neuss 1997

Schreiber, Georg: *Die Hofburg und ihre Bewohner.* Ueberreuter Verlag, Wien 1993

Seebach, Helmut: *Sagen in der Pfalz.* Bachstelz-Verlag, Annweiler-Queichhambach 1996